广西大学哲学社会科学文库

广西高校教育国际化发展研究

黄勇荣 等著

北京理工大学出版社
BEIJING INSTITUTE OF TECHNOLOGY PRESS

内 容 简 介

　　本书是广西教育科学规划2021年度委托重点课题的最终研究成果。本书主要内容包括高等教育国际化概述、中国高等教育国际化相关政策分析、广西经济社会发展与高校教育国际化的关系、广西高校教育国际化发展现状及其机遇与挑战、广西高校教育国际化发展的个案分析、国内外高校教育国际化的经验与借鉴、广西高校教育国际化发展的思路与策略。全书以高等教育国际化理论为指导，结合广西高校教育国际化发展实际，全面深入地研究广西高校教育国际化的相关问题，为广西高校的"双一流"建设打下基础，使广西高校更好地服务中国-东盟区域经济发展。

　　全书语言流畅，结构清晰，体例合理，内容完整，对于相关知识的论证引经据典，论据充足，可供普通高等教育管理类专业高年级本科生、研究生、MPA（公共管理硕士）学生使用，也可供相关教育管理部门、高等学校教学管理机构及从事高等学校国际化管理工作的相关人员使用。

版权专有　侵权必究

图书在版编目（CIP）数据

　　广西高校教育国际化发展研究／黄勇荣等著.
北京：北京理工大学出版社，2025.1.
ISBN 978-7-5763-4731-9

　　Ⅰ.G649.2

中国国家版本馆CIP数据核字第20252ML680号

责任编辑：王晓莉	文案编辑：王晓莉
责任校对：刘亚男	责任印制：李志强

出版发行　／　北京理工大学出版社有限责任公司
社　　址　／　北京市丰台区四合庄路6号
邮　　编　／　100070
电　　话　／　(010) 68914026（教材售后服务热线）
　　　　　　　(010) 63726648（课件资源服务热线）
网　　址　／　http://www.bitpress.com.cn

版 印 次　／　2025年1月第1版第1次印刷
印　　刷　／　三河市华骏印务包装有限公司
开　　本　／　787 mm×1092 mm　1/16
印　　张　／　12
字　　数　／　282千字
定　　价　／　75.00元

图书出现印装质量问题，请拨打售后服务热线，负责调换

前　言

随着我国经济的快速发展和教育事业的改革创新，广西高校教育国际化发展迎来了难得的机遇和极大的挑战。作为国家西部地区的重要省份和面向东盟发展的重要门户，广西在高等教育领域取得了长足的进步和显著的成效。不断提高广西高校教育国际化的质量和水平，促进国际化人才的培养和推动国际科学研究，对广西经济社会发展和国家的现代化建设显得尤为重要。

高校教育国际化是一个国家高等教育发展的重要趋势，也是提高高等教育国际竞争力和影响力的重要途径之一。随着全球化格局的深入发展，高校教育国际化已成为高等教育事业的当务之急。广西高校教育国际化发展的前景广阔，但也存在一些问题和挑战。广西高校教育国际化需要通过学习和借鉴国外和国内其他省份高校推进教育国际化的成功经验，加大力度推进广西高校教育国际化，为广西及全国培养国际化人才。

本书旨在对广西高校教育国际化发展进行深入研究和探讨，通过梳理中国高等教育国际化相关政策和实践经验，分析当前广西经济社会发展与广西高校教育国际化发展的关系，直面当前广西高校教育国际化面临的机遇和挑战，对广西不同类型的代表性高校进行个案分析，借鉴国内外高校教育国际化发展的成功经验，提出建设性意见和建议，为广西高校教育国际化发展提供发展思路和实践指导。我们希望通过本书的出版，引起社会各界对广西高校教育国际化发展的关注和重视，促进高等教育事业的创新发展，推动教育现代化进程，为建设富强民主文明和谐的社会主义现代化国家做出贡献。

在此，我们要衷心感谢广西大学公共管理学院的领导和各位老师的大力支持与帮助，感谢本书的所有贡献者和支持者，感谢各位专家学者的专业指导和建议，感谢各位读者的关注和支持。希望本书能够得到广大读者的认可和好评，为广西高校教育国际化发展添砖加瓦，为我国高等教育事业的蓬勃发展贡献力量。

由于本书内容相对较多，覆盖知识面相对广泛，编撰的时间也比较仓促，加上我们自身水平有限，书中难免存在不妥和疏漏之处，恳请各位专家、学者和读者批评指正。

黄勇荣
2024 年 4 月

目 录

第一章 高等教育国际化概述 …………………………………………………………… (1)
　第一节 高等教育国际化的内涵与主要特征 ………………………………………… (1)
　第二节 高等教育国际化的基本要素 ………………………………………………… (9)
　第三节 高等教育国际化需要厘清的两个问题 …………………………………… (13)
　第四节 中国高等教育国际化发展动因 …………………………………………… (16)

第二章 中国高等教育国际化相关政策分析 …………………………………………… (21)
　第一节 中国高等教育国际化政策的历史沿革 …………………………………… (21)
　第二节 中国高等教育国际化的影响 ……………………………………………… (45)

第三章 广西经济社会发展与高校教育国际化的关系 ………………………………… (47)
　第一节 广西经济社会发展概况 …………………………………………………… (47)
　第二节 广西高校教育国际化发展概况 …………………………………………… (56)
　第三节 广西经济社会发展推动广西高校教育国际化 …………………………… (61)
　第四节 广西高校教育国际化助力广西经济社会发展 …………………………… (66)

第四章 广西高校教育国际化发展现状及其机遇与挑战 ……………………………… (74)
　第一节 广西高校教育国际化发展的基础、历程及特点 ………………………… (74)
　第二节 广西高校教育国际化发展现状 …………………………………………… (82)
　第三节 广西高校教育国际化问题 ………………………………………………… (89)
　第四节 广西高校教育国际化发展的制约因素 …………………………………… (94)
　第五节 广西高校教育国际化发展的机遇与挑战 ………………………………… (95)

第五章 广西高校教育国际化发展的个案分析 ………………………………………… (101)
　第一节 广西大学教育国际化发展分析 …………………………………………… (101)
　第二节 广西民族大学教育国际化发展分析 ……………………………………… (105)
　第三节 广西师范大学教育国际化发展分析 ……………………………………… (109)
　第四节 桂林旅游学院教育国际化发展分析 ……………………………………… (113)
　第五节 南宁职业技术学院教育国际化发展分析 ………………………………… (117)
　第六节 广西国际商务职业技术学院教育国际化发展分析 ……………………… (122)

第六章 国内外高校教育国际化的经验与借鉴 ………………………………………… (127)
　第一节 我国高校教育国际化前沿探索 …………………………………………… (127)
　第二节 国外高校教育国际化经验借鉴 …………………………………………… (141)

第七章 广西高校教育国际化发展的思路与策略 …………………………………（152）
第一节 确立提升广西高校教育国际化发展的思路设计 …………………（152）
第二节 促进广西高校教育国际化发展的主要策略 ………………………（159）
参考文献 ……………………………………………………………………………（179）
后 记 ………………………………………………………………………………（185）

第一章 高等教育国际化概述

第一节 高等教育国际化的内涵与主要特征

高等教育国际化不是一个崭新的命题，它是高等教育发展的永恒课题和全球性趋势。进入21世纪以来，在经济全球化、信息网络化和贸易自由化等世界潮流的推动下，各国相应提高了对高等教育国际化的重视程度，纷纷根据各国优劣势有针对性地采取符合本国国情的政策措施以推动本国高等教育向国际化的方向发展。但什么是高等教育国际化？其内涵该如何把握？高等教育国际化的特点是什么？都难以理解的理论和实践课题。能否正确认识和把握高等教育国际化的内涵和主要特征会直接影响一个国家高等教育国际化战略的制定和实施。

一、高等教育国际化的内涵

虽然"国际化"一词已不再新鲜，但学术界对它的定义尚未得到统一的解释。20世纪80年代后，伴随着互联网的问世与普及，以及世界各国经济发展日益紧密，高等教育逐渐向"国际化"发展，"高等教育国际化"的概念也进入高等教育从业者的视野。应该说，高等教育国际化的概念是逐步形成的，其内涵和外延也处于不断发展之中，出现诸如国际教育（International Education）、跨国教育（Transnational Education）、全球教育（Global Education）、多元文化教育（Multi-cultural Education）等相关概念。尽管不同的国家和地区对高等教育国际化有不同的定义，但是"全球化"和"高等教育全球化"始终都是与高等教育国际化关系最为密切的概念。

（一）全球化

随着信息科技的快速发展，全球化趋势越来越明显。但是，中外学者是如何定义"全球化"一词的，可谓是"仁者见仁，智者见智"。中国著名学者俞可平认为，全球化是指当代人类社会生活跨越国家和地区界限，在全球范围内建立全方位的沟通和联系，相互影响的客观历史进程与趋势[1]。美国著名学者詹姆斯·密特曼认为，全球化是一种在市场导向和政策取向的影响下，通过跨国过程与国内结构的结合，实现不同国家的经济、政治、

---

[1] 俞可平，黄卫平. 全球化的悖论 [M]. 北京：中央编译出版社，1998：75.

文化和思想相互渗透，从而减少国家之间的隔阂，增强经济、政治和社会的相互联系，相互依存的过程[①]。格雷厄姆·汤普森认为，由于商品、服务、资本和技术的流动，世界各国的市场和产品生产相互依赖的程度日益提高，这一过程就是全球化[②]。阿尔博（Gregory Albo）认为，全球化是植根于私人资本和民族国家控制的社会权力的资本主义形式中的一种经济规制和社会关系体系[③]。变革论者认为，全球化是迅速推动社会经济和政治深化变革，进而改变世界格局和重塑现代世界秩序的主要力量[④]，是集经济、政治和文化为一体的改革浪潮。它犹如一把双刃剑，虽然增强了世界各国的密切联系，却容易引发冲突和危机[⑤]。安东尼·吉登斯认为，全球化并不只是单一的经济现象，它涉及我们生活的各个方面，是一个综合性的发展过程[⑥]。戴维·赫尔德等认为，人类社会生活的所有领域（包括经济领域、政治领域、文化领域、法律领域和军事领域等）都会受到全球化的影响，使人类社会实现全面联系和发展。因此，全球化应该理解为一个多方面、多层次和多维度的社会现象，而不是一种单一的状态[⑦]。费孝通认为，全球化就是全球各国人们的密切联系[⑧]。

有学者将全球化划分为广义全球化和狭义全球化。广义全球化主要是指资本主义产生以来，世界各国经济、政治、文化和科技的合作、依赖、互动和影响日益加强的过程。狭义全球化特指20世纪70年代第三次科技革命以来，特别是80年代西方世界普遍奉行新自由主义政策以来，世界经济、政治关系向一体化方向变化的趋势[⑨]。

（二）高等教育全球化

全球化对世界各国人们生活的各个方面都产生或多或少的影响，其中当然包括高等教育。美国著名高等教育学家阿尔特巴赫（Philip G. Altbach）认为，高等教育全球化是指随着世界贸易经济的发展以及国际贸易协定的制定，世界各国高等教育已经跨越国家和民族文化的壁垒，在人才培养、技术共享、科研合作等方面开展广泛交流，逐步形成了大众化高等教育、开放式的全球化高等教育市场，以及在世界范围内以互联网为基础的网络高等教育体系等[⑩]。按照周洪宇等学者的说法，高等教育全球化是由高等教育国际化发展而来的，我们可以用高等教育市场全球化、留学生市场全球化和高等教育质量全球化三个指标来衡量和判定高等教育从国际化向全球化发展的程度，其主要依据的世界各国的高等教育服务贸易协定被纳入世界贸易组织服务贸易总协定的程度，如果不作任何限制，全部履行规定，则意味着高等教育市场全球化时代的真正到来，它是高等教育全球化的最高标准和最终标准。同时，为了更加简便地衡量高等教育全球化的程度，可以使用留学生市场这个单一量化指标。一旦一个国家高等教育机构的在校留学生比例超过8%，就意味着该国高等教育开始由国际化进入全球化阶段。它既是高等教育全球化的起点指标，也是高等教育

---

① 倪世雄. 当代西方国际关系理论 [M]. 上海：复旦大学出版社，2001：483.
② 格雷厄姆·汤普森. 导论：给全球化定位 [J]. 国际社会科学杂志（中文版），2000（2）：7-22.
③ Albo G. The world economy, market imperarives and alternatives [J]. Monthly Review, 1996, 12 (6)：6-22.
④ 王义祥. 发展社会学 [M]. 上海：华东师范大学出版社，2004：165.
⑤ 王四达. 全球化：一个逻辑与历史的进程 [J]. 中山大学学报（社会科学版），2000（3）：89-94.
⑥ 安东尼·吉登斯. 第三条道路：社会民主主义的复兴 [M]. 郑戈，译. 北京：北京大学出版社，2000：33.
⑦ 戴维·赫尔德，安东尼·麦克格鲁，戴维·戈尔德布莱特，等. 全球大变革：全球化时代的政治、经济与文化 [M]. 杨雪冬，周红云，陈家刚，等译. 北京：社会科学文献出版社，2001：37.
⑧ 费孝通. 经济全球化和中国"三级两跳"中的文化思考 [J]. 中国文化研究，2001（1）：2-8.
⑨ 丰子义，杨学功. 马克思"世界历史"理论与全球化 [M]. 北京：人民出版社，2002：170.
⑩ Altbach P G. Global Perspectives on Higher Education [M]. Baltimore：Johns Hopkins University Press, 2016.

全球化的通用指标。① 因此，高等教育全球化是随着经济全球化，尤其是各种国际贸易规则的制定和实施而产生的，它是以促进高等教育领域的全球性交流与合作为主要宗旨，以开放性、同一性和互动性为主要特点的全球性活动。

（三）高等教育国际化

高等教育国际化具有多个层次和丰富的内涵，涉及不同的维度和外延，是一个多元化的概念。因此，国内外众多学者和组织对高等教育国际化内涵的认识各有不同，至今仍未形成统一的观点。就国外而言，诺尔斯（Asa S. Knowles）认为，高等教育国际化应当具备以下几个部分：一是国际化的教育目标；二是国际化的课程设置；三是从事教育教学、科研的教师和学生间的国际流动；四是教育技术国际援助和教育计划国际合作等②。联合国教科文组织下设的国际大学联合会从过程的角度对高等教育国际化给出了以下定义："高等教育国际化是将不同国界、不同文化的观点和氛围与高等院校的教育教学、科研和社会服务等主要功能相结合的过程。这是一个包罗万象的变化过程，既有学校内部的变化，又有学校外部的变化；既有自下而上的，又有自上而下的，还有学校自身的政策导向变化。"③ 加拿大教育学家简·奈特（Jane Knight）认为，"高等教育国际化是将国际化的、跨文化的、全球的维度整合到高等院校的教育、教学、科研和社会服务等各项功能之中的过程"。她强调高等教育国际化是一个动态的变化过程，而不是静态的结果④。美国的阿勒姆（Arum）和瓦特（Water）从具体活动的角度来阐述高等教育国际化，认为"高等教育国际化是一种包含与国际研究、国际教育交流与技术合作有关的各种各样具体活动的发展趋势，其目的在于提供一种真正融入全球意识环境中的教育经验。它主要包含课程中的国际内容、与培训和研究有关的学者和学生的国际流动及国际技术援助和合作计划三个方面的内容"⑤。持有同样观点的还有美国学者布茨（Butts），他将高等教育国际化界定为国际化的课程内容与培训、跨国合作与交流、教师和学生的国际流动、保证教育扶持与合作的国际体系。许多北美与欧洲学者在研究高等教育国际化问题常借用这一定义⑥。而汉斯·德·威特（Hans de Wit）等学者对高等教育国际化内涵的讨论基本覆盖了众多学者对高等教育国际化的三种定义：第一种观点是把高等教育国际化作为一种趋势和过程，认为高等教育国际化就是把国际化的意识与高等院校的教育教学、人才培养、科学研究和社会服务相结合的过程；第二种观点认为，高等教育国际化就是在国家之间开展教育与合作活动，这些活动主要包括国际化的课程内容建设与培训，高等院校教师、学生和科研人员的国际流动，以及国际资金援助和技术合作等；第三种观点强调形成国际化的精神气质和氛围，包括国际化的意识、超越本土的发展方向和发展范围，并内化为高等学校的精神气质

---

① 周洪宇，黄焕山. 论高等教育全球化的指标体系 [J]. 高等教育研究，2008（7）：11-20.
② Knowles A S. The International Encyclopedia of Higher Education [M]. San Franciso：Jossey Bass Publishers，1977，2293-2294.
③ 唐景莉. 提高质量大家谈：回归大学之道，明确主攻方向 [N]. 中国教育报，2012.12.10（5）.
④ Knight J. Internationalization：management strategies and issues [J]. International education magazine，1993，9（6）：21-22.
⑤ 严新平. 国际高等教育基海外留学指南 [M]. 北京：世界图书出版公司，2003：2.
⑥ 曾满超，于展，李树培. 中日高等教育国际化问题研究——基于文献的分析 [J]. 教育发展研究，2008（21）：42-51.

和氛围[1]。

国内学者对高等教育国际化内涵的认识见解颇多。1990年顾明远主编的《教育大辞典·高等教育卷》中把高等教育国际化定义为"各国高等教育在国内教育的基础上面向世界发展的一种趋势"[2]。当代著名教育学家顾明远认为，"教育国际化是指国际人员交流、财力支援、信息交换、机构的国际合作和跨国的教育活动等方面，主要包括合作办学、聘请专家、互派留学生、合作与交流、与国际组织合作、介绍国外教育理论、国内教育走向世界及培养国际化人才等八个方面的内容"[3]。李盛兵、潘懋元认为，"高等教育国际化的基本含义是各国高等教育并不是遵循同一个高等教育办学模式，而是面向世界对外开放，参与国际学术交流，增进国际的相互了解与合作，进而促进世界的和平与发展"[4]。

陈学飞教授在对比分析高等教育国际化不同内涵的基础上，总结出以下四种概念模式：一是从各种各样具体的高等教育活动出发来阐述高等教育国际化，主要包括国际化课程的改革和建设、高等院校人员的国际化交流、国际化科学技术援助和国际化科学合作研究等；二是从培养发展学生、教师和其他雇员的知识、技能的角度来界定高等教育国际化，侧重培养师生学术和组织管理能力；三是从精神气质的角度探讨高等教育国际化的内涵，侧重跨文化、国际化的观点和态度，形成国际化的精神气质和文化氛围；四是强调高等教育国际化是一种过程，把国际化的观念融入高等学校各主要功能之中。[5]这四种概念模式相互交叉、渗透和补充，有助于人们对高等教育国际化内涵的全面理解。

宋文红等人系统对比和总结高等教育国际化内涵后，认为高等教育国际化主要有五种论说：一是国际交流说，强调高等教育国际化是跨越国家、民族和文化壁垒的高等教育交流与合作；二是人才培养说，认为高等教育国际化的根本目的在于培养具有国际视野、通晓国际惯例等的竞争性国际化人才；三是发展趋势说，认为高等教育国际化是指在经济全球化的背景下，各国或各地区的高等教育在遵循高等教育发展内在规律的基础上面向世界开放的一种发展趋势，它是经济全球化对高等教育发展提出的必然要求，也是高等教育不断深化改革、追求高质量发展、实现高等教育现代化的应有之义；四是客观规律说，认为近现代高等教育的起步和发展都是一个国际化的过程，高等教育国际化是高等教育发展的客观规律；五是社会职能说，认为开展国际化的高等教育交流与合作就是在向世界展现高等教育的社会职能，使高等教育的社会功能由国内推向更加广阔的国际空间。[6]这五种论说表明，高等教育国际化的内涵具有不同维度和外延，对于人们全面理解高等教育国际化具有重要意义。

高等教育国际化的内涵不仅要从国际化的角度去理解，还应从高等教育国际化的本质去认识。魏腊云深入知识的本质属性来探讨高等教育国际化，认为探索真理和发展知识是高等教育发展的内在根本动力，它是一项跨越国界的教育事业。无论是古代"游教""游学"所展现的高等教育国际化特征，还是现代经济全球化背景下高等教育国际化日益加快的进程，都始终以知识的普世性价值为前提。高深知识在国际的交流是高等教育国际化追

---

[1] 张安富，靳敏. 我国高水平研究型大学国际化发展之路 [J]. 高教发展与评估，2006（6）：15-18+22.
[2] 顾明远. 教育大辞典：增订合编本（上）[M]. 上海：上海教育出版社，1998：402.
[3] 顾明远. 教育的国际化与本土化 [J]. 华中师范大学学报（人文社会科学版），2011，50（6）：123-127.
[4] 李盛兵，潘懋元. 中国高等教育的地方化与国际化 [J]. 高教探索，1992（3）：11-16.
[5] 陈学飞. 高等教育国际化：从历史到理论到策略 [J]. 上海高教研究，1997（11）：59-63.
[6] 宋文红，朱月娥. 国际化：21世纪中国高等教育国际化的思考 [J]. 高等理科教育，2002（4）：1-6.

求的普遍目的①。刘兰芝从教育的根本目的视角描述高等教育国际化的内涵,她指出,"高等教育国际化不仅是一种发展趋势,更是一种在经济全球化进程中对个体人才价值的能动反映。它在国际中凸显其政治功能时,不能忽视个体的发展,而应该注重人的全面发展以推动人类社会共同发展"②。

综合以上学者对高等教育国际化的内涵分析可以看出,对于不同的学者而言,高等教育国际化具有多层、多维度的内涵和外延。因此,本研究在分析和总结上述学者观点的基础上,对高等教育国际化给出以下定义:高等教育国际化是在政治、经济和文化国际化背景下,通过课程设置、科研合作、师生交流和技术援助等方式,吸收和借鉴国际先进的办学理念和办学模式,并将其融入本国高等教育教学、科学研究和社会服务之中,从而培养出具有国际竞争力的综合性高素质、高质量人才,推动高等教育现代化的进程。

二、高等教育国际化的主要特征

高等教育国际化既是一种历史过程,也是一种发展趋势,充当着联系优秀民族文化与世界先进文明成果的桥梁。在各国高等教育现代化发展和进步的过程中,高等教育国际化培养了大批具有现代知识和国际视野,在国际上有竞争力的人才。多角度、全方位地对高等教育国际化内涵加以分析,可以总结出高等教育国际化的六个主要特征。

(一) 高等教育国际化的综合性

虽然高等教育国际化出现较早,但当时的活动方式较为单一、内容比较简单,难以真正发挥出高等教育国际化的作用和优势。在经济全球化背景下,各国高等教育联系日益紧密,高等教育国际化逐渐表现出综合性的趋势。其主要体现在以下三个方面:第一,高等教育国际化的内容更为广泛。从最初单纯的知识传播和人才培养,到现在的文化学术交流、科研合作、外语教学和组织建设等,从本国高等教育的国际化扩大到跨国高等教育机构的建立,高等教育国际化所涉及的内容几乎已经涵盖高等教育的全部领域,甚至已经超越高等教育领域,拓展到社会服务、经济发展和政治交流领域,并逐渐成为一种无所不包的全球性社会活动。第二,高等教育国际化的范围更加宽广。以往的高等教育国际化通常集中在欧洲、北美和日本等经济发达的国家和地区,且主要表现为发展中国家向发达国家学习和借鉴先进的高等教育理念和教育经验,或在发达国家之间开展高等教育领域的互动和交流。如今,随着广大发展中国家的崛起,高等教育国际化的范围已经扩展至全球每一个角落,不少西方发达国家也开始同中国、印度、俄罗斯等发展中国家开展国际交流与合作,高等教育国际化活动更为广泛和深入。第三,高等教育国际化与社会经济发展高度融合。高等教育是文化传播的载体,始终同人们的经济生活联系在一起,因此,许多国家把高等教育国际化作为传播政治、文化和生活方式的有效方式,尤其是在国际市场不断扩大、海外贸易持续增长的背景下,各国要通过高等教育国际化与社会经济的融合发展,促进世界高等教育与社会经济共同发展,实现双赢或多赢的局面。

(二) 高等教育国际化的开放性

高等教育国际化的开放性,是指在国际市场上,高等教育的经济要素能够顺畅且自如

---

① 魏腊云. 对全球化背景下高等教育国际化的哲学反思 [J]. 理工高教研究, 2002 (3): 33-34+39.
② 刘兰芝. 高等教育的国际化趋势 [J]. 学术交流, 2002 (4): 151-155.

地流通，具体而言，是相关教育机构能够获取在国际上流转与交易的相应的教学资源、教育产品和服务，学习者能够面向世界消费高等教育相关内容。它是推动高等教育国际化贸易市场发展，实现高等教育国际化的重要前提，可以说，没有高度对外开放的高等教育就没有高等教育的国际化。

高等教育国际化的开放性是高等教育在全球化市场经济中表现出来的主要特征。首先，全球化的消费市场要求高等教育领域的人力、物力和信息资源能有自由流动或实现其产品和服务的价值，具体表现为人员来往日益频繁、国家之间的交流与国际化教育合作方式多样、全球范围内的校企合作和院校合作程度不断加深。在高等教育国际化初期，师生资源在国家间流动是高等教育领域国际交往的基本形式，这种交往形式有利于国家之间知识的传播和学术活动的展开。20世纪80年代以后，受经济全球化的影响，为了探索更广阔的高等教育国际市场，获取经济利益，在原有的师生流通基础上，发达国家开始建立海外分部，通过海外授课等形式，进一步打开高等教育国际化的市场。其次，高等教育国际化的开放性表现为学生、教师为了学习、科研能够在全球范围内自由流动。随着科学信息技术的不断发展，高等教育领域国际交往的层次也在不断上升，留学生数量呈现放量式增长趋势，区域高等教育国际化程度不断加深。例如，伊拉斯谟计划为200万名学生提供学习和交流平台，目的在于加强欧盟成员国内部高等院校学生之间的流动，推动欧盟高等教育国际化发展。基于学术目的和经济利益，国家间的科研人员和教师流动日益频繁。例如，为了获得更加优厚的待遇和科研条件，欧洲许多世界一流的科研人员和教师源源流向美国[①]。最后，高等教育国际化的开放程度也更深入。各国高校在制定战略、设置课程、研究成果、教师管理、学生流动等多领域面向全球市场开放，以此进一步提高高等教育的国际化水平，寻求高等教育全方位合作。此外，创业型大学理念的提出和风靡也催化了高等教育国家间的合作，跨学科、多领域的校际合作项目也是助推高等教育向国际化发展的重要动力之一，它们增强了高等教育资源的活力，加速了优质教育资源的国际流动性。

（三）高等教育国际化的民族性

高等教育国际化的民族性即本土性，是指在高等教育国际化进程中要体现、保留和形成高等教育的国家特性和民族特性，避免受到"文化殖民主义"和"文化霸权主义"的影响。它要求在高等教育国际化过程中培养人们的家国情怀、民族观念、爱国主义精神和民族自豪感等，努力弘扬优秀本土文化，找到本土文化与外来文化的契合点[②]，将高等教育的民族特性融入高等教育国际化的进程中。

每个国家的高等教育都是在本国特定的历史背景、社会环境和文化氛围中形成和发展的，不可避免地具有本国民族特色、个性和发展模式[③]。高等教育国际化要将本国合理的、优秀的和符合时代要求的民族特性与别国的先进经验结合起来，形成新的符合本国发展实际的道路。首先，从高等教育外部关系来讲，高等教育必然受到其所在的社会、经济和文化水平的制约并为其服务。每个国家必然要求本国的高等教育要维护国家利益、民族尊严、文化传统乃至价值观，绝不允许高等教育丧失民族特性。其次，能够适应所有环境的

---

① 马健生，田京.高等教育国际化的主要特征：基于高等教育经济属性和文化属性的分析[J].比较教育研究，2017，39（5）：44-52.
② 葛建一.江苏高等教育国际化战略研究[M].苏州：苏州大学出版社，2006：13.
③ 姚启和.办大学的若干理论与实践问题[M].武汉：华中科技大学出版社，2003：41.

某种特定高等教育模式可以说是不存在的，机械照搬别国的高等教育模式只能导致失败。再次，高等教育的民族性既是高等教育国际化的前提，也是其归宿，越是具有民族性的高等教育就越能面向世界。因此，在高等教育国际化过程中要不断谋求高等教育制度创新，不断创造新技术、新学问、新文化，使本国高等教育在教学、管理和服务等方面具有民族特性，激发出高等教育强大的生命力和发展潜力，为高等教育国际化创造条件。最后，高等教育国际化激发高等教育的多样化，带有不同民族特色的高等教育碰撞必然产生更丰富的高等教育形式，从而加深高等教育国际化。

（四）高等教育国际化的多样性

高等教育国际化的多样性，是指在全球高等教育领域的激烈竞争之下，高等教育机构以市场为导向，不断开拓自身的服务与产品。例如，高等教育机构通过引入更先进的教学活动设备，设置更丰富、个性化的教学课程来满足国际学生的学习需求，从而进一步提升服务与产品的质量。因此，保持多样性是在高等教育国际市场多元化的基础上提高高等教育机构现有水平的重要突破口。

第一，高等教育国际化的合作模式更为丰富多样。根据数据显示，到2025年，世界范围内在高等教育阶段出国留学的学生数量将达到1 500万人[①]。留学生在各国之间的频繁流动打开了巨大的高等教育国际市场。为攫取高等教育国际化的经济利益，各国高等教育机构不断丰富现有的高等教育国际交流方式，开拓更多的国际合作项目，从传统的国际学生交流拓展至教学交流与课程共享、科技交流与合作研发、教师交流与师资培养、文化交流与跨文化知识传播，以及创办国际性大学和海外分校等各种形式。以中国为例，2001年加入世界贸易组织以来，我国全面打开了高等教育国际对外市场，除了师生流动和科研合作，还进一步拓展了完善学分互认流程、推动中外合作办学、认可双学位制度、丰富国际和地区研究等全方位多样化的高等教育国际化形式，高等教育国际化持续深化。第二，参与高等教育国际化的主体更为多元。奈特对高等教育国家主体进行了细分，认为参与国际化的主体包括政府部门、非政府组织、私立与公立基金会以及教育机构和教育提供者[②]。不同的参与主体在制定政策、实施监管、安排经费、分配项目等方面都有不同的责任和作用。例如，在中国，推动中国高等教育国际化的主体是政府和高等教育机构，二者既是高等教育国际化的参与主体，也是推动我国高等教育国际化发展的重要力量。第三，高等教育国际化的动因与目标多样化。民族特性和文化是高等教育国际化的关键所在[③]。高等教育国际化的发展在国际上之所以呈现出不同的图景，其根本原因就在于各国在全球化的冲击下结合自身情况做出了独特的反应。各国高等教育发展程度不同，所需要的或所能做到的国际化程度也就有所不同，从而导致各国高等教育国际化的动因与目标多样化[④]。例如，日本政府对高等教育国际化的着眼点有以下两点：一是全球化知识社会中日本的持续发展；二是人口老龄化带来的未来高技术工人短缺问题。因此，日本高等教育国际化承担着

---

① 马健生，田京. 高等教育国际化的主要特征：基于高等教育经济属性和文化属性的分析 [J]. 比较教育研究，2017, 39 (5)：44-52.
② 金帷，温剑波. 如何定义高等教育国际化：寻求一个本土化的概念框架 [J]. 现代大学教育，2013 (3)：5-9.
③ Zha Q. Internationalization of higher education: Towards a conceptual framework [J]. Policy Futures in Education, 2003, 1 (2)：248-270.
④ 李盛兵，刘冬莲. 高等教育国际化动因理论的演变与新构想 [J]. 高等教育研究，2013, 34 (12)：29-34.

提高日本对高技术人才吸引力、巩固日本的全球竞争力等责任。而德国高等教育国际化发展的主要目标是提高单个高等院校及国家在国际上的竞争力[①]。

（五）高等教育国际化的组织性

高等教育国际化的迅速发展，使得高等教育跨国组织和教育机构纷纷涌现，其功能也不断强大和完善。组织性成为高等教育国际化的关键特征。在第二次世界大战之前，世界上专门开展高等教育交流与合作活动的教育机构只有一家，就是国际教育局；而第二次世界大战之后，国际化的组织机构大量涌现，逐步形成了以联合国教科文组织为枢纽的全球性教育组织网络。例如，1957年，德国设立教育研究所；1963年，法国成立国际教育规划研究所等。同时，世界各地区成立一些教育办事处，例如在曼谷设立亚洲教育办事处，在达喀尔设立非洲教育办事处等。此外，一些地区性教育机构也相继成立，如东南亚教育部长组织、阿拉伯教科文组织及欧洲文化财团教育研究所等[②]。这些国际性或地区性教育机构的设立有力地促进了世界各国教育、技术和文化的传播与交流。高等教育国际化的组织性推动了高等教育国际化的发展。首先，高度组织化使相关高等教育国际化活动更加规范、科学和有章可循，有利于提高高等教育国际化的效率和效益。其次，世界各国和各地区通过组织进行交流与合作，共同开展相关的国际高等教育活动，充分展现了高等教育国际化的核心价值。最后，通过组织开展高等教育交流和合作活动，欠发达国家和地区可以借鉴发达国家和地区高等教育的相关办学理念、办学模式、教育政策和措施，从而制定符合本国高等教育国际化的发展战略和发展道路，提升高等教育发展水平，扩大高等教育在国际上的影响力。

（六）高等教育国际化的不平衡性

由于世界各国的文化背景、经济实力和社会环境不同，高等教育国际化过程中的文化交流对各国的影响程度也就不同，所以高等教育国际化具有不平衡性[③]。相对而言，西方发达国家处于世界科学技术中心，政治影响力更大、经济基础相对扎实，更容易在国际化的文化交流中变成主导的一方。首先，从留学生的流动方向来说，更多是发展中国家的学生前往发达国家学习。美国、英国、法国和德国成为留学者首先考虑的国家，其中，美国留学生人数居于世界首位。大批外国留学生流向西方发达国家，为这些国家带来了直接或者间接的经济利益和社会效益。例如，留学生的到来扩大了西方发达国家的高等教育国际服务贸易市场，带来了巨大的经济收益；同时，部分留学生毕业后直接留在这些国家工作，容易形成强大的人才市场，带来良好的社会收益。但不可忽视的是，这种人才单向流动带来了"马太效应"，即人才相对富足的发达国家持续吸引、聚集各个国家的高层次人才，而急需大量人才建设的发展中国家则持续缺失各领域的高层次人才，形成了发达国家人才越积越多、发展中国家人才进一步短缺的恶性循环，给发展中国家造成巨大的经济损失，导致贫国越来越贫穷，富国越来越富有，发达国家和发展中国家的差距进一步拉大。其次，在文化的影响方面，发达国家拥有领先的政治经济地位、先进的科研成果、多渠道的文化输出，在一定程度上间接"文化殖民"。部分发展中国家在吸收发达国家知识、科

---

① Yonezawa A, Akiba H, Hirouchi D. Japanese University leaders'perceptions of internationalization: The role of government in review and support [J]. Journal of Studies in International Education, 2009 (2): 125-144.
② 舒志定. 高等教育国际化的内涵、特征与启示 [J]. 外国教育资料, 1998 (3): 55-59.
③ 陈学飞. 高等教育国际化: 跨世纪的大趋势 [M]. 福州: 福建教育出版社, 2002: 23.

技的过程中难免受其社会价值观、思维模式、生活方式、行为习惯甚至看待事物的观点的影响。有学者指出，受异国文化的影响，留学生们的学习方式、工作方法、生活习惯、思维模式和人格特征等都带有异国文化深深的烙印[①]。当他们返回自己的国家时，容易将在他国学习过程中养成的行为习惯潜移默化地传播出去，或者通过言语讲述等主动传播异国文化，造成本土文化与外来文化的冲突，甚至最后外来文化"鸠占鹊巢"，使本土文化日益受到忽视和淡化。

第二节　高等教育国际化的基本要素

高等教育国际化囊括了高等教育教学的方方面面，包含了不同层次的基本要素。只有明确高等教育国际化的基本要素，才能在高等教育国际化过程中有的放矢，促进高等教育快速发展。根据国内外学者的观点，高等教育国际化的基本要素主要由以下六个方面构成。

一、国际化的教育理念

思想决定行动，高等教育机构首先要树立国际化的教育理念，将理念作为行动的先导，才能更好地实现高等教育国际化。我们要用开放的、面向世界的、面向未来的战略眼光来认识高等教育的发展和改革问题，在传承和弘扬本国的优秀传统文化的同时，吸收和借鉴世界先进的教育理念，培养具有国际视野的高素质人才，加快高等教育国际化进程[②]。世界上很多国家早就认识到国际化的教育理念对高等教育国际化的重要性，认为要实现本国高等教育国际化，首先要塑造国际化的教育理念。例如，日本政府早在20世纪50年代就提出："以国际化的教育理念来进行教育改革是关系国家生存和发展的重要问题。"美国教育学家克拉克·克尔（Clark Kerr）认为，高等教育发展需要一种超越传统高等教育的新高等教育观念，即教育不应该只局限于区域或本国范围内，而应该在全球范围内发展本国的高等教育事业[③]。在法国，坚持高等教育开放性是社会各界的共识，认为只有面向世界开放的高等教育才能为法国培养具有国际视野、责任意识和专业技能的精英，提高法国在欧洲建设中的地位。从改革开放以来，中国迈向了借鉴外国先进教育理念和经验的道路，在1983年提出了"面向现代化、面向世界、面向未来"的教育发展目标。自此，中国高等教育国际化进程不断加快，高等教育国际交流与合作日益密切，有效推动了国家现代化发展[④]。因此，在经济全球化不断深化、人类社会不断进步和发展、高等教育功能不断强大的新形势下，各国高等教育必须在国际化发展中转变教育理念，从全球化的视角来开展国际教育合作，从全人类发展的角度来思考自身高等教育的发展，用面向现代化、面向世界、面向未来的国际化教育理念对现有的人才培养战略进行反思，更新教学理念、人

---

① 王伟伟. 中国高等教育国际化及其效应研究 [D]. 北京：对外经济贸易大学，2018：57.
② 陈欣. 论一般地方大学国际化发展的理念与策略 [J]. 理工高教研究，2010，29（5）：6-8+17.
③ 颜黎光. 高等教育国际化视阈下中外合作办学模式研究：以常州大学为例 [M]. 徐州：中国矿业大学出版社，2015：10.
④ 王海燕. 高等教育国际化的理念与实践：论美日欧盟诸国及中国的高等教育国际化 [J]. 北京大学学报（哲学社会科学版），2001（S1）：254-260.

才理念和课程观念，改革教学内容和方法，从而提高高等教育发展水平和学术能力，提升高等教育的国际地位和影响力，加速高等教育国际化进程。

二、国际化的人才培养目标

在当今高等教育国际化如火如荼的时代，世界各国都有意识地对高等教育国际化进行战略布局，争相培养高素质国际化人才。国际化人才是指具有国际化意识、国际化胸怀以及国际化知识结构，能在全球激烈竞争中把握机遇并脱颖而出的高层次人才。这类人才应该具有国际视野，多种知识、技能和素质，具体表现在以下几个方面：一是民族素养。民族素养包括民族文化素质和政治素质[1]。国际化的人才必须认同自己的国家和文化，具有社会责任感，在认同、传承、弘扬本国文化的同时，在世界国际文化交流中发挥建设性作用，进而增进不同民族和文化的理解和交流。同时，国际化人才还应具有较高的思想政治素质，了解本国的政策和战略，能经受住多元文化的冲击并坚定维护本国的政治立场和民族尊严。二是核心竞争力。国际化人才要在国际市场上具备核心竞争力，应该拥有良好的身体素质、能够适应国际化进程的语言沟通水平，以及专业知识、创新思维、网络运用和信息处理能力等。国家间的交流和合作涉及经济、文化、卫生等各个领域，因此，国际化人才必须具备全面的竞争力，才能更好地服务于本国的发展。三是国际素养。国际素养主要包括宽广的国际格局、跨文化交流的能力、通晓国际惯例和规则、处理国际事务的能力等。全球有200多个国家和地区，不同的国家和地区有不同的历史、习俗、文化和宗教等，因此，需要从全球化的角度考虑国际化人才培养目标，培养出能充分尊重和理解不同文化、独立处理国际事务及通晓国际惯例的复合型国际化人才，满足经济全球化和国际化的需求。

三、国际化的课程

国际化的课程是推进高等教育国际化的核心和关键。为了达到高等教育国际化人才培养的目标，当今世界各国都已把国际化的课程开发和建设作为高等教育改革和课程建设的重要方向[2]。国际化的课程主要是指为国内外学生创设的，在课程内容、教学宗旨和教学方式上趋于国际化的课程，其目的在于培养学生的国际视野和在全球化以及多元文化环境中生存的能力[3]。国际化课程的设立，不但要涉及本国的发展问题，而且所设定的学科专业要反映国际化的观念。例如，美国的伯恩教授就曾提出：一个课程设置若只彰显本国的教育经验，而排斥他国的经验，就是在欺骗学生，这是一种愚蠢的沙文主义[4]。因此，国际化的高等教育课程应该包括下列六个方面的内容：一是国际化的课程理念。它是把高等院校课程的开发、实践与管理置于全球化的历史背景下进行整体规划设计，将国际化的教育理念注入学校自身发展战略、课程体系和大学生人才培养方案中，使学校发展与国际化接轨。同时，在高校课程教学过程中应强调学生对多元民族文化的认知、理解和包容，以

---

[1] 蒋丽琴. "一带一路"视阈下河南高校国际化人才培养目标研究 [J]. 产业与科技论坛, 2019, 18 (15): 187-188.
[2] 单春艳. 中国高校研究生课程国际化 [J]. 高教发展与评估, 2020, 36 (4): 97-106+112.
[3] 汪霞. 大学课程国际化中教师的参与 [J]. 高等教育研究, 2010, 31 (3): 64-70.
[4] 季诚钧. 大学教学与管理新论 [M]. 上海: 东华大学出版社, 2003: 98.

及对全球问题和全人类发展问题的关注，强化学生民族素养的培养。二是国际化的课程内容。它是指将国际化的相关知识、教学内容和方法、发展方向以及国际化的最新研究成果（包括最新的国际重大课题和涉及国际化课程的文献资料）融入高等院校的学科建设、专业设置和课程制定中，使课程内容具有国际导向性。三是国际化课程的实践。它是把国际化的基本要素体现在高校日常教学模式和方法中，同时着眼于提高高校教师的国际水平，使其采用最先进的教学方法向学生传授国际前沿知识、基础理论和科学的研究方法等，增进学生对世界政治格局、经济发展和民族文化等的多方面了解。四是国际化的课程合作。它是指通过联合培养、课程学分互通互认等方式培养学生，同时提供丰富的课程资源，最大力度谋求教育资源共享，提高学生的专业能力、创新能力和研究能力。五是国际化的课程管理。高等教育机构要为国际化课程的开发建设、组织实施、政策制定和资金支持等方面提供保障，确保国际化课程的制定具有科学性和可操作性，使国际化的课程理念真正落实到操作层面，为国际化的课程实施与合作保驾护航。六是国际化的课程评价。课程评价主体要对国际化的课程理念设计、课程内容制定、课程开发和建设以及课程教学等环节进行监督和评价，保证国际化课程取得实际成效，同时对课程实施过程中遇到的问题进行总结和反馈，实现国际化课程的可持续发展。

四、国际化的人员交流

国际化的人员交流是高等教育国际化最活跃的方面，也是高等教育国际化的重要体现。对于高校来说，国际化人员交流的主体主要是教师和学生。要构建高等教育国际化教育体系，首先要解决教育传播主体，也就是高等院校师资力量的问题[①]。教师国际化交流是高等教育国际化过程中的关键部分，只有建立具有国际视野和处理国际事务能力的高素质、高水平的专业教师团队，才能推动本国高等教育向国际化发展。因此，近年来世界各国通过积极参与国际学术科研活动来创造教师出国访问和进修的机会，同时面向全球寻求优秀教学人才和学者。例如，新加坡、日本、澳大利亚等国家设置专门的机构，前往世界知名高校调研、寻找人才，对符合要求的人才予以高薪聘请；美国也依靠资本积累的财富、在国际事务中的角色及丰厚的待遇招收大量海外专家学者。不少学校还以名誉教授和客座教授的形式邀请国外知名学者到本国高校进行讲学或者派遣国内优秀专家学者到国外访学、进修或者讲学等，以此促进高校教师的国际化发展。其次，国际化的学生交流也是高等教育国际化的重要内容。国家间的学生交流可以增强国家与国家之间的交流和合作，有助于不同国家文化的交流和快速传播。随着高等教育国际化的深入发展，学生的国际交流规模不断扩大。根据联合国教科文组织提供的数据，1995年，全球共有8 200万学生接受高等教育，其中有160万海外留学生。约有2/3的海外留学生主要在美国、英国、德国、法国、俄罗斯和日本6个国家上学，其中美国留学生人数占比为28.3%、英国留学生人数占比为13.3%、德国留学生人数占比为10%、法国留学生人数占比为8.2%、俄罗斯留学生人数占比为4.2%、日本留学生人数占比为3.4%；2004年，全球接受高等教育的学生已达1.2亿人，其中有245万学生到国外留学。9年间，世界跨国留学生人数增加了

---

① 颜黎光. 高等教育国际化视阈下中外合作办学模式研究：以常州大学为例[M]. 徐州：中国矿业大学出版社，2015：13.

53.1%[①]。近40年来,中国已经和192个国家和地区建立教育交流与合作。教育部官网公布的数据显示,截至2018年,中国向192个国家和地区派遣了66.12万名留学人员,接收来华留学生共计49.22万人,归国留学生达51.9万人[②]。目前,这一数字还在不断增加,留学生规模呈现扩大趋势。

五、国际化的学术和科研合作

学术和科研是一个国家的创新基石,开展国际化的学术和科研合作对提升国家的创新能力具有重要意义。1995年,联合国教科文组织发布的《关于高等教育的变革与发展的政策性文件》强调:"国际合作不仅是世界科研和学术发展所追求的共同目标,还是保证高等教育机构主体功能、工作性质和效率不可或缺的前提条件。高等教育已在知识的发展、转让和分享等方面发挥了关键作用,因而学术上的国际合作应为全面开发人类的潜能做出积极贡献。"[③]目前国际化的学术和科研合作主要有以下几种方式:一是国际组织发起合作研究。比如,通过联合国教科文组织、国际学术联合会议等机构设立有关课题开展国际研究;1972年根据联合国大会决定而成立的联合国大学,以网络的方式把与世界相关的高等院校和教育科研机构等联合起来,对人类面临的共同问题(如气候环境、城市和人口发展、能源以及世界和平等)进行合作研究。二是高等院校之间开展国际合作。比如,在不同的国家建立"定点学校"、合作专业、合作学院等,可以是设立特定的高等教育研究项目、双方共同研究,也可以采用"2+2"或者"3+1"等办学模式。三是以个人名义与相关高校开展科研合作,即各国的专家学者到他国进行访问、讲学或进修。四是组织世界级的学术研讨会。各国根据实际情况,定期或不定期地举办国际学术科研会议,集中来自世界各地的专家学者针对高等教育前沿问题开展深入讨论和交流,分享本国的研究成果和数据等。

六、国际化的教育资源共享

现代信息技术的迅速发展,尤其是互联网在各国的普及,减少了时间和空间的阻碍,不同国家之间的信息、人力和物品流动的渠道越来越多,也越来越便利,为高等教育资源的国际化共享奠定了基础。一方面,由于国际网络的广泛应用,跨国教育网站如雨后春笋般涌现,例如,1996年,"中国—日本—泰国"三国多媒体远程教育网络系统开通,该项目由日本邮政省电波部立项,北海道信息大学负责实施,中国南京大学和泰国索克多王工业大学作为联合对象进行国际教育与合作,实现跨国界的教育资源共享[④]。而且,世界各地的学生、教师、学者通过国际互联网、电子图书馆和虚拟大学等联系越来越密切,使他们不出国门也能掌握国际上最先进的科研知识,探讨前沿的国际问题,了解最新的国际学术发展动态。另一方面,由于经济全球化快速发展,各国包括交通在内的基础设施进一步完善,教育资源在国家之间的流转更为通畅。教育资源在国际上的流通主要有两种方式:第一种是国际有关组织对教育资源进行组织和协调。例如,世界银行向中国贫苦地区提供

---

① 吴坚. 当代高等教育国际化发展 [M]. 北京:人民出版社,2009:33.
② 国家统计局. 中国统计年鉴2020 [M]. 北京:中国统计出版社,2020.
③ 李子云. 中国高等职业教育国际化 [M]. 北京:北京工业大学出版社,2018:31.
④ 严新平. 国际高等教育及海外留学指南 [M]. 北京:世界图书出版公司北京公司,2003:5.

无息贷款以促进中国教育均衡发展；联合国教科文组织专家学者研究贫困地区的教育发展问题等。这些国际组织通过提供经费、人力和物力等支持，协助世界各国教育事业的发展。第二种是发达国家通过技术、人员和资金等多方面的支援助力发展中国家教育事业的发展。例如，发达国家派遣志愿者到发展中国家高等教育机构进行课程教授，通过投入资金或者技术的方式改善发展中国家高校的基础设施，设置一系列项目为来自发展中国家的学生提供教育经费和科研经费。通过多维度的援助，直接或间接地改善发展中国家高等教育领域资金不足和技术困难的问题，让发展中国家能够更好地融入高等教育国际化的进程。

第三节 高等教育国际化需要厘清的两个问题

一、高等教育国际化与高等教育全球化的关系

高等教育国际化与高等教育全球化是两个不同的概念和范畴，两者既有区别又相互联系。只有辩证地认识高等教育国际化与高等教育全球化的关系，才能更好地理解高等教育国际化的内涵，把握高等教育国际化的发展方向，制定正确的高等教育国际化发展战略，加快高等教育国际化发展进程。

（一）高等教育国际化与高等教育全球化的区别

高等教育国际化（internationalization of higher education）是指各国高等教育在经济全球化背景下，面向世界开放的发展趋势。它是对国与国之间双边关系的描述，以民族国家利益为前提[1]。高等教育全球化（globalization of higher education）是各国高等教育在结合本国实际，吸纳与借鉴国际上优秀的观念、方法与经验的基础上，打破传统的教育封闭发展模式，向相互联结、衔接的一体化转型的过程。它是对无定向多边关系的描述，侧重高等教育在全球社会的一体化发展，是经济发展全球化、世界经济一体化的产物，也是现代信息社会和知识经济发展的必然趋势，在教学内容、科研、管理及教育合作等方面具有全球关联性的特征[2]。当前，很多学者把高等教育国际化与高等教育全球化混淆，普遍认为高等教育国际化就是高等教育全球化。实际上二者之间有本质的区别，具体表现为：第一，高等教育国际化与高等教育全球化出现的时间不同。高等教育国际化源于古代的"游学""游教"一说，形成于欧洲文艺复兴时期，是中世纪高等教育发展的趋势，主要和工业社会相适应[3]。高等教育全球化的出现晚于高等教育国际化。"全球化"一词最初主要出现在经济领域，称为经济全球化，之后"全球化"被学者引进教育领域，逐渐形成"高等教育全球化"这一概念。可以说，高等教育全球化是现代社会为促进跨国之间文化交流的产物，与信息社会相适应。第二，高等教育国际化与高等教育全球化的空间主体不同。高等教育国际化以主权国家的不同文化存在为前提，空间主体主要为国家、民族和政府，是一种主权国家之间在高等教育领域的交流与合作。高等教育国际化则由政府主导，

---

[1] 彭红. 高等教育国际化的内涵式发展中存在的问题浅析：以上海大学新闻传播学院海外实习项目为例[J]. 视听，2018（10）：206-208.
[2] 田利辉. 我国高等教育全球化发展的几个重要方面[J]. 中国高等教育，2018（8）：33-34.
[3] 戴晓霞. 高等教育的国际化：外国学生政策之比较分析[J]. 复旦教育论坛，2004（5）：11-16.

服务于民族国家发展的国际交流与合作。只要高等教育的交流与合作跨越国界，不管是和一国还是和多国开展交流与合作，均可称为高等教育国际化。高等教育全球化的根本目标是立足于解决全球性高等教育现实问题来探寻人类共同的未来，空间主体是全球，对象是所有人类。高等教育全球化是在全球建立一种超越国界、不受主权国家统一标准的约束、受全球认同的高等教育价值观和关注人类未来共同命运与发展的范式，强调高等教育资源在全球范围内的流动和配置，是世界各国积极应对经济全球化在高等教育领域提出的重要举措。第三，高等教育国际化与高等教育全球化的发展趋势不同。高等教育国际化依赖各主权国家和地区倾斜政策的支持，全球化的资本流动则为高等教育国际化提供了经济基础。由于不同国家或地区高等教育国际化的发展程度不同，所以每个国家或地区对于高等教育国际化的应对措施存在差异，参与高等教育国际化的意识也有强有弱，这主要是受不同国家文化差异和经济发展水平的影响。虽然在高等教育国际化的进程中，参与的主体有民间组织和正式组织，但在国际交流与合作中，不管这个国家出于政治目的，还是教育观念、地理或者制度意义，以国家身份为主体参与的国际交流与合作在当前和未来相当长的一个时期内仍是高等教育国际化的主流趋势。因此，高等教育将长时间处于高等教育国际化的发展阶段，而高等教育全球化是高等教育国际化未来的努力方向。

（二）高等教育国际化与高等教育全球化的联系

虽然高等教育国际化与高等教育全球化有本质上的区别，但是二者之间又存在辩证统一的关系。第一，高等教育国际化是对高等教育全球化的早期反映或者暂时的应对策略。高等教育国际化强调国家间高等教育的交流合作，是一种迈出国门的趋势，但是随着全球化时代的到来，以全球范围内高等教育系统的结构及政策融合为支撑的高等教育的信息、学者和学生间的国际流动必将越来越频繁。如果说高等教育国际化是当前各国高等教育发展所面临的现实问题，那么高等教育全球化就是高等教育发展的最终结果。第二，高等教育全球化是对高等教育国际化发展的超越。高等教育全球化是高等教育国际化发展的必然趋势，它超越了"国家主义的动力学"而将国际主义作为其逻辑指向，并不断向全球化的办学目标迈进[1]。首先，根据高等教育全球化的双重含义，高等教育全球化不仅表现为世界各国高等教育在知识和学术层面上的全球性交流与合作，还体现出各国高等教育发展利益具有全球关联性的本质。联合国教科文组织发布的《反思教育：向"全球共同利益"的理念转变？》就明确指出：教育和知识事关人类文明的发展，是世界各国追求的共同利益，是促进全球持续健康发展的关键，必须把"尊重生命和人格尊严、权利平等和社会正义、文化和社会多样性，以及为建设人类共同的未来而实现团结和共担责任的意识"作为教育的基础和宗旨[2]。其次，高等教育机构不仅存在于一国的政治、经济结构中，也存在于全球的政治、经济结构中，更存在于全球高等教育格局之中。在全球化的时代背景下，世界各国高等教育的发展利益不可避免地产生了全球性关联。高等教育所涉及的利益，不仅仅是基于国家立场的利益，更是基于全球或全人类的利益。

---

[1] 钱小龙，孟克. 美国高等教育国际化概论：进展分析与经验借鉴 [M]. 南京：南京大学出版社，2017：20.
[2] 联合国教科文组织. 反思教育：向"全球共同利益"的理念转变？[M]. 联合国教科文组织总部中文科译. 北京：教育科学出版社，2017：30.

二、高等教育国际化与高等教育本土化的关系

高等教育国际化与高等教育本土化是高等教育发展的两种不同选择。前者是各国教育领域应对经济全球化趋势的一种方式；后者则强调在国际化的过程中建立具有本国特色的高等教育体系，保证本国在教育国际化进程中的主体地位。二者并不是对立矛盾的，实际上，高等教育国际化与高等教育本土化相辅相成，两者之间具有互相促进的关系，具有统一的目的。只有辩证地认识这两者的关系，才能构建具有本土特色的高等教育体系；也只有具有本土特色的高等教育，才能走向高等教育国际化。

（一）高等教育国际化与高等教育本土化的区别

高等教育的国际化是一个国家的高等教育在国际意识、开放观念的指导下，通过开展跨国、跨境的多边交流、合作与援助等活动而不断促进国际社会对本国高等教育的理解，提高高校国际学术地位，提升本国在国际教育事务中的话语权，从而促进世界各国高等教育改革与发展的进程与趋势[1]。高等教育本土化则是在全球化的背景下，基于维持国家的教育主权和主体地位，立足本国的文化底蕴、在培养社会人才中的职能定位和现实情况，在学习和借鉴他国的先进教育经验的同时，弘扬本国优秀教育传统，并逐渐建立一套具有地方特色的高等教育体系的过程[2]。国际化与本土化是高等教育发展的两个方面，侧重点各有不同。高等教育国际化既有交流的含义，也有合作的性质，其成果和教育模式需要在国际教育环境中参与有价值的交流活动，而且高等教育是国家最高的教育层级，在教育领域有着特殊的地位，在一定程度上能够代表一个国家的经济状态和发展前景。因此，高等教育国际化是在世界不同国家、不同教育群体之间开展关于高等教育理念和经验、教育方式方法、人才培养模式、科研合作及教学团队等的文化互融与经验交流活动的过程中达成的。高等教育本土化意味着要立足本国的优秀传统文化去建立一套具有民族特点的教育体系，而不是盲目吸收他国的教学理念、思维方式和价值取向。高等教育本土化的重点在于如何将本土的优秀教育文化与高等教育国际化有效融合与衔接，通过高等教育国际化将具有本国特色的教育文化提升到国际层面，让本土化的教育理念、教育模式、教育体系传播到其他国家，最终提高本国在国际教育领域的影响力，巩固本国在国际教育领域的地位。例如，中国传统文化、传统教育文化和现代教育观念，都应该是本土化的重点内容。因此，在学习、吸收和借鉴世界上先进的高等教育制度和办学模式时，必须立足中国的历史文化、民族特点和具体国情，确保高等教育成果在国际交流中实现本土教育文化和外来教育文化的融通发展，以发挥中国高等教育优势为主要目的，进行平等、和谐的国际交流。

（二）高等教育国际化与高等教育本土化的联系

高等教育国际化和高等教育本土化是发展高等教育两种不同的选择。高等教育国际化强调高等教育在经济全球化背景下做出面向世界各国加强合作办学的回应；而高等教育本土化强调如何在全球化背景下保持本国高等教育的主权地位，形成具有民族文化特色的高等教育体系，使本国高等教育在国际教育竞争中更具优势。虽然高等教育国际化与高等教

---

[1] 彭拥军. 高等教育的国际化与本土化 [J]. 大学教育科学，2004（4）：14-17.
[2] 樊丽淑. 国际化与本土化融合：国贸创新型人才培养的探索与实践——以浙江大学宁波理工学院中美合作办学为例 [J]. 兰州教育学院学报，2018，34（5）：97-100.

育本土化的发展侧重点不同，但二者的目的始终是一致的，都是为了培养更高质量的复合型、专业性人才，加快本国高等教育现代化进程，最终达到提升本国高等教育在国家间影响力的目的。两者为相辅相成、互相促进的有机统一关系，高等教育本土化是高等教育国际化的基础，高等教育国际化是高等教育本土化的发扬。

首先，高等教育国际化建立在高等教育本土化的基础之上，没有高等教育的本土化，就没有真正意义上的国际化，本国高等教育的独特性也就无从谈起。一方面，正是世界各国的独特本土文化交融构成了形式多样、内容多元、魅力多彩的世界文化，才使各国文化之间的融合、发展和交流成为可能，促使国际化成为高等教育发展的必然选择。高等教育国际化是各国进行多种方式交流的媒介之一，各国在进行高等教育国际化的过程中都有意无意地融入了本国政治、经济、文化、社会等多方面的因素，通过国际化将本国的部分理念、意识以教育领域为起点进一步传播。因此，高等教育国际化要求必须坚持文化自信，通过国际化，将本土化的教育理念、教育体系，以弘扬中华民族传统文化特色的目的，在国家间扩散。通过本土化教育理念、教育体系的扩散，有力地打击国际化发展进程中可能出现的"文化霸权""理念灌输""价值殖民"等现象，保证高等教育国际化的多样性，维护国家在国际教育领域的实际地位。另一方面，从国际化的角度来看，真正的本土化是对国际化元素的整合与扬弃，可以在有效吸收被国际认可的教育理念的同时，与具有本国特色的教育理念相融合，衍生出符合本国高等教育国情的、带有本国民族特色的教育新理念、新模式，在本国高等院校参与国际高等教育合作的过程中对标世界一流大学，从而确立具有前瞻性的国际化办学理念与发展目标。高等教育的本土化还赋予了高等教育国际化发展的历史性任务，即在与其他国家的交往中结合本国高等教育领域的发展需求建立一套带有本国特色的、与本国高等教育发展阶段相适应的教书育人思维方式、知识体系和价值标准，在与其他国家进行平等交流的同时，将这一套思维方式、知识体系和价值标准传播到国际高等教育舞台上，使本土化的教学成果在国际教育领域上也能发挥相应的教育优势。

其次，高等教育国际化促进了高等教育本土化的发展。高等教育对一个国家文化的传承、发展、创新起着不可或缺的作用，高等教育国际化促使高等教育本土化更新思想观念，促进不同文化的理解、沟通和合作，以及推动高等教育管理制度等方面的变革，为高等教育本土化的发展带来更宽广的视野、更远大的愿景，简言之，高等教育国际化的出发点和落脚点就是实现本土化高等教育的全球化。高等教育本土化如同一种执行力，将国际化教育理念引入本国，使本土化在行为上具有施展的空间，凭借国际先进的教育理念，保持国家的优势和精华，进而优化其高等教育发展模式，丰富自身的文化个性，使其无不彰显民族的文化魅力，从而有力地促进国家高等教育本土化的发展。

第四节　中国高等教育国际化发展动因

近年来，随着国家综合实力的提升，中国在国际舞台上的影响力大大提升，然而，一些发达国家恶意打压，高等教育国际化的发展受到越来越多因素的制约与影响。从不同层面分析中国高等教育国际化的动因，可以使我们清楚地找出中国高等教育国际化背后的缘由，也有利于调整我国高等教育国际化发展战略，深化高等教育国际化发展。具体而言，中国高等教育国际化发展动因主要包括以下五个方面。

一、中国高等教育国际化的政治动因

从近代中国高等教育产生、发展的全过程看，我国高等教育开始于洋务运动。清朝政府积极采纳洋务派代表人物提出的"师夷长技以制夷"的主张，兴建一批洋务学堂，派遣中国学生到海外学习西方科学、文化和先进技术，其根本目的在于挽救清政府于危亡之中，这体现了高等教育国际化强烈的政治动因。此后近一个世纪，在"教育救国"的思想及政策的推动下，中国不断加强与海外文化、技术的接触和交流，根本目的都是吸收国外以工业技术为代表的先进科学技术与管理经验，以促进中国社会经济、文化的发展，应对国家与民族的危机，这体现了高等教育国际化强烈的政治动因与被迫性。在民国时期以前，中国高等教育改革和发展的政策大多是基于政治期望为评价标准而制定的，高等教育本身的特点及发展逻辑虽未被完全忽略，但至少可以说是不作为重要的因素参与政策制定[①]。中华人民共和国成立后一直到改革开放初期，我国高等教育国际化事业获得了恢复和发展，实施了一系列国际交流合作项目，但该时期与我国合作交流的主要以社会主义国家和地区为主，与欧美资本主义国家交流较少，这种局面的出现主要受当时国内外政治形势和意识形态的影响。国际化被视为国家外交政策的辅助工具，这个时期国际化动因在于国家安全，体现出鲜明的政治色彩，国际化的主体是政府[②]。"二战"以后，西方资本主义国家迅速确定了本国高等教育国际化的规划，鼓励国内高校兴办留学生项目，并在早期的国际教育领域中通过学者派遣、国际学术交流等形式进一步向其他国家输出本国文化、价值观、意识等内容。西方资本主义国家通过发展本国教育，推进本国教育国际化，将资本主义相关的意识形态在世界范围内进一步传播，以达到巩固本国政治形象和维护本国政治强国地位的目的。然而随着社会的不断发展，世界格局正在悄然变化，许多国家纷纷意识到高等教育国际化给本国外交形象带来的积极影响。随着综合国力的不断增强，各国通过推动高等教育国际化，有意识地将本国价值体系和政治理念传播到其他国家。高等教育国际化从表面上看是教育领域的发展，但实际上驱动各国发展高等教育国际化的根本目的是建设发展本国，并通过理念的传播逐步树立并提升本国在国际上的政治形象。

二、中国高等教育国际化的经济动因

经济全球化推动了国际产业结构加速调整优化的进程，加快了资金、技术、装备和人力资源等基本要素在国际市场的流动，催生教育产业化、集团化时代。高等教育产业化和集团化产生的经济利益驱使各国纷纷采取愈加自由的教育政策，减少政府对高等教育的干预，发挥高等教育资源配置中市场起到的决定性作用，鼓励高等教育市场化。追逐经济利益最大化成为高等教育国际化的主要动因[③]。中国高等教育国际化的快速发展，得益于改革开放的决定。首先，在改革开放初期，中国提出通过经济改革以实现"四个现代化"的发展政策。在"四个现代化"的直接影响下，中国高等教育国际化几乎直接由中央政府主

---

① 陈亚玲.高等教育国际化：中国的历史与现状[D].湘潭：湘潭大学，2002：57.
② 薛卫洋.中国高等教育国际化研究（1978—2012）——结合上海市为例的研究[D].上海：华东师范大学，2013：83.
③ 赵哲，陶梅生.全球化背景下的高等教育国际化多维动因探析[J].中国成人教育，2011（1）：47-49.

导,为此,有学者指出:"1978—1992年,中国高等教育国际化可以被视为受经济因素驱动,受政府监管。"① 2001年,中国加入世界贸易组织,其融入经济全球化的速度加快,经济全球化的快速发展也加快了中国高等教育国际化进程。《国家中长期教育改革和发展规划纲要(2010—2020年)》明确指出:"加强国际交流与合作;坚持以开放促改革、促发展;开展多层次、宽领域的教育交流与合作,提高我国教育国际化水平;借鉴国际上先进的教育理念和教育经验,促进我国教育改革和发展,提高我国教育的国际地位、影响力和竞争力。"②

其次,高等教育国际化催生了高等教育产业化、集团化。教育服务被纳入世贸产品名单,并被誉为21世纪无污染、纯绿色的健康产业。欧美发达国家把加强对外教育服务作为推动本国经济和教育事业发展的重要手段。对外教育服务不仅可以为这些国家带来经济层面的发展,也间接促进了高等教育国际化程度的加深,使欧美国家高等教育国际化影响力逐渐增强。中国虽然是世界上受教育规模最大的高等教育大国,具有较为充足的高等教育资源,但是在对外教育服务领域的发展仍严重不足,无法满足国际化的发展需求,与欧美发达国家有较大的差距。对外教育服务带来的经济收益较少,并且一些对外教育服务机构也以政府的政策和资金扶持为主,尚未实现真正意义上的市场化,无法直接参与国际竞争,某种程度上对高等教育国际化的发展起阻碍作用③。因此,为了进一步扩大高等教育服务贸易市场,中国通过派出留学生和接受来华留学生、境外办学、举办中外合作办学项目以及课程国际化等方式不断扩大高等教育市场的开放程度,充分利用国外的优质高等教育资源,借鉴国外在教育领域较为先进的理念,并在与国际接轨的过程中及时根据国际形势、国家规划调整高等教育培养人才的目标、策略,最终培养出适应经济全球化发展趋势、具有国际视野、掌握国际规则、能参与国际事务、应对国际竞争的国际化人才,丰富国家发展所需的人力资源储备,进而更好地促进我国经济高质量地发展。

三、中国高等教育国际化的学术动因

20世纪80年代中叶,中国高等教育国际化趋势随着国际交流和合作的不断加强而愈加明显。为培养能够适应时代变化的精英人才,高等院校在更加积极、全面地关注国际政治、经济和科技文化发展趋势变化的同时,开始重视高等教育本身的发展逻辑和人才培养方式。学术的流动也是高等教育国家间流动的主要内容之一。如何提高中国高等教育国际化水平及在国际舞台上的话语权?如何在遵循自身发展规律的基础上改革和发展?这些开始得到教育学家们的普遍重视和国际社会的认可④。随着中国改革步伐的加快和开放程度的加深,中国高等教育国际化受政治因素和经济因素影响,以开展文化和学术交流为导向的高等教育国际化发展水平日益提高。加入世界贸易组织后,中国高等教育市场逐步向外国开放,建设中国特色社会主义对一流人才及科学技术的需求同中国高等教育科技创新不够、人才培养不能满足发展的多重矛盾不断催化高等教育的国际化,因此,中国需要通过

---

① 薛卫洋.中国高等教育国际化研究(1978—2012):结合上海市为例的研究[D].上海:华东师范大学,2013:70.

② 梅琳,袁红.高等教育国际化和民族化的融合发展[J].新西部:中旬·理论,2018(8):112-113.

③ 薛卫洋.中国高等教育国际化研究(1978—2012):结合上海市为例的研究[D].上海:华东师范大学,2013:84.

④ 陈亚玲.高等教育国际化:中国的历史与现状[D].湘潭:湘潭大学,2002:58.

与国外知名大学合作，对外国高等教育的行政管理经验和人才培养模式去粗取精，提升中国人才培养的质量。与此同时，外国许多大学因发展资金匮乏，也迫切需要打开中国高等教育市场，特别是研究生培养市场。各国都清晰认识到，与中国高等教育合作，能够提供满足自身发展所需的资金。正如有的学者所言："中国希望通过与国外平等的高等教育合作与交流，尽早建成一批世界一流大学和一流学科，从而实现21世纪中叶建成高等教育强国的目标，让我国屹立于世界高等教育先进之林，实现中华民族伟大复兴的中国梦。"[1] 对中国高等教育国际化的学术动因，有学者认为，中国高等教育国际化自20世纪末开始，因受到全球化、全球竞争的挑战和高等教育大众化需求的推动，特别是自1995年以来，中国重点开展跨国高等教育，大力引进国外课程和教材，提高学术水平和科研质量，充分体现了以学术交流为导向的高等教育国际化[2]。例如，中外合作办学项目就是为了吸收、学习世界发达国家的教育发展经验，追赶世界科技、学术等方面的发展水平，谋求高等教育的大发展[3]。

四、中国高等教育国际化的科技动因

科学技术的快速发展使高等教育领域掀起了一轮猛烈的浪潮。高等院校作为先进科学技术的创新摇篮和孵化基地，需要通过开展更加广泛的竞争、交流与合作，以谋求科学技术的发展。世界上任何一个国家的高校不可能始终保持在某一项科学技术上的领先地位，世界各国对跨学科、跨领域的研究日益重视。中国高校也认识到只有与其他国家在人才培养过程中进行必要的交流与合作，才能通过不同的科学技术碰撞，培养出更多的高新技术人才。另外，以计算机、电视和卫星等为主要形式的现代化信息网络主体，早已将世界连成一体，打破了信息壁垒，消除了曾经影响人类交往的空间障碍，极大地便利了多国之间的交流乃至合作。例如，跨国远程教育的出现，有力推动了各国高等教育国际化的进程。

随着网络终端、移动网络通信技术的更迭和普及，中国高等教育的管理水平和利用效率不断提高，这些技术的更新作为推动高等教育国际化的物质基础，助力中国高等教育进一步国际化。21世纪，知识已经成为生产力的重要组成部分，作为知识创新主体和科技孵化基地的高等教育机构，在世界范围内展开了规模空前的竞争、交流与合作，极大地推进了高等教育国际化的步伐。因国际化加速发展带来的全球性人口、疾病、环境、资源等问题，需要中国高等教育机构同心协力应对，才能更好地破解上述问题，达成全球性解决方案。因此，不论是基于一国利益，还是从全人类利益的角度出发，中国都需要加快高等教育国际化的发展。同时，为了在信息化时代抢占先机，世界各国相继加大了在重要科学技术领域培养人才的力度，许多国家的高等院校都设置了计算机、信息技术、生命科学等学科和专业，争先在科技领域不断创新。中国想要在科技领域取得突破性进展，必须进一步推进高等教育国际化的发展。

---

[1] 陆小兵，王文军，钱小龙."双一流"战略背景下我国高等教育国际化发展反思[J]. 高校教育管理，2018(01)：31.

[2] Huang F T. Policy and Practice of the Internationalization of Higher Education in China [J]. Joural of Students in International Education，2003，07（3）：236.

[3] 薛卫洋. 中国高等教育国际化研究（1978—2012）：结合上海市为例的研究[D]. 上海：华东师范大学，2013：70.

五、中国高等教育国际化的文化动因

随着全球化、一体化趋势越来越明显,世界各国人民之间的互动日益密切,支撑高等教育国际化前进的文化底蕴越来越受到国际社会的关注。基于这样的前提,中国高等教育不仅肩负着在国际上进行文化输出的重任,还要在教育的过程中使中国自身的文化与其他国家文化形成流通关系,在输出我国优秀文化的同时不断吸收、借鉴其他国家发展至今的文化结晶,使中国文化在体现民族特色文化的同时又能适应全球化的趋势。高等教育国际化能够有效推行的一个原因在于文化交流在国家之间产生的冲击。加拿大大学和学院协会曾经做的一项调查发现,一些高校推进国际化进程的主要目的是增加学生国际性、跨文化的知识技能或促进有关国家间在文化、经济、环境、政治等方面相互依存的研究[1]。国家或地区之间的文化交流、融合,甚至冲突,都是文化传播和发展的基本规律。一个国家或地区,想要在文化上有所更新,实现该国家或地区在文化上的发展,就必将处于一个与外来文化进行相互交流和扬弃的过程之中。从文化传播的角度来看,不论是民间的还是政府的,世界性的文化交流从来没有间断过。随着信息时代的来临,以往的时空观念被彻底改变,人们的交流从来没有像今天这样方便和快捷。世界各国既坚持各自文化传统的独立性,又期望本国文化烙上时代的色彩,这就需要对其他国家的文化进行学习和理解,以增进国家之间在文化上的了解,从而深化国家之间的合作。因此,作为文化相互承接与传递的桥梁之一,中国高等教育负有不可推卸的责任。在国际交往日益密切的今天,中国高等教育领域越来越需要世界各国的相互了解甚至共同合作。而大学作为文化传承与创新的机构,在文化交流中扮演着重要角色,因此,中国应不断增加大学学术交流、海外办学和留学人员,以促进对不同国家学术团体的相互理解,进而具备欣赏不同国家间相互依存的能力。同时,中国高等教育不仅要传播和弘扬我国具有民族特色的优秀传统文化,还要学习和借鉴他国的先进文化,使我国文化既能体现自己的民族特色,又能顺应高等教育国际化发展的趋势,在交流碰撞中相互促进、共同进步,这是中国高等教育必须肩负的责任和使命,也是中国高等教育国际化必须实现的目标。

---

[1] 李文山. 高等教育国际化发展历程、动因及趋势分析[J]. 首都师范大学学报(社会科学版), 2006(1): 61-64.

第二章 中国高等教育国际化相关政策分析

第一节 中国高等教育国际化政策的历史沿革

中国高等教育国际化政策的制定和完善是高等教育国际交流与合作实践发展的现实需求，也是我国高等教育国际化持续发展的必然要求。高等教育国际交流受到国际环境的影响，要想理解中国高等教育国际化政策发展的历史逻辑，就需要从多个方面加以把握。

一、初创阶段（1949—1977年）

从中华人民共和国成立后到改革开放前，根据我国外交环境变化以及国内政治、经济、文化的发展背景，中国高等教育国际化政策的发展道路可以进一步划分为两个阶段，即中华人民共和国成立初期（1949—1956年）、曲折中发展时期（1957—1977年）。在这两个阶段，我国高等教育国际化政策导向具有不同的时代特征。

（一）中华人民共和国成立初期（1949—1956年）

高等教育国际交流实质上是知识、文化以及作为其载体的高教人才的跨国流动。因此，国家间和睦友好的关系是高等教育国际化实践的必要条件。1949年10月2日，苏联首先承认了中国共产党领导创立的新生人民政权并与中国建立了大使级外交关系。之后，中国与东欧社会主义国家的关系得到全面发展，保加利亚、罗马尼亚、匈牙利、捷克斯洛伐克、波兰、阿尔巴尼亚、南斯拉夫等东欧人民民主国家分别与中国建立了正式外交关系。此外，中国与朝鲜、蒙古和越南先后建立外交关系，中国与亚洲社会主义国家的政治、经济、文化关系得到迅速发展。

这一时期，我国的外交现状是同苏联为首的社会主义阵营国家、部分西方世界国家和周边国家建立外交关系，但是世界上多数国家还没有承认并与新中国建交。因此，这一时期我高等教育国际交流实践和政策倾向都是以苏联和与我国有外交关系的人民民主国家为主。

中华人民共和国成立初期，中华人民共和国工业基础薄弱，工业门类残缺不全，并且在经济建设上各个领域人才匮乏。当时高等教育规模较小，1949年全国共有高等学校205所，学生11.7万人，专任教师1.6万人[①]，高层次的研究生教育基本上没有。因此，新中

---

① 《中国教育年鉴》编辑部. 中国教育年鉴1949—1981 [M]. 北京：中国大百科全书出版社，1984：79.

国迫切需要建国前的出留学生回国工作。据相关统计，1950年中国共有在外留学生5 096人①，并且主要的留学目的国是美国和日本。为了争取人才尽快回国建设，教育部提出了《争取在资本主义国家的我国留学生回国的原则》，并且发布了《接济国外留学生回国旅费暂行办法》，为回国人才提供经费支持。截至1957年年初，有2 000多名留学生回国工作②，他们之后也成为各个专业领域的骨干，为新中国的建设做出了卓越的贡献。

同时，中国逐渐开启了高等教育领域的国际交流与合作，其有关政策文件详见表2-1。1950年，新中国与捷、波、匈、保、罗五国达成谅解备忘录，并于当年7月制定了《交换留学生计划》，随即开始了相应工作。同年9月，我国首批共计选拔了35名本科生前往东欧民主国家留学，其中波兰和捷克斯洛伐克各派遣10人，罗马尼亚、匈牙利和保加利亚各派遣5人，主要学习这些国家的语言、历史、地理等相关专业，当年12月又选派10名留学生前往波兰和捷克斯洛伐克学习他们的工程技术。随后这5个东欧国家共派33名学生来华学习汉语和中国历史文化等专业③。1954年中国与德意志民主共和国签订了《关于交换研究生和留学生议定书》，议定了双方交换研究生和留学生的各项具体执行细节。1956年中国和波兰签订了《关于派遣中国公民到波兰人民共和国和派遣波兰公民到中华人民共和国学习的协定》，在互派留学生的数量与资格条件、学习专业、经费负担等方面达成一致。从1950年至1956年，中国先后派遣到东欧国家的留学生共计985人，与此同时，东欧国家也向中国输送了172名来华留学生④。与东欧民主国家间的留学教育互动是新中国高等教育国际化的开端。

由于中华人民共和国成立初期缺乏建设社会主义的经验，以苏联为学习的榜样，采取苏联模式是一条必由之路。因此，在高等教育领域新中国开始全面向苏联学习，并且建立了广泛的联系。其中主要表现在以下几个方面：

第一，新中国向苏联大量派遣留学生。1951年我国首批向苏联派遣了375名留学生，其中包括研究生136人⑤。1952年8月，我国与苏联签订了《关于中华人民共和国公民在苏联高等学校学习之协定》，该协定规定了苏联接受中国留学生的名额、学科和资助标准。为了提升赴苏联留学人员的语言能力，扩大留学规模并保证质量，教育部设立了"留苏预备部"，并建立了"高等教育部留学苏联预备生学科考试委员会"，通过统一考试来确定最终赴苏留学名单。在国际化教师队伍建设上，我国充分利用教师短期进修学习时间短、针对性强的优势，1955年9月派遣了第一批共计33名优秀教师代表前往苏联进修学习，他们回国后在教学与科研领域均取得显著提升。1956年，我国又派遣了100名教师赴苏联进修⑥。为了实现我国社会主义工业化的建设目标，学习苏联先进的工业技术，从1950年至1956年间，我国共计派遣6 570名各级各类留学人员前往苏联高等教育机构学习⑦。

第二，聘请苏联专家来华任教。1949年8月，苏联派出了878名专家帮助中国创建

---

① 于富增，江波，朱小玉. 教育国际交流与合作史 [M]. 海口：海南出版社，2001：20.
② 于富增，江波，朱小玉. 教育国际交流与合作史 [M]. 海口：海南出版社，2001：21.
③ 于富增，江波，朱小玉. 教育国际交流与合作史 [M]. 海口：海南出版社，2001：28-29.
④ 于富增，江波，朱小玉. 教育国际交流与合作史 [M]. 海口：海南出版社，2001：48.
⑤ 于富增，江波，朱小玉. 教育国际交流与合作史 [M]. 海口：海南出版社，2001：33.
⑥ 于富增，江波，朱小玉. 教育国际交流与合作史 [M]. 海口：海南出版社，2001：35.
⑦ 彭未名. 国际教育交流与管理 [M]. 广州：华南理工大学出版社，2007：54.

6所空军航校。1949年11月22日，新中国第一所高等军事院校——海军大连舰艇学院正式成立，有84名苏联专家在校任教[①]。1949年12月，政务院在《关于成立中国人民大学的决定》中指出："接受苏联先进的建设经验，并聘请苏联教授，有计划、有步骤地培养新中国的各种建设干部。"这是中华人民共和国成立后最早记录教育界聘请苏联专家的文件[②]。1949年至1956年间，我国高等学校共聘请了754名苏联专家，苏联专家在华期间不仅直接培养了大批专业人才，而且对我国高等学校的全面改造发挥着重要作用。

第三，大量引进苏联高等学校教材。1952年11月，教育部下发《关于翻译苏联高等学校教材的规定》，到1956年共计翻译出版了1 393种苏联高等学校教材，全国高校超过三分之一的课程有了相应的苏联教材[③]。

第四，建立中苏高等学校间的直接联系。1956年国务院批准了《关于执行中苏两国高等教育部门间建立直接联系的暂行规定》和《中国高等学校、中等专业学校和苏联高等学校、中等专业学校直接联系的暂行规定》，两项规定加强了中苏高校间的联系，为后续开展科学研究项目合作奠定基础。

这一时期我国借鉴苏联大学的框架结构开展了全国范围的院系大调整，并且根据苏联高校的人才培养模式对我国高校的专业设置、培养目标、教学计划、教学大纲、教材、教学方法和教学组织等进行了全面改革。简言之，全面向苏联学习是这一时期我国高等教育国际化的主题。

表2-1　1949—1956年中国高等教育国际化有关政策文件

类型	时间	政策文件名称	政策文件内容
交换留学生	1950年	《交换留学生计划》	与东欧五国（捷、波、匈、保、罗）互换留学生
	1950年	《关于交换留学生问题备忘录》	与罗马尼亚互派5名留学生
	1952年	《关于中华人民共和国公民在苏联高等学校学习之协定》	确定留学生生活费和学习费的清偿办法
	1953年	《关于朝鲜学生在中国高等学校及中等专业学校学习的协定》	接收朝鲜来华留学生，规定了留学生名额、资格、身体条件和经费负担办法等
	1954年	《中华人民共和国高等教育部和德意志民主共和国高等教育总署关于交换研究生和留学生的议定书》	互派研究生和留学生在本国的大学、高等学校和科研机构学习

---

① 郑刚，兰军. 20世纪50年代高等教育界聘请苏联专家发展历程、特点及其影响[J]. 吉首大学学报（社会科学版），2007（1）：124-129+150.
② 中央教育科学研究所. 中华人民共和国教育大事记1949—1982[M]. 北京：教育科学出版社，1984.
③ 陈磊. 中华人民共和国成立初期高等教育模式形成研究[D]. 西安：陕西师范大学，2017：45.

续表

类型	时间	政策文件名称	政策文件内容
交换留学生	1955年	《中华人民共和国政府和越南民主共和国政府关于文化合作议定书》	规定了互派留学生的条件、时间和经费负担办法
	1956年	《关于派遣中国公民到波兰人民共和国学习和波兰公民到中华人民共和国学习的协定》	同意互派大学生、研究生以及科学专业学习和研究人员，确定留学生人数、专业、资格条件、经费负担等事项
	1956年	《关于接收资本主义国家派遣留学生来我国学习的修改意见》	提出了世界上与我国已建交和未建交国家派遣来华留学生的新规定
出国留学生管理	1950年	《1950年度派往东欧人民民主国家交换留学生暂行管理办法》	规定出国留学生管理工作由教育部和外交部商定原则，由我国驻外大使馆执行
	1952年	《派送出国留学生暂行管理办法》	明确了各个部门在派出留学生管理工作中的职责
	1952年	《公费出国留学生书刊供给暂行办法》	规定了留学生出国留学期间书报供给标准
	1954年	《派赴苏联及各人民民主国家留学生暂行管理办法》	对我国驻外使馆处理与留学生所在学校的关系做出明确规定
来华留学人员综合管理	1951年	《关于加强对东欧交换来华留学生管理工作的协议（草案）》	规定了在东欧来华留学生管理上外交部、团中央、全国学联与清华大学之间的职责和联系
	1954年	《各人民民主国家来华留学生暂行管理办法（草案）》	规定了来华留学生接收学校以及其他有关部门的管理职责
	1954年	《关于来华留学生工作的几项规定与说明》	对来华留学生按学制学习、请示报告与档案制度、适当照顾生活和学习生活供给标准等方面问题进行调整和说明
	1955年	《关于各国来华留学生管理工作的主要事项》	对有关来华留学生学习、思想教育、生活及文娱社会活动、与中国学生婚恋、患病等方面问题进行具体规定

续表

类型	时间	政策文件名称	政策文件内容
来华留学人员生活服务	1950年	《关于东欧交换来华留学生生活待遇暂行标准的通知》	规定了生活待遇各项费用标准
	1954年	《关于外国来华留学生患病的医疗问题的通知》	由中央人民医院接受外国来华留学生的医疗工作
	1954年	《关于外国留学生的医疗工作的通知》	规定了来华留学生患病时在医院疗养、就诊等方面的照顾以及费用报销程序
	1956年	《关于留学生赴各地参观旅行时接待工作的几项试行意见》	各地对留学生参观旅行的接待力求简单
来华留学人员教学和实习	1951年	《清华大学东欧交换生中国语文专修班暂行规程》	详细规定了汉语语言教学的内容和步骤
	1953年	《北京大学外国留学生中国语文专修班暂行规程(草案)》	规定了本班的目的在于教授外国来华留学生中国语文,使其基本掌握中国语文,以便进入中国高校学习和研究
	1956年	《关于接受和培养朝鲜、越南、蒙古实习生的工作指示》	要求指定专门机关加强来华实习管理工作

(该数据由作者从政府官方网站整理所得)

除了苏联和东欧民主国家,我国分别与蒙古、朝鲜和越南达成了双边文化协定,并在高等教育领域开展了互派留学生和教师的行动。第一,在互派留学生工作上取得显著进步。1951年,我国首批派遣5名留学生前往蒙古,学习其文字和兽医。在1954年至1956年间,我国共派出17名留学生赴蒙古学习,蒙古从1952年至1956年派出19名留学生来我国求学;1953年越南开始向我国高校派遣留学生,截至1956年共计派遣了1 219名来华留学生;从1952年至1956年,朝鲜共向我国派遣407名留学生,从1954年开始截止到1956年,我国派遣了13名留学生赴朝鲜求学[1]。第二,在教师交流方面,1952年,北京大学聘请了3位印度学者。1955年我国向越南派遣了5名高校教师[2]。1956年,高等教育部公布了《关于派遣出国教师的规定》,明确了对派遣出国高校教师提出政治思想、语言和教学能力、派出时间和工资待遇等方面的具体要求。第三,我国一些高校还以派遣学者出国访问的形式,与一些高校建立联系。例如,1955年10月,南京农学院教务处处长罗清生教授前往德意志民主共和国参加马克思大学兽医系175周年纪念。1956年11月,复旦大学校长陈望道一行4人参加格莱弗斯瓦尔特大学150周年校庆。由于这一时期我国高等教育国际化的主要表现形式为出国和来华留学教育,因此高等教育国际化政策也主要涉及交换留学生计划、出国留学人员管理和来华留学生接收与管理这几个方面,这一时期我

---

[1] 于富增,江波,朱小玉.教育国际交流与合作史[M].海口:海南出版社,2001:49-50.
[2] 于富增,江波,朱小玉.教育国际交流与合作史[M].海口:海南出版社,2001:51.

国高等教育政策在实践中初步建立起来。

（二）曲折中发展期（1957—1977年）

1964年1月27日，中法两国排除各方障碍正式公布中法建交公报。法国是第一个与中国建交的西方大国。

此外，在1957年至1965年间，中国先后同18个非洲国家建交，并与中亚新生的伊拉克共和国和也门民主人民共和国建立外交关系。中国与拉丁美洲国家间进行民间访问、演出等，拉近了中国人民和拉美人民的友谊。1960年3月16日，中国—拉丁美洲友好协会成立。1960年4月29日，古巴作为第一个拉美国家同中国正式建交。

中国与西欧和日本的关系也有了新的发展。1959年我国对西欧国家的贸易总额达到了6.51亿美元，占中国对外贸易总额的14.9%[①]。中日之间的贸易合作也取得诸多成就。1958年3月，中日两国正式签订了第四次贸易协定；1962年11月9日，中日双方代表签署了《中日长期综合贸易备忘录》。

总的来说，这一时期，我国与苏联高等教育的交流减少，在某些方面甚至中断，但与亚非拉民族独立国家和资本主义国家的教育交流有了新发展。

在来华留学生工作上，这一时期我国来华留学人员的规模有所扩大，来华留学生源国也更加多样化。1958年8月教育部提出了向资本主义国家和民族独立国家提供来华留学奖学金的基本原则，之后我国不断增加来华留学奖学金名额。在此期间，除了苏联和其他社会主义国家，还有17个亚洲国家、15个非洲国家、6个拉丁美洲国家、13个欧洲国家以及澳大利亚向我国派遣了来华留学生。从1957年到1965年，我国共接收了5 200名来华留学生，其中来自越南的留学生数量最多，达到4 141人[②]。

在外国专家引进和派遣教师出国任教两项工作上，我国能够审时度势进行战略上的调整。1960年苏联撤回所有专家后，国内仍有18名专家在高校工作。此后，随着我国对外语教学和外语人才培养的重视，我国高校聘请的外国语言专家数量也增加迅速。为了规范对外国专家的管理工作，有关部门发布了《中央教育部与中央各有关业务部门和各省、市、自治区分工管理学校中的外国专家暂行办法》，划清了有关部门的管理职责。在派出教师工作上，为了对亚非拉民族独立国家进行教育援助，同时对外推广汉语和中国文化，我国派遣了大批教师出国工作，并且为了培养和储备出国教师进行了大量的准备工作。例如，1961年教育部发布了《关于选拔中文系在校学生培养出国讲学教师的通知》，通知规定了汉语教师的选拔、培养和工作安排等方面内容，据统计，1961年至1966年间，国家共计培养了223名出国储备教师[③]。

在此期间，我国还在高等学校设立了外国问题研究基地，如1964年高等教育部发布了《关于高等学校建立研究外国问题机构报告》，并在19所院校建立一批研究所、研究室和研究组。在课程教学上，我国开始向资本主义国家引进优质教材，1964年高等教育部发布《关于集中进口部分专业、课程外国教材的通知》，规定了向若干资本主义国家引进教材的学科专业。

回顾这一时期我国高等教育国际化实践可以看出，这一时期我国高等教育国际合作与

---

① 李钢. 中国对外贸易史（下卷）[M]. 北京：中国商务出版社，2015：75.
② 于富增，江波，朱小玉. 教育国际交流与合作史[M]. 海口：海南出版社，2001：97.
③ 于富增，江波，朱小玉. 教育国际交流与合作史[M]. 海口：海南出版社，2001：110.

交流的重心已经从苏联转向范围更广的亚非拉民族独立国家和许多资本主义国家。我国出国留学奉行"减少数量，提升质量"的方针，在派出留学生数量上相比上一时期有所减少，而来华留学生的数量增加明显，国别更加丰富。从总体上看，在这一时期我国高等教育国际化在曲折中有所发展。

这一时期，由于我国出国留学环境出现了变动，来华留学工作日趋复杂，我国颁布了一些重要的出国留学人员管理和来华留学生管理的政策，例如1964年3月颁布的《中华人民共和国派往国外留学生管理工作的规定（草案）》，这是中华人民共和国成立以来首个较为全面地概括出国留学生管理工作的规定。此外，1962年中共中央批准的《外国留学生试行条例（草案）》是我国第一个有关来华留学生管理工作的法规性文件。另外，我国还颁布了一些有关中外高等学校科研合作、教师交流、教材借鉴等方面的政策，相关文件详见表2-2。

表2-2 1957—1965年中国高等教育国际化有关政策文件

类型	时间	政策文件名称	主要内容
出国留学生选派	1957年	《国务院关于新疆、内蒙古1957年向国外派遣留学生问题的批复》	赴苏留学生数削减至新疆拟派30名，内蒙古拟派5名
	1957年	《高等教育部对改进留学研究生派遣工作的报告》	指出从今年起只派出研究生，不再派出高中毕业生，强调加强派出研究生全面规划，改进选拔办法，进一步提升研究生质量
	1960年	《关于今后一个时期的留学生工作的意见》	采取减少数量提高质量的方针，社会科学专业一般不派，学习对方国家语言、历史文学等方面专业的适当派遣
	1961年	《国家科委、教育部、外交部关于今后留学生工作分工问题的通知》	规定了各个部门留学生工作的具体职责
	1964年	《关于解决当前外语干部严重不足问题的应急措施的报告》	大量派遣语言类留学生，三年内计划派遣1 750名
	1965年	《关于1965年向资本主义国家派遣自然科学留学生问题的请示报告》	今年布置选拔自然科学留学生（少量社会科学留学生）共340人
出国留学生管理	1958年	《关于管理派赴各国留学生的规定》	设立留学生管理处，规定留学生管理工作的主要任务和工作方法
	1960年	关于出国留学生、实习生和进修教师家庭困难补助办法	规定了家庭贫困补贴的申请要求、补贴额度和发放补贴的归口部门等
	1964年	《对贯彻执行中央批准关于派往国外留学生管理教育工作的两个文件的意见》	对派往国外留学生的政治思想工作、业务学习、对外关系、组织纪律、组织领导、经费开支等进行规定

续表

类型	时间	政策文件名称	主要内容
出国留学生管理	1964 年	《关于外语留学生的培养要求、学习方式等问题的通知》	要求在三到五年内培养出一批国家急需并且政治坚定、业务优良、作风正派、身体健康的外语干部
	1964 年	《关于派出留学生国内经费开支的几项具体规定》	规定了行政办公费、学习生活费、服装补助费、旅费、医药费、家庭苦难补助费以及预算和结算等方面的具体标准和要求
	1965 年	《关于派往国外的留学生经费开支的几项规定》	规定了生活费、学杂费、房租费、医药费、特别费、差旅费和经费结算等方面的具体标准和要求。
来华留学生接受、服务和管理	1957 年	《高等教育部关于管理外国来华留学生在工作制度及待遇标准的修改和补充意见》	修订和补充了有关来华留学生的学习、生活以及学校与使馆联系等方面的问题
	1961 年	《教育部关于提高外国留学生奖学金标准问题的通知》	来华大学生和研究生每人每月奖学金提高到100元和120元
	1962 年	《外国留学生工作试行条例（草案）》	包括了来华留学生的接收、教学和思想方面的工作，政治活动、生活和社会方面的管理，以及经费开支和组织管理等方面的具体要求
	1963 年	《关于接收外国留学生入中国高等学校学习的规定》	规定了接收来华留学生的类别、条件、选拔与审查手续和费用等方面的具体要求
来华留学生接受、服务和管理	1963 年	《接收外国留学生注意事项》	要求来华留学生要遵守中国的政策法规和风俗习惯、遵守学校的规章制度，准备好过艰苦朴素的日子
	1963 年	《外国留学生经费开支标准的规定》	规定了来华留学生各项学习生活经费的标准
	1963 年	《关于在华自费留学生的经费负担问题的通知》	自费留学生的差旅费和学习生活费自理，免收其在华学习期间的学费、住宿费和医疗费
	1964 年	《关于安排外国留学生生产实习的试行办法》	强调高校要按照教学计划组织留学生参加生产实习，并规定各项工作要求
	1964 年	《关于外国留学生医疗保健工作的规定（草案）》	在华正式学习的留学生均享受我国免费医疗待遇

续表

类型	时间	政策文件名称	主要内容
高等学校科研与教学交流	1964 年	《接收外国留学生的学校单列留学生工作人员编制试行办法》	留学生工作人员应单独编制
	1965 年	《关于修改外国留学生假期去外地参观旅行经费补助标准的通知》	提高了外地参观旅行费补贴和假期活动补助费的标准
高等学校对外交流与管理	1958 年	《中华人民共和国高等教育部和苏维埃社会主义联盟高等教育部关于双方高等学校合作进行科学研究工作的协定书》	第一批合作项目共 85 个，有效期为 1958—1962 年
	1959 年	《中央教育部与中央各有关业务部门和各省、市、自治区分工管理学校的外国专家暂行办法》	规定各部门的管理职责
	1961 年	《关于选拔中文系在校学生培养出国讲学教师的通知》	规定了出国教师的选拔、储备和工作性质等方面内容
	1964 年	《关于集中进口部分专业、课程外国教材的通知》	要求在几年内引进若干资本主义国家有代表性的教材和教学参考书

（该数据由作者从政府官方网站整理所得）

"文化大革命"前期，我国各项高等教育国际交流基本中断；从 1972 年开始，高等教育各项对外工作开始逐渐恢复；到 1976 年，我国接收和派遣留学生的规模以及来华留学生来源国数量都呈现规模增长的趋势。自此，我国高等教育国际化各项活动开始走向正轨。

随着我国高等教育国际交流的恢复，我国高等教育国际化实践对政策的能动作用又开始显现，详见表 2-3。

表 2-3　1966—1977 年中国高等教育国际化相关政策

类型	时间	政策名称	主要内容
高等教育国际交流中断	1966 年	《关于推迟选拔、派遣留学生工作的通知》	要求 1966 年选拔、派遣留学生的工作推迟半年执行
	1966 年	《关于推迟选拔、派遣留学生工作的通知》	将 1966 年新来华留学生的接收工作推迟半年或一年
	1966 年	《教育部给有关驻华使馆的备忘录》	在华外国留学生都回国休学一年，返华学习具体时间，届时另行通知
	1967 年	《关于在国外留学生回国参加"文化大革命"运动的通知》	在国外的留学生除科技进修生有特殊需要或个别有其他特殊情况的，可以在国外继续学习外，都要回国参加"文化大革命"运动

续表

类型	时间	政策名称	主要内容
出国留学生选派和管理	1972年	《国务院教科组关于向法国派遣学习法语进修生的通知》	向国外派遣留学生,拟派遣20名法语进修生
	1976年	《教育部关于1977年选派出国留学生的通知》	确定留学生派遣名额为200名左右,规定派出留学生的政治条件、年龄、业务要求、健康标准等方面内容
	1974年	《关于改进和加强出国留学生选派、管理工作的请示报告》	提出要注意选送有实践经验的在职人员和外语院校应届毕业的工农兵学员出国进修,向中国留学生较多的国家派出留学生专职管理干部
来华留学生接收和管理	1973年	《关于1973年接收来华留学生计划和留学生若干问题的请示报告》	规定当年接收来华留学生总数为500人,其中300名享受我国政府奖学金
	1974年	《关于外国留学生教学和管理工作的暂行规定》	政治上积极影响但不强加于人;学习上严格要求,认真帮助;生活上严肃管理,适当照顾。并提出各项具体的教学和管理规定

(该数据由作者从政府官方网站整理所得)

二、开放探索阶段（1978—1991年）

以1978年中国共产党十一届三中全会的召开为标志,我国开始把重心转移到经济建设上,并确立了改革开放的基本路线,中国外交事业开始进入一个崭新的阶段。这一时期,在党的带领和领导人出色战略判断下,我国各项外交事业继续发展,国际地位不断提升。

（一）高等教育国际化实践

随着我国对外开放政策的发展,我国高等教育国际化实践在出国留学、来华留学、高等学校对外交流与合作、双边教育援助、教育国际化有关组织的成立等方面都有了全面的恢复和发展。

1. 出国留学

1978年,教育部发出《关于增选出国留学生的通知》,提出当年派出留学生人数增加到3 000人。1982年,在我国"六五计划"中明确提出争取在5年内派出1.5万名出国留学人员。在此基础上,我国不断扩宽出国留学渠道。1981年,《国务院批转教育部、公安部、外交部、劳动人事部制定的〈自费出国留学的规定〉的通知》公布,通知提出"在教育部的领导下,有条件的单位可自行对外联系,广开渠道,加快派出速度",单位公派出国留学成为重要的派出渠道。除了单位派遣以外,1978年,我国以民间名义和美国达成协议,派遣了52名访问学者和科技工作者前往美国学习。美籍华人科学家李政道、丁肇中等通过考试项目前往美国高校学习。随着出国留学政策的逐渐宽松,1984年,国务院发布了《关于自费出国留学的暂行规定》,自费留学从此有了法律基础,打开了一个窗口,并引发了一个时代的留学热潮。1982 年,赴美留学考试和 GRE 开始举办。由于自费留学政策的发展,1989 年参加托福考试的中国考生激增到 4 万人[①]。据统计,从 1978 年到 1989 年,我国各类出国留学人员共计 96 101 人,其中国家公派、单位公派以及自费出国留学生各有 29 994 人、43 430 人和 22 677 人。

我国高等教育出国留学管理工作愈加完善。为了解决出国留学人员学用脱节的问题,中央提出了"按需派遣,保证质量,学用一致"的工作方针。在具体工作中对国家和单位公派出国留学人员的选拔和派遣进行改革,优化了人员派出结构;建立了签订出国留学协议书制度,促进了出国留学工作的法制化管理;建立了中国留学服务中心,提高了对出国留学人员的服务质量;成立了出国留学工作研究会,加强了对出国留学工作科学规律和发展战略的研究。此外,为了大力争取留学人员回国工作,这一时期我国还采取了建立博士后科研工作站、提供科研启动经费以及组织国内单位出国招聘等措施。总之,这一时期我国高等教育出国留学在选拔、派遣、管理服务和吸引人才回国等方面都有了全面的发展。

2. 来华留学

这一时期,我国来华留学人员的规模和来源国范围都有了进一步扩大。据统计,1980 年至 1989 年间,我国共接收了来自 129 个国家的 1.3 万名政府奖学金来华留学生[②]。1990 年,通过政府渠道我国共接收了 1 745 名外国留学生[③];1991 年又接收了来自 108 个国家的 1 828 名外国留学生[④]。此外,我国开放了自费来华留学生接收通道,1978 年法国一所设有中文课程的高校组织学生在北京语言学院进行短期培训,而在华期间的一切费用由法方自行承担,我国自费来华留学有了实践基础。1979 年,国务院批准了《关于接收自费外国留学生收费标准问题的请示》,自费来华留学有了制度上的标准和依据。据统计,1992 年,在华外国留学生共计 1.4 万人,其中自费留学生有 1.1 万人,自费来华留学生占比约 79%[⑤]。随着来华留学教育规模的不断扩大,我国为了提升接收外国留学生的能力,对各项管理工作进行制度性建设。首先,将来华留学生教育相关权力下放,强化了高等学校的接收权、教学权和管理权。其次,通过规定留学生经费标准、简化申请签证手续、开发并实施汉语标准考试以及加强对接收短期培训班留学生学校的评估管理等方面的工作,使留学生从申请留学到入校学习各环节的管理工作更加规范化。此外,调整来华留学人员的结构和布局,开始减少接收本科留学生,不断增加招收研究生和进修生的比例。最后,强调正确看待外国留学人员,并通过各个部门的协作提升对外国留学人员的管理和服务。这一时期对高等教育来华留学工作的综合改革为后续承接更大规模增长的外国留学生奠定了坚实的基础。

3. 高等学校对外交流与合作

在改革开放的时代背景下,我国高等学校对外交流享有更多的机会并且更具自主性。

[①] 于富增,江波,朱小玉. 教育国际交流与合作史 [M]. 海口:海南出版社,2001:213.
[②⑤] 于富增,江波,朱小玉. 教育国际交流与合作史 [M]. 海口:海南出版社,2001:252.
[③] 《中国教育年鉴》编辑部. 中国教育年鉴 1991 [M]. 北京:人民教育出版社,1992:390.
[④] 《中国教育年鉴》编辑部. 中国教育年鉴 1992 [M]. 北京:人民教育出版社,1993:266.

在实践上主要表现在建立校际联系、教师和专家交流和学术交流等方面。在建立校际联系上，据统计，1979年至1982年间，我国有115所高校同外国的250所高校建立直接交流关系。此外，1985年4月，中日首次校长会议在北京举行。同年7月，又举办了首次中美大学校长会议。这种校长会议的形式，为中外高校彼此了解和交流搭建了平台。在教师和专家交流上，据统计，1978年，我国高校聘请了100多名外国专家来华短期讲学[1]；1991年，我国高等教育系统从国外聘请了389名长期专家、1573名短期专家以及224名一般外籍教师[2]。1978年，我国高等学校应邀派遣了23名教授和专家出国进行短期讲学；1991年，我国通过政府渠道派遣了167名教师，并且主要前往国外的高等学校任教。同时，我国高校聘请了一批学者为荣誉教授，例如杨振宁、李政道、吴健雄，美国学者勒斯姆生等。我国也有学者被授予外国高校或科研机构的学术头衔，例如，北京大学校长周培源被授予普林斯顿大学荣誉博士称号、清华大学副校长张维被授予瑞典皇家工程学院外籍院士等。由此可见，这一时期中外高等学校专家和教师交流成果显著。在学术交流上，1991年，国家教委直属高校参加了国外1044个国际学术会议，相关专家学者共出席了1554人次。同年我国教育部直属高校举办了76场国际学术会议，参会的国外专家学者共2204人次。总之，这一时期的高等教育对外交流在建立校级联系、教师和专家交流、学术交流等方面取得了不错的成绩。

4. 双边教育援助

双边教育援助包括我国高等学校接受的援助以及我国高等学校向其他国家提供的教育援助。在接受援助上包括：一是联合国有关组织提供的援助。例如，与联合国计划开发署的教育合作，帮助我国培训了大批高等学校管理人员；与联合国人口基金的合作项目，使我国人口学学科得到发展，显著提高了我国高等学校人口学的教学和科研能力。二是世界银行贷款援助。我国通过世界银行贷款完成了一批高等学校建设项目，例如，大学发展项目、地方大学项目、教材建设项目、重点学科发展项目等。我国利用贷款援助进行仪器设备购置、人员培训、专家聘请以及校舍建设等，有效促进了我国高等学校的基础建设与学科建设。三是部分发达国家对我国高等教育的援助。其中援助国家主要包括美国、英国、法国、德国和加拿大等，援助项目包括美国福特基金会的教育合作项目、中英友好奖学金项目、中加大学教育管理项目和中德职业教育中心研究所合作协议等。在我国高等学校对外援助上，这一时期我国实施了对非洲国家的"大学援助项目"，通过设备援助和帮助非洲高校人力资源开发，提高了非洲大学的教学水平。

5. 教育国际化有关组织的成立

这一时期，我国成立了几个重要的高等教育国际交流组织，包括中国教育国际交流协会、对外汉语教学领导小组和出国留学工作研究会等。中国教育国际交流协会在1984年9月成立，其主要业务包括地方高等学校对外教育服务、英语教学和培训、举办学术会议以及承担政府委托的教育交流项目等。对外汉语教学领导小组在1987年7月成立，其开展的工作包括：成立了国际性的汉语教学组织——世界汉语教学学会，编

---

[1] 《中国教育年鉴》编辑部. 中国教育年鉴1949—1981 [M]. 北京：中国大百科全书出版社，1984：672.
[2] 《中国教育年鉴》编辑部. 中国教育年鉴1992 [M]. 北京：人民教育出版社，1993：267.

订了对外汉语教学规范制度，实施了对外汉语教师资格制度，编订了《汉语水平考试（HSK）大纲》等。出国留学工作研究会在1991年9月成立，该组织是一个群众性的学术团体，主要开展与出国留学有关问题的研究。

（二）高等教育国际化政策

在改革开放的背景下，我国借助国外高等教育资源来培养人才，通过项目合作来优化基础设施建设，提升教学和科学研究能力，使我国高等教育系统得到快速恢复。这一时期，我国高等教育加大开放力度，在出国留学、来华留学和学术交流等方面都有所发展，其中出国留学人数和来华留学人数增速迅猛。同时，我国对留学生经费、管理和服务等方面的政策有了进一步的完善。首先，我国自费出国留学有了政策依据。自费出国留学回国率较低，可能会影响国内高等教育体系的健康发展；并且自费出国留学的经费来源良莠不齐，可能会损害我国的国家形象。鉴于这些因素，我国自费出国留学政策十分谨慎，并且存在政策放宽后又收紧的情况。总体上看，这一时期自费出国留学政策得到很大发展。其次，有关公派出国留学人员回国工作的政策从一开始的强制回国转向创造条件吸引回国。通过签订协议的方式，既提高了回国率，又以赔偿国家培养费的方式妥善处理了部分公派出国留学人员坚决不回国的问题。最后，从国内高校开办针对国外的短期学习班开始，我国自费来华留学的渠道被打开，并且政策不断完善和发展，相关政策文件详见表2-4。

表2-4　1978—1991年中国高等教育国际化有关政策

类型	时间	政策文件名称	主要内容
公派出国留学选派和管理	1978年	《关于增选出国留学生的通知》	增选当年出国留学生人数至3 000人，选拔条件包括政治、专业、外语和身体等
	1979年	《出国留学人员经费开支规定（试行）》	详细规定了出国留学人员的国内和国外经费开支
	1980年	《关于拟改变对出国留学人员、访问学者所得奖学金和资助费的处理办法的请示报告》	规定了出国留学人员在留学前和学习期间获得奖学金、资助两种情况下，我国的出国留学财务管理办法
	1981年	《国务院批转教育部、公安部、外交部、劳动人事部制定的〈自费出国留学的规定〉的通知》	提出有条件的单位可自行对外联系，广开渠道，加快派出速度
	1986年	《中共中央、国务院关于改进和加强出国留学人员工作若干问题的通知》	规定着重派出进修人员和访问学者，适当减少攻读硕士学位的研究生，增加攻读博士学位的研究生
	1986年	《关于出国留学人员工作的若干暂行规定》	公派出国进修人员和访问学者的选拔实行单位推荐、学术组织、技术部门评议、人事部门审核、领导批准的办法

续表

类型	时间	政策文件名称	主要内容
公派出国留学选派和管理	1987年	《单位公派出国留学人员选派工作和经费的管理细则》	单位公派出国留学人员的选拔条件与国家公派出国留学人员的选拔条件相同，在职在学人员未经批准不得自行联系国外奖学金、贷学金等资助
	1987年	《关于签订"出国留学协议书"的通知》	协议书内容包括留学内容、目标、期限、国别、身份、经费以及协议双方的权利和责任
自费出国留学管理	1981年	《关于在校研究生自费出国留学问题的通知》	规定在学研究生不得中途停止学习申请自费出国留学；毕业研究生应当先服从分配到岗工作，再按照规定申请自费出国留学
	1982年	《中共中央关于自费出国留学若干问题的决定》	规定只有高中毕业生和在国内工作两年的大学本科毕业生可以申请自费出国留学，并且经费来源不受限制
	1982年	《自费出国留学规定》	规定高等学校在校生不得自费出国留学，而国外华侨、港澳同胞、外籍华人和归国华侨的亲属不受限制；还规定出国留学的年龄限制和政治审查
	1984年	《国务院关于自费出国留学的暂行规定》	规定自费出国留学的性质以及自费留学与公费留学之间的关系；放宽了出国留学经费来源的限制，解除了学历、年龄、工作年限上的要求，给高校毕业生申请自费出国留学开了口子
	1990年	《关于具有大学和大学以上学历人员自费出国留学的补充通知》	规定不同类别高等学校学生的服务年限；规定大学四年级以下和成人高等教育的在校生偿还学习期间国家提供的培养费后，可以申请自费出国留学，但自出国之日起8年内回国的人可退还其所交的培养费

续表

类型	时间	政策文件名称	主要内容
留学人员回国工作	1984 年	《关于试办博士后科研流动站的报告》	国家拨款 2 000 万元人民币建立博士后科研流动站，设立博士后科学基金
	1985 年	《关于争取留学博士毕业生早日回国工作的请示》	规定在工作分配制度上允许用人单位和留学生相互选择；规定为回国留学人员提供科研经费的照顾办法
	1987 年	《回国留学人员工作安排暂行办法》	回国留学人员的工作安排，要在国家建设需要的前提下，贯彻学用一致、人尽其才的原则
来华留学接受和管理	1979 年	《关于接收自费外国留学生收费标准问题的请示》	规定了自费来华留学各项费用的具体收费标准
	1983 年	《为外国人举办短期学习班的有关规定》	鼓励中国有关高校和外国高校以及非营利的外国民间友好组织签订举办短期学习班的双边协议
	1985 年	《关于接受外国研究学者入中国高等院校进行科学研究的有关规定》	规定自费研究学者的费用标准和免费研究学者的资助标准
	1985 年	《外国留学生管理办法》	规定各个部门在来华留学生管理工作中的职责。来华留学生接收工作、教学工作、专业实习和社会调查、思想工作和政治活动管理、学籍管理、生活管理和社会管理等方面的具体要求
	1989 年	《关于招收自费外国来华留学生的有关规定》	符合资格的高校可以接收外国人来华学习申请，学校决定是否录取
高等学校对外交流与合作	1979 年	《关于加强外国教材引进工作的规定和暂行办法》	国家拨出专项外汇经费，支持引进外国教材
	1979 年	《关于聘请外籍教师培训高等学校英语教师的通知》	计划使高等学校半数以上的英语教师能够参加培训
	1980 年	《关于聘请外籍客座教授的意见》	规定可以聘请一部分学术水平高、对我国友好的外籍学者为客座教授

（表格数据均为作者从政府官方网站整理所得）

三、政策完善阶段（1992—2011年）

（一）高等教育国际化发展概述

这一时期，我国的国际关系得到了全面发展，取得了诸多突破性成就。在各项国际事务中都可以听到中国声音，我国国际影响力不断提升。

这一时期，我国高等教育国际化实践在出国留学、来华留学、对外汉语推广、推进高等教育学位学历互认、高等学校国际交流与合作等方面有了跨越式发展。

在出国留学工作上，1992年，我国共向55个国家和地区派遣各类出国留学人员2 574人[①]；2011年，公派出国留学生人数达到12 800人，增长了将近4倍[②]。根据教育部公布的数据，2004年至2011年间，我国公派和自费留学人数增长较缓，回国率较高。自费留学成为最主要的出国留学渠道，但回国率很低。这一时期即使还存在部分公派出国留学人员未能履行回国义务，但是我国仍然肯定了公派出国留学工作的显著成就并使其稳定发展。为了能吸引仍在国外的留学人员回国工作，1993年中央明确了"支持留学，鼓励回国，来去自由"的出国留学工作方针，实施了"春晖计划""百人计划""长江学者奖励计划"等项目，资助短期回国交流和给予回国创业优惠等政策。这一时期我国出国留学和留学回国工作逐渐走向成熟。

在来华留学工作上，1992年，我国共接收120个国家和地区的4 000名外国留学生[③]；2011年，有来自194个国家和地区的在华外国留学生共计292 611人[④]。来华留学教育规模的激增是我国来华留学多方工作的结果。首先，我国适度扩大了来华留学奖学金资助规模。1993年，针对政府奖学金项目的单一性，我国设立了"中华文化研究奖学金""优秀留学生奖学金""第三世界智力援助奖学金""HSK优胜者奖学金""特别奖学金""外国青年中文教师奖学金"等项目。据统计，1995年在华享受中国政府奖学金的来华留学生总数为4 097人，2011年人数增加至25 687人。在此期间，我国还多次提高了政府奖学金的生活费标准。除了中国政府奖学金，我国来华留学奖学金体系还包括地方政府奖学金、孔子学院奖学金、学校奖学金、企业奖学金以及其他来源的奖学金。奖学金成为来华留学的重要动机之一。其次，我国自费来华留学的政策不断放宽，我国高等学校具有招收留学生的自主权，并且具有接收外国留学生资格的高校不断增多，截至2011年，我国660所高校拥有招收留学生的资格和自主权[⑤]。2004—2011年各类留学人员情况统计详见表2-5。

[①]《中国教育年鉴》编辑部．中国教育年鉴1993[M]．北京：人民教育出版社，1994：290.
[②] 中华人民共和国教育部．2011年度我国出国留学人员情况统计[EB/OL]．(2012-02-10)[2024-03-15]．http://www.moe.gov.cn/jyb_xwfb/gzdt_gzdt/s5987/201202/t20120210_130328.html.
[③]《中国教育年鉴》编辑部．中国教育年鉴1993[M]．北京：人民教育出版社，1994：297.
[④]《中国教育年鉴》编辑部．中国教育年鉴2012[M]．北京：人民教育出版社，2013：313.
[⑤]《中国教育年鉴》编辑部．中国教育年鉴2012[M]．北京：人民教育出版社，2013：314-315.

表 2-5 2004—2011 年各类留学人员情况统计

年份	国家公派人数 出国	国家公派人数 回国	单位公派人数 出国	单位公派人数 回国	自费人数 出国	自费人数 回国	总计 出国	总计 回国
2004	2 524	2 761	6 858	3 965	104 281	18 390	114 663	25 116
2005	3 979	3 008	8 078	4 770	105 600	27 200	118 500	35 000
2006	5 580	3 716	7 542	5 267	120 700	33 400	133 800	42 400
2007	8 853	4 302	6 957	4 211	129 000	36 000	144 000	44 000
2008	11 400	7 500	6 800	5 000	161 600	56 800	179 800	69 300
2009	12 000	9 200	7 500	7 300	210 100	91 800	229 300	108 300
2010	—	—	—	—	—	—	284 700	134 800
2011	12 800	9 300	12 100	7 700	314 800	169 200	339 700	186 200

(数据来源:《中国教育年鉴》编辑部. 中国教育年鉴 2012 [M]. 北京: 人民教育出版社, 2013: 314-315.)

在对外汉语推广工作上,我国对外汉语推广工作进展迅速,成为留学中国的重要窗口。2004 年,我国第一所孔子学院在韩国汉城（今首尔）成立,截至 2011 年年底,已在 105 个国家和地区开设了 358 所孔子学院和 500 个孔子课堂[①],大量外国学生通过孔子学院了解中国、学习中文,进而留学中国。

在推进高等教育学位学历互认工作上,1983 年,中国与其他 20 个国家共同达成了《亚洲和太平洋地区承认高等教育学历、文凭与学位的地区公约》;1992 年,我国又与斯里兰卡、保加利亚、阿尔及利亚和秘鲁签订了高等教育学历学位互认协议;1992 年至 2003 年间,我国一共和 38 个国家和地区签订了有关互认高等教育学历、文凭和学位的协议、协定或备忘录[②]。这一时期,我国高等教育的质量和水平得到越来越多国家和地区的认可,我国高等教育学位、学历和文凭互认工作的迅速推进,解决了来华留学毕业生回国工作的后顾之忧。

在高等学校国际交流与合作工作上,各项工作取得了突出成就。在聘请外国专家工作上,1991 年至 1992 年,我国教育部直属高校共聘请 2 589 名外国文教专家;截至 2008 年,我国共聘请长期、短期外籍教师 24 634 人次,聘请数量显著增长;我国不断完善聘请海外专家管理模式,实施了"海外名师项目""学校特色项目""学校常规项目"。通过实施年度报告和项目结项报告制度,规范了经费管理,发挥了监督共享机制,提升了工作质量和效益。在中外合作办学工作上,1986 年 9 月,成立了南京大学—约翰霍普金斯大学中美文化研究中心,这是我国改革开放以来首个中外办学机构;1995 年,国家颁布了《中外合作办学暂行规定》,使中外合作办学活动纳入正式规章管理体系之中;2003 年,国家颁布

---

① 《中国教育年鉴》编辑部. 中国教育年鉴 2012 [M]. 北京: 人民教育出版社, 2013: 324.
② 中国教育网. 中国签订的国家间相互承认学位、学历和文凭的双边协议清单[EB/OL]. (2003-07-17)[2024-04-15]. http://www.chinaedunet.com/news/news/20037/types85/17151132.asp.

了《中华人民共和国中外合作办学条例》，由此中外合作办学开始走向更加规范化和法制化的道路。据不完全统计，截至1994年年底，全国共有高等学历中外合作办学机构20个[①]；截至2002年年底，全国大学专科、本科和研究生层次的中外合作办学项目和机构共计225个；2010年，教育部审查了2005年至2009年间本科以上高等学历教育中外合作办学项目，批准了其中的28个项目[②]。2010年，我国颁布的《国家中长期教育改革与发展纲要（2010—2020年）》中提出，吸引境外知名学校、教育和科研机构以及企业，合作设立教育教学、实训、研究机构或项目。2010年至2011年，在453个符合形式要求的本科以上的中外合作办学项目申请中，有169个项目获得了批准[③]。从上述统计数据可以看出，这一时期我国高等教育领域的中外合作办学发展速度和管理水平都得到了快速提高。此外，我国通过中外合作境外办学工作也有新成就。例如，2002年上海交通大学在南洋理工大学成立了我国第一个海外研究生院；2003年暨南大学在泰国成立了我国首个境外全日制本科学院——暨南大学曼谷国际学院。在其他高等教育双边和多边合作上，我国形成了中美人文交流高层磋商机制、中俄合作委员会两大机制，以及欧盟、东盟、东北亚、阿拉伯、非洲、联合国教科文组织、上海合作组织七大教育交流平台。依托这些平台参与和举办了高等教育合作研讨会、大学校长论坛以及各种学术会议等，并且与国外高校建立联盟，例如东盟大学联盟、亚太大学联盟等。这一时期国内部分顶尖大学在国际高等教育交流活动中的参与度和活跃度明显提升。

（二）高等教育国际化政策

这一时期，党和国家十分重视推进高等教育对外开放工作，主要体现在几部重要的教育发展纲要、计划、法规政策中。例如，在1993年颁布的《中国教育改革和发展纲要》中提出，要"进一步扩大教育对外开放""加强我国高等学校同国外高等学校的交流与合作，开展与国外学校或专家联合培养人才、联合开展科学研究"。1999年颁布的《高等教育法》第三十六条指出，"高等学校按照国家有关规定，自主开展与境外高等学校之间的科学技术文化交流与合作"。在2004年颁布的《2003—2007年教育振兴行动计划》中指出"把扩大教育对外开放、加强国际合作与交流作为国家教育战略的关键环节"。在2010年颁布的《国家中长期教育改革和发展纲要（2010—2020年）》中指出，"支持中外大学间的教师互派、学生互换、学分互认和学位互授联授。加强与国外高水平大学合作，建立教学科研合作平台，联合推进高水平基础研究和高技术研究"。

从具体的政策上看，这一时期我国高等教育国际化政策有了新的发展，相关政策文件详见表2-6。第一，成立了国家留学基金委员会，作为管理出国留学和来华留学事务的归口机构，使得留学管理工作规范化、法制化。第二，自费出国留学政策彻底放开。第三，海外留学人员回国服务实现了"来去自由"，各项支持和保障措施逐渐完善。第四，来华留学奖学金资助政策继续丰富奖学金类型、提高经费额度、增加资助人员数量。管理和服

[①] 于富增，江波，朱小玉. 教育国际交流与合作史[M]. 海口：海南出版社，2001：302.
[②] 《中国教育年鉴》编辑部. 中国教育年鉴2011[M]. 北京：人民教育出版社，2012：331.
[③] 林金辉. 中外合作办学发展报告（2010—2015）[M]. 厦门：厦门大学出版社，2016：5.

务政策不断完善，走向法制化和信息化管理。此外，开始强调提高来华留学教育质量。第五，中外合作办学政策从一开始的暂行规定发展为法律条例，实现了法制化管理，并且针对实践中存在的突出问题不断进行补充和完善。总之，这一时期，尤其是2001年我国加入世界贸易组织之后，我国高等教育对外开放工作加速推进，国际化水平不断提升，留学政策不断完善，来华留学的学生人数不断增多，学历层次不断丰富，来华留学相关配套的政策法规在持续放开和持续完善。

表2-6 1992—2011年中国高等教育国际化有关政策文件

类型	日期	政策文件名称	主要内容
出国留学	1992年	《关于海外人员有关问题的通知》	指出公派出国留学人员有义务学成回国服务，留学人员来去自由以及支持其回国工作的保障措施
	1993年	《关于自费出国留学有关问题的通知》	基本解除了出国留学政策限制
	1994年	《国务院关于〈中国教育改革和发展纲要〉的实施意见》	建立国家留学基金委员会
	1995年	《改革国家公费出国留学选派管理办法的方案》	决定实行"公开选拔、公平竞争、专家评审、择优录取、签约派出、违约赔偿"的办法
	2001年	《关于鼓励海外留学人员以多种形式为国服务的若干意见》	规定了海外留学人员为国服务的内涵、多种服务方式以及有关的政策保障
	2003年	《关于简化大专以上学历人员自费出国留学审批手续的通知》	取消收取"高等教育培养费"、取消"自费出国留学资格审核"工作
	2007年	《国家公派出国留学研究生管理规定（试行）》	详细规定了公派研究生的选拔、管理与联系、回国服务和违约追偿等内容
	2009年	《教育部贯彻落实海外高层次人才引进计划工作方案》	建立常态化留学高层次人才引进办法
	2010年	《关于建立中美人文交流高层磋商机制的谅解备忘录》	中方未来4年派遣万名学生赴美攻读博士学位
	2011年	《关于进一步做好在外留学人员工作的意见》	确立了做好在外留学人员工作的政策框架和努力方向

续表

类型	日期	政策文件名称	主要内容
来华留学	1992年	《中国汉语水平考试（HSK）办法》	到中国高校学习需要提交HSK成绩
	1997年	《外国留学生奖学金年度评审暂行办法》	对享受中国政府奖学金的来华留学生进行年度评审，规定了具体评审办法，评审结果决定下一年的奖学金资格
	2000年	《高等学校接受外国留学生管理规定》	详述了包括管理体制，外国留学生的类别、招生和录取，奖学金制度，教学管理，校内管理，社会管理，入出境和居留手续等方面内容
	2004年	《关于启用全国来华留学生管理信息系统的通知》	全国各省级行政部门、高校对留学生的各项工作进行信息化规范管理
	2009年	《教育部关于规范我高等学校接受外国留学生有关工作的通知》	限制中国公民移民外国后来华留学的户籍和国外居住年限
	2010年	《留学中国计划》	提出"扩大规模、优化结构、规范管理、保证质量"的来华留学工作方针
	2011年	《关于"十二五"期间进一步扩大中国政府奖学金规模的报告》	争取"十二五"期间中国政府奖学金费不低于100亿元
合作办学	1993年	《关于境外机构和个人来华合作办学问题的通知》	规定高等教育中外合作办学的申请和审批程序和要求
	1995年	《中外合作办学暂行规定》	详述了中外合作办学的设置、运行和监督等方面的具体规定和要求
	2002年	《高等学校境外办学暂行管理办法》	提出坚持积极探索、稳步发展、量力而行、保证质量、规范管理等工作方针
	2003年	《中华人民共和国中外合作办学条例》	详述了中外合作办学机构的设立、组织与管理、教育教学、资产与财务、变更与终止、法律责任等方面的规定和要求
	2004年	《中华人民共和国中外合作办学条例实施办法》	中外合作办学机构的设立、组织与活动、项目的审批与活动、管理与监督等方面的规定

续表

类型	日期	政策文件名称	主要内容
合作办学	2006年	《关于当前中外合作办学若干问题的意见》	加强质量管理、收费管理以及"双校园"办学模式项目的管理，根据国家需求和国内教育机构的优势学科来开展合作办学，引导中外合作办学向中西部地区发展
	2007年	《教育部关于进一步规范中外合作办学秩序的通知》	针对中外合作办学存在的一些突出问题提出相应规定，包括重点推进"两个平台"和"两种机制建设"来加强对其行政监督

（数据均由政府根据政府各大网站整理而成）

四、内涵提升阶段（2012年至今）

（一）高等教育国际化发展概述

新时代我国留学教育工作突飞猛进，成为世界最大的留学生生源国，世界第二留学目的国，亚洲第一留学目的国[1]。数据显示，2012年至2019年间，我国出国留学人数和留学回国人数增长迅猛，2012年以后我国留学人员回国率基本保持在八成左右，详见表2-7。我国坚持贯彻"支持留学、鼓励回国、来去自由、发挥作用"的新时期留学工作方针，建立了以国家公派出国留学为主导、自费留学为主体的工作格局。在来华留学教育规模不断扩大的同时，我国开始加强结构优化和质量提升工作，2019年来华留学人员中高学历留学生的比例达到54.6%，来华留学生的教育教学、管理和服务等的质量保障体系日趋完善。此外，我国中外合作办学也呈现良性增长态势，截至2020年年底，国内共有本科以上中外合作办学机构和项目1 230个，在读学生超过30万人[2]。

表2-7 2012—2019年各类留学人员情况统计

年份	出国留学人数/万人	留学回国人数/万人	留学回国率
2012年	39.96	27.29	68.29%
2013年	41.39	35.35	85.41%
2014年	45.98	36.48	79.34%
2015年	52.37	40.91	78.12%
2016年	54.4	43.24	79.49%
2017年	60.84	48.09	79.04%

---

[1] 中华人民共和国教育部. 我国教育总体水平跃居世界中上行列[EB/OL]. (2019-09-27)[2024-03-15]. http://www.moe.gov.cn/jyb_zzjg/huodong/201909/t20190927_401273.html.

[2] 中华人民共和国教育部. 来华留学生结构不断优化，出国学生"回流率"显著[EB/OL]. (2020-12-22)[2024-03-15]. http://www.moe.gov.cn/fbh/live/2020/52834/mtbd/202012/t20201222_506974.html.

续表

年份	出国留学人数/万人	留学回国人数/万人	留学回国率
2018 年	66.21	51.94	78.45%
2019 年	70.35	58.03	82.49%

(表格数据均由作者从政府官方网站整理而得)

此外,随着网络信息技术的发展,网络教学发展起来,尤其在近几年,网络远程教育在全世界得以发展,各种优质课程、学术讲座、论坛得以超越地域界限而广泛传播,作为最先在整个高等教育系统实现网络教学的国家,我国高等教育网络教学和管理国际化水平显著提升。

同时,我国高等教育强国建设势在必行。2017 年,我国发文正式实施"双一流"战略,并公布了首批世界一流建设高校 42 所,世界一流学科建设高校 95 所。"双一流"战略实施以来,我国高等教育教学和科研水平得到显著提升。根据最新 QS 世界大学综合排名,我国(除港澳台地区)共有 4 所高校排到世界前 50 名。中国顶尖高校开始与世界老牌名校同台竞技、各领风骚。新时代,我国积极参与高等教育全球治理,通过中国政府奖学金项目帮助广大发展中国家培养专业人才。2018 年,我国共计接收奖学金留学生 63 041 名,其中来自非洲和亚洲国家留学生有 36 573 人和 12 508 人[①]。我国高校还积极主办国际性学术会议、论坛,致力于提升我国的学术话语权。新时代,参与高等教育全球治理是我国高等教育国际化发展的应有之义,也是我国高等教育强国建设的必然要求。

(二)高等教育国际化政策

新时代,我国高等教育国际化政策进入内涵提升阶段。习近平总书记明确提出"要加快一流大学和一流学科建设,实现高等教育内涵式发展"。这两大目标是有机结合且不可分割的,一流大学与一流学科发展目标的实现离不开高等教育国际化的发展,高等教育国际化发展反过来是一流大学与一流学科建设内涵式发展的具体表现。首先,有关政策多次出现有关"质量"的字眼,例如"中外合作办学质量""来华留学质量""留学教育质量""人才培养质量""国外优质教育资源""高水平合作研究""高层次人才培养""高质量学术交流"等,相关政策文件详见表 2-8。我国高等教育国际化各项活动已经进入全面质量提升阶段。此外,我国高等教育国际化政策越来越强调要服务于国家战略。高等教育国际化不再仅仅是在大学内发生的跨国或区域间的相关活动,而是借助国际化这一手段,将国际相关要素全面整合到高等教育的目的、功能或传递之中,以推动高等教育各项事业不断向前发展。高等教育国际化发展的内涵式转型,不仅需要理论支撑,还需要从各国的国际化探索中找到实践依据。例如,"高等学校学科创新引智计划"和"国际合作联合实验室计划"要支撑和加速"双一流"建设;公派出国留学要服务于国家短期和长期科技发展战略;"一带一路"教育行动强调推进沿线各国民心相通,培养大批共建"一带一路"急需人才,实现共同发展。最后,我国高等教育国际化政策反复主张要积极参与全球教育治理。新时代我国积极承担国际责任,持续提高高等教育对外援助的力度;深化与大国、周边国家、发展中国家和国际组织在高等教育领域的交流与合作;积极参与联合国

---

① 教育部国际合作与交流司. 来华留学生简明统计 2018 [M]. 北京:教育部国际合作与交流司,2017:282.

教科文组织等机构的多边活动，深度参与国际教育规则、标准、评价体系的研究制定。因此，内涵式发展应是新时代我国高等教育国际化发展的主题。

改革开放40多年来，我国高等教育国际化发展经历了起步阶段、规模扩张阶段和提质增效内涵发展阶段。促进经济增长和提升学术能力是高等教育国际化的主要动因，人员和机构国际化为高等教育国际化的主要内容和实现形式，政府出台相关制度规定为主要推进方式。在新的发展阶段，我国高等教育国际化更加注重内涵发展理念，创新各种高等教育国际化实现形式，更加注重高等教育国际化顶层设计和可持续发展，不断强化社会、文化和政治动因，并积极参与全球高等教育治理。

表2-8　2012年至今中国高等教育国际化有关政策

类型	年份	政策名称	主要内容
出国留学	2013年	《出国留学经费管理办法》	明确经费管理的职责要求，确定经费收入来源、支出范围，加强预决算管理，保障经费合理使用
	2013年	《教育部关于做好自费出国留学中介服务机构审批权下放有关事项的通知》	规定中介服务机构资格认定项目的审批实施部门调整为省级人民政府教育行政部门
	2015年	《2015—2017年留学工作行动计划》	提出到2017年进一步扩大国家公派出国留学规模，重点选派国家和行业发展急需的专业人才，回国率保持在98%以上
来华留学	2014年	《关于完善中国政府奖学金资助体系和提高资助标准的通知》	根据国内经济社会发展、物价变动等情况建立奖学金标准动态调整机制
	2017年	《学校招收和培养国际学生管理办法》	规定了高等学校在国际学生的招生管理、教学管理、校内管理、奖学金、社会管理等方面的职责以及相关监督机制
	2017年	《关于允许优秀外籍高校毕业生在华就业有关事项的通知》	规定了优秀外籍高校毕业生的人员范围、在华就业审批条件、用人单位办理聘用的程序等具体要求
	2018年	《来华留学生高等教育质量规范（试行）》	规定了高等教育来华留学生教育在人才培养目标，招生、录取和预科，教育教学，管理和服务支持等方面的标准和要求
	2020年	《中国政府奖学金工作管理办法》	规定了奖学金申请，奖学金生确定，在学管理，监督管理等方面的具体要求

续表

类型	年份	政策名称	主要内容
来华留学	2020年	《关于规范我国高等学校接受国际学生有关工作的通知》	父母双方或一方为中国公民并定居在国外、本人出生即具有外国国籍、不具有中国国籍的这类人员，对其作为国际生申请来华留学的户籍证明、年份和国外居住时长记录进行限制
高等学校国际合作	2013年	《关于进一步加强高等学校中外合作办学质量保障工作的意见》	提出突出优质资源导向，简化和加快不具有法人资格的高水平中外合作办学机构的审批，完善质量评价体系，加强质量监管和行业自律
	2014年	《国际合作联合实验室计划》	提出开展国际化科学研究、推进国际化人才培养、汇集国际化学术队伍、探索国际化运行和管理的建设任务
	2015年	《关于进一步加强中外合作办学监管工作的通知》	试行中外合作办学颁发境外学历学位证书注册认证系统及本科以上层次中外合作办学机构和项目信息年度报告系统
	2016年	《高等学校学科创新引智计划实施与管理办法》	引进、汇聚1 000名海外顶级学术大师以及一大批学术骨干，重点建设100个世界一流的学科创新基地，努力取得具有重大国际影响的科研成果
综合性政策	2016年	《关于做好新时期教育对外开放工作的若干意见》	要坚持"围绕中心、服务大局，以我为主、兼容并蓄，提升水平、内涵发展，平等合作、保障安全"的工作原则
	2017年	《国家教育事业发展"十三五"规划》	提出优化教育对外开放布局、提升教育开放的层次和水平、积极参与教育全球治理等要求
	2019年	《中国教育现代化2035》	提出开创教育对外开放新格局，全面提升国际交流合作水平；鼓励有条件的职业院校在海外建设"鲁班工坊"；积极参与全球教育治理，深度参与国际教育规则、标准、评价体系的研究制定
	2020年	《加快和扩大新时代教育对外开放的意见》	提出了教育对外开放在全面深化改革、全球性竞争人才培养、高质量内涵式发展、全球教育治理上的发展目标

（表格数据均由作者从政府官方网站整理而得）

第二节　中国高等教育国际化的影响

虽然高等教育国际化浪潮兴起于20世纪90年代，但是在中华人民共和国成立之初，高等教育国际化实践已经开始有所发展，与其他国家签订的互派留学生协议则是新中国高等教育国际化政策的起源。随着高等教育对外开放的深入发展，《国家中长期教育改革和发展纲要（2010—2020年）》明确提出，将国际化作为中国高等教育长期发展的战略。高等教育国际化作为一项国家战略，已经说明其对我国经济与社会发展的积极影响已经深入人心，这种影响直接表现在人才培养、科技创新和国际关系优化等方面。

一、人才培养

高等教育国际化既强调在范围上的国际维度，又强调更高质量、层次和水平的人才培养模式。我国所开展的出国留学、来华留学、中外合作办学等人才培养模式归根到底是为了使接受高等教育的人群获得更优质的教育资源。在出国留学教育方面，新中国初期，我国高等教育规模和质量都无法满足经济社会发展的现实需求，而通过公费出国留学的方式，一批更有潜力的学子接受了世界水平的高等教育，为我国社会主义建设培养了各个领域的"领头羊"。有学者统计，1972年以后的742名院士中除去5名中医领域院士和61名军队系统院士，剩余的676名院士中具有留学背景的有508人，占比为75.15%。可见我国出国留学教育对拔尖人才培养的必要性。在来华留学教育方面，目前我国来华留学生源主要来自"一带一路"沿线国家，以发展中国家为主。这些留学人员也是各自国家经过筛选的优秀学生，通过接受中国的高等教育，他们的专业知识和汉语水平得到显著提升，将会成为我国推进"一带一路"倡议中的中坚力量。在中外合作办学教育上，实施高等教育中外合作办学项目的政策初衷是引进国外优质教育资源，探索教育体制机制改革。目前我国高等教育中外合作办学已经进入质量优先的阶段，一批合作办学机构如西交利物浦大学、上海纽约大学、昆山杜克大学等声名鹊起。在2020年后，这些办学机构承接了大量拟出国留学人员。

二、科技创新

科技是社会发展的第一动力，而高等学校是科技创新的高地。欧美是世界顶尖科技强国，并且在诸多关键技术领域居于垄断地位。因此，通过高等教育领域的科研合作是短时间内实现科技发展与创新的有效途径。例如，在为中国"两弹一星"事业做出突出贡献的23位科学家中，有19位获得国外高校的硕士或博士学位。新时代以来，我国实施了"高等学校学科创新引智计划"和"国际合作联合实验室计划"，积极引进国外学术大师，推进高等学校在科学研究和人才培养上的国际合作。目前技术保护主义抬头，因此高等教育科技创新的使命具有更重大的时代意义。习近平总书记在科学家座谈会上指出，"越是面临封锁打压，越不能搞自我封闭、自我隔绝，而是要实施更加开放包容、互惠共享的国际科技合作战略"。因此，新时代我国高等教育科研领域的国际合作必须一以贯之。

三、国际关系优化

高等教育国际化兴起于全球化浪潮，和平友好的国际关系是其发展的基础。中华人民共和国成立初期，我国开始同社会主义阵营国家互派语言、历史等领域的留学生，开展高等教育领域的互访活动。此后，随着外交政策的调整，互派留学生的范围逐步扩大。进入新时代，我国奉行中国特色大国外交方略，开始实施"一带一路"倡议，我国与"一带一路"沿线国家开启全面战略合作。在高等教育领域，国家提出"一带一路"教育行动，推进与沿线国家进行高等教育深度合作，积极构建"一带一路"教育共同体。由此可见，教育国际化受到国际关系的影响和制约，一定时期的高等教育国际合作服务于国家外交战略。同时，高等教育国际化过程中还面临不同国家历史文化、意识形态、政治理念等的碰撞和融合。这种跨越民族和国界的文化适应会从根本上推进国际关系的发展。有学者研究表明，来华留学的经历有助于推动留学生对中国的政治、文化和经济做出积极评价。随着中国国际地位的显著提高，中国在全球治理中掷地有声的气魄和负责任的表现通过高等教育领域的来华留学、合作办学等途径得到广泛传播。因此，高等教育国际化所引导的文化认同是任何政治压迫所不能阻挡的，高等教育国际化是优化国际关系中不可或缺的一种途径。

第三章 广西经济社会发展与高校教育国际化的关系

第一节 广西经济社会发展概况

一、广西经济总量及增长情况

随着国家提出西部大开发战略、加入世界贸易组织，社会经济得到迅速发展。多年来，广西一直紧跟祖国的发展步伐，乘着改革开放的东风，抓住发展机遇，大力发展经济，建立中国-东盟自由贸易区、形成北部湾经济圈，日益加强与东南亚、欧盟、北美和日韩的交流与合作。广西在国内积极拓展合作交友圈，强化经济文化等各领域的交流与合作，加强与泛珠三角区域、长三角区域、西部地区和中部地区的省际合作，加强与教育部、科学技术部和环境保护部等的部区合作，积极融入粤港澳大湾区的建设，有效利用大湾区充足的资金、先进的技术和丰富的人才资源。广西的经济得到迅速发展，经济综合实力显著提升。《2020年广西壮族自治区国民经济和社会发展统计公报》指出，面对2020年严峻复杂的国内外形势、艰巨繁重的改革发展稳定任务，广西向党中央交出了一份让人满意的答卷。2020年全区生产总值为22 156.69亿元，按可比价计算，比上年增长3.7%。2016—2020年广西壮族自治区生产总值及其增长速度总体呈稳步增长态势（见图3-1）。但是自2016年以来，全区生产总值的增长速度有所放缓，经济发展的重心从量的增长转

图3-1 2016—2020年广西生产总值及其增长速度

（数据来源：广西壮族自治区人民政府，http://www.gxzf.gov.cn/gxsj/dttb/t8329130.shtml.）

变为质的提高。这也表明广西经济已经迈入一个新的发展阶段，但与全国其他省、市、区相比，仍然存在比较大的差距，经济总量仍然处在中等偏下的位置。

二、广西产业结构

从三大产业产值的比重来看，2020年全区生产总值为22 156.69亿元，按可比价计算，比上年增长3.7%。第一产业增加值为3 555.82亿元，增长5.0%；第二产业增加值为7 108.49亿元，增长2.2%；第三产业增加值为11 492.38亿元，增长4.2%，从数值上看，第三产业增加值最多，第二产业次之。从增加值占地区生产总值的比重来看，第一产业、第二产业和第三产业的占比分别为16.0%、32.1%和51.9%，对经济增长的贡献率分别为21.9%、19.9%和58.2%[①]。从从事三大产业的人口来看，2019年第一、第二、第三产业从业人口比重分别为48.6%、17.25和34.1%[②]，广西的大部分劳动者主要分布在第一产业，但是随着近年来的经济改革，第二、第三产业得到发展，以及第二、第三产业对经济增长的贡献显著，尤其是2020年第二和第三产业增加值占生产总值的比重达到84%，可见分布在第三产业的人口开始逐步增加。由此可见，广西产业结构发展情况基本和就业结构的转移趋势一致，从业人口慢慢向第二、第三产业转移，社会对从业人口的要求将进一步提高，将需要越来越多掌握科学技术、各项技能的高层次人才而不是简单的体力劳动者。

三、广西交流合作

20世纪90年代以来，经济全球化迅速发展，国际市场越来越趋向一体化，随之而来的区域间、国家间交流合作也愈发频繁。经济全球化推动区域合作，而区域合作也反向推动着经济全球化，两者相互作用，进一步强化区域经济一体化态势，推进区域合作向纵深发展。各国纷纷加入全球化浪潮，谋求信息、资源共享，以获得长足发展，中国也迅速加入这一进程中，积极开展双边、多边合作，加入各种区域性组织和国际性组织。蓬勃发展的经济全球化和世界经济一体化态势，也推动着广西紧跟我国的步伐融入经济全球化浪潮。广西充分发挥临海、沿边、毗邻粤港澳以及和东南亚接壤的独特区位优势，采取"双重心、四层次、三平台、一龙头"的战略合作模式[③]，积极推进与泛珠三角地区、泛北部湾地区、东盟、欧盟、北美、东北亚地区以及国际组织的合作，扩大对外交流与合作，从而促进广西科学发展、和谐发展与跨越式发展。

（一）广西的国内交流情况

1. 广西与泛珠三角区域的交流合作

2004年成立泛珠三角区域合作组织后，广西在国内进行区域合作的重点对象便转移到泛珠三角区域上来。泛珠三角区域是广西"双重心"战略合作模式中的一个重心。同年，沿珠江流域的11个省区签署了《泛珠三角区域合作框架协议》，泛珠三角区域的合作正式

---

① 广西壮族自治区统计局. 2020年广西壮族自治区国民经济和社会发展统计公报[EB/OL].（2021-03-23）[2024-03-15]. http://tjj.gxzf.gov.cn/tjsj/xwfb/tjxx_sjfb/t8328464.shtml.

② 广西壮族自治区统计局. 广西统计年鉴2020[EB/OL].（2020-10-24）[2024-03-15]. http://tjj.gxzf.gov.cn//tjsj/tjnj/material/tjnj20200415/2020/zk/indexch.htm.

③ 龙裕伟. 广西区域经济合作研究[M]. 北京：中国书籍出版社，2011：134.

拉开序幕，广西开始与珠江流域的这些省区开展经济、文化等各方面的交流与合作。广西积极参加历届泛珠三角区域合作与发展论坛暨经贸洽谈会和行政首长联席会议。2020年第十三届泛珠三角区域合作与发展论坛由区域内的"9+2"① 共同主办，顺应大环境，聚焦泛珠三角地区卫生健康合作与医疗卫生产业发展。泛珠三角区域多年来逐步拓展合作领域，开辟多元化合作路径，日益健全合作机制，不断提高合作水平，和周边省区互联互通，签署了多个合作框架协议，签署了《泛珠三角区域深化合作共同宣言（2015年—2025年）》，进一步完善合作机制，2016年泛珠三角区域合作正式写入《国民经济和社会发展第十三个五年规划纲要》，国务院正式发布《关于深化泛珠三角区域合作的指导意见》标志着泛珠三角区域合作全面上升为国家战略②。泛珠三角区域合作也形成了宽领域、深层次、多形式的新局面。广西还与泛珠三角区域各省共同建立了交通合作联席会议制度，以制度的形式进一步明确了省区间交通基础设施建设、规划、交通运输及物流合作等有关问题，努力推动《泛珠三角区域合作公路水路交通基础设施规划纲要》落实，参与泛珠三角区域各省区开展的道路运输交流活动和多区域经济合作。广西逐步建成通往广东、湖南、贵州、云南等泛珠三角区域各省高标准大能力的铁路运输通道以及通往东盟方向的出边通道，出省出边通道日趋完善，国家重点支持的"五纵七横"高速公路主干线在泛珠三角区域内已基本建成。

2. 广西与中部地区的交流合作

广西与中部地区的经济往来由来已久。改革开放后，广西更是与中部各省开展了多层次的经济技术协作与联合并取得了显著的成效。广西与广东、湖南、湖北、河南及广州、武汉市组建中南五省区二市经济技术协作联席会，建立中南经济技术协作区，在经济领域广泛开展各种交流。"产学研"协作活跃，广西注重与中部各省市开展产学研协作与联合，与湖北高校、科研单位建立合作关系，充分利用湖北高校、科研院所、高新技术企业集中，各领域人才多，人力资源丰富的优势，联合培养人才，引进人才和高新技术与产业③，把经济与科技相结合，最大限度地推动科学技术的发展。柳州市在巩固与华中理工大学、航天工业总公司等单位科研合作的基础上，与武汉工业大学等高校建立协作关系，并达成一系列科技合作协议和意向，与高校在科技领域进行合作。此外，广西还加强桂湘两省区在铁路、农业、商品贸易等多方面的合作，两省区代表于2012年签署《关于进一步深化桂湘合作框架协议》，充分发挥中国-东盟博览会平台作用，湖南组织多家企业参加历届东盟博览会，还举办了湖南省境外园区招商推介会，重点宣传推介湖南在东盟投资的园区招商及项目签约，为园区招商引资，大会邀请了东盟有关机构和企业并为其交流合作提供平台，进一步推动湖南企业与东盟企业的交流。2010年，广西与河南签署推进双方新闻出版合作协议，共同开展园区互动与发行业合作，重点建立广西北部湾印刷工业园区与河南省印刷工业园区的业务联系和项目合作机制，以加强出版物物流协作，降低物流成本，共同

---

① 泛珠三角区域包括福建、江西、湖南、广东、广西、海南、四川、贵州九个省区，以及香港、澳门两个特别行政区，简称"9+2"。

② 泛珠三角合作信息网. 泛珠三角区域合作简介[EB/OL]. (2019-03-01)[2024-03-15]. http://www.pprd.org.cn/fzgk/201909/t20190927_515657.htm.

③ 龙裕伟. 广西区域经济合作研究[M]. 北京：中国书籍出版社，2011：85.

建设中国-东盟文化产品物流园区。广西深化与河南省在农业植保、新闻出版、旅游等多领域的合作。

3. 广西与台湾的交流合作

广西以两岸关系和平发展重要思想为指导方针，深入贯彻落实中央对台工作的政策，以经贸为主轴、以文化为纽带、以园区为依托、以项目为载体，立足广西、深入岛内，全方位推进桂台经贸文化等各领域的交流合作，有力促进了桂台的科学发展[1]。桂台的经贸合作不断迈上新台阶，目前桂台两地经贸、文化等领域的交流合作已迈进常态化、机制化的新阶段。截至2020年9月，全区累计批准台资项目1 882项，合同台资125.8亿美元，实际到位台资69.36亿美元[2]。在民间交流与合作方面，广西形成以领导亲力亲为、相关部门联动、各界广泛参与的对台大交流格局，举办了桂台少数民族交流周和极具特色的桂台客家山歌文化交流活动。两地旅游、探亲、学习等各种交流活动逐年增多，两地同胞往来频繁，截至2019年，桂台人员往来累计近1 000万人次[3]。2010年，广西壮族自治区党委书记郭声琨率领广西经贸文化代表团一行正式访问台湾，开展各方面的交流活动，该代表团是《海峡两岸经济合作框架协议》签署后，大陆第一个赴台交流的经贸文化代表团，该代表团此次出行具有开创性意义。访问期间，共同举办两岸产业高峰会议——2010桂台经贸文化合作论坛，两地区代表在农业、林业、工业、旅游与流通等领域签订70项合作项目，签署56项贸易合同，合同金额达19.98亿美元。2012年，广西壮族自治区政协主席陈际瓦率广西经贸文化代表团47个分团共1 029人，赴台湾举办2012年桂台经贸文化合作论坛，以"再携手·心连心"为主题，在台湾花莲、台北、高雄等地，与台湾各界代表合计2.6万多人次共襄盛举，开展185项丰富多彩的经贸文化系列交流活动，签订5项桂台农业、教育、青年等交流合作备忘录，双方达成协议金额较大的经贸合作，签订1.7亿美元的对台采购合同，达成经贸合作协议意向19项、总投资27.85亿美元[4]。广西已在区内多个城市建成台湾产业园并吸引了多家企业在园区落户，现已建成投资多个项目，如贵港市（台湾）产业园、桂林市台湾科技园、北海市台湾电子产业园、钦州市河东工业园等。一批重点台资项目如富士康、台玻等顺利落地，台湾一批知名企业如台泥、统一及康师傅等企业在广西投资建厂，广西台商会馆、东盟现代商务物流园、五明钢铁物流产业园、蓝天电脑IT资讯广场等一批项目有序落地。广西紧跟国家政策并基于国家惠台政策，出台了惠及台企台胞的"80条措施"[5]，在财政、税收等方面给予优惠，以更好地推动两地的交流与合作。

---

[1] 广西壮族自治区发展和改革委员会.广西壮族自治区区域经济合作与发展报告（2010—2012）[M].南宁：广西人民出版社，2013：76.

[2][3][5] 广西壮族自治区人民政府门户网站.桂台经贸文化交流进入常态化[EB/OL].(2020-11-04)[2024-03-15].http://www.gxzf.gov.cn/gxyw/t6890879.shtml.

[4] 广西壮族自治区发展和改革委员会.广西壮族自治区区域经济合作与发展报告（2010—2012）[M].南宁：广西人民出版社，2013：78.

（二）广西的国际交流情况

1. 广西与东盟的交流合作

1991年，中国与东盟建立对话关系，制定中长期关系发展愿景。2003年，中国-东盟建立战略伙伴关系，广西更是凭借与东盟国家接壤的区位优势，积极与东盟十国开展全方位的交流与合作，长期保持良好的伙伴关系。2010年，中国-东盟自贸区正式建成，标志着中国和东盟进入零关税时代。每年定期召开的中国-东盟博览会永久落户广西壮族自治区首府南宁市。2021年正值中国和东盟建立对话关系30周年之际，中国和东盟正式宣布建立中国-东盟全面战略伙伴关系，深化合作、拓宽合作领域、提升合作水平。习近平主席在出席中国-东盟建立对话关系30周年纪念峰会时高度评价双方关系，提出"中国过去是、现在是、将来也永远是东盟的好邻居、好朋友、好伙伴""30年的宝贵经验是中国和东盟的共同财富，为双方发展全面战略伙伴关系奠定了基础、提供了遵循。我们要倍加珍惜、长久坚持，并在新的实践中不断丰富和发展"。30年来，中国-东盟始终坚持相互尊重，坚守国际关系基本准则、合作共赢，走和平发展道路、守望相助，践行亲诚惠容理念、包容互鉴，共建开放的区域经济。[①]

在我国和东盟战略伙伴关系的指引下，广西紧跟党中央的步伐，围绕党中央的制度准则，颁布各项措施加强与东盟地区的交流与合作，其中广西采取的"三平台"战略合作模式，即充分利用中国-东盟博览会、中国-东盟商务与投资峰会、泛北部湾经济合作论坛这三个合作平台，积极推进广西与东盟各国的区域合作，不断丰富合作内容，逐年提升合作水平，日益紧密合作程度。广西与东盟各国建立了一系列合作机制。一是高层互访机制，自治区领导从2004年起每年率团访问东盟国家，相应地，东盟国家领导人也到广西出席中国-东盟博览会和中国-东盟商务与投资峰会；二是建立制度机制，广西先后与菲律宾、印度尼西亚、新加坡、越南签订合作备忘录，与东盟国家政府部门、重要商协会、大型企业签订一系列各领域合作的协议，为合作的开展奠定基础；三是与越南边境省份建立了定期会晤机制，就加强合作、打击跨境犯罪和维护边境地区稳定进行定期磋商；四是共建中越边境互利合作平台，开展边境交易会，围绕中越双方的互补性需求开展商品展销、项目推介、投资洽谈等经济交流活动。

30年来广西与东盟的合作取得了显著的成效。首先，在经贸方面，广西在与东盟的贸易往来中逐步把人民币当成主要的跨境结算货币，人民币也跃居广西与东盟的第一大跨境结算货币之列，2020年广西与东盟跨境交易用人民币结算的金额高达681亿元，占广西与东盟外币跨境收支的3/5。广西还大力构建面向东盟的跨境金融服务体系，为两区域金融贸易服务[②]。2020年广西对东盟进出口达2 375.7亿元，仍保持1.7%的正向增长[③]，对

[①] 中华人民共和国商务部. 习近平出席并主持中国-东盟建立对话关系30周年纪念峰会 正式宣布建立中国-东盟全面战略伙伴关系［EB/OL］.（2021-11-22）［2024-03-15］. http：//www. asean. mofcom. gov. cn/article/jmxw/202111/20211103220061. shtml.

[②] 广西南宁市金融工作办公室网站. 广西跨境人民币结算 累计总量居西部之首［EB/OL］.（2021-02-24）［2024-03-15］. http：//jrb. nanning. gov. cn/xxgk/zwdt/jryx/t4659317. html.

[③] 广西壮族自治区人民政府门户网站. 2020年广西外贸进出口规模再创历史新高［EB/OL］.（2021-01-24）［2024-03-15］. http：//www. gxzf. gov. cn/gxyw/t7746167. shtml.

东盟国家中方协议投资额 5.55 亿美元①，广西与东盟的贸易涨幅一直居于全国首列，近 20 年来东盟位居广西的贸易伙伴榜首，双方多年来一直保持着密切的贸易往来，商品贸易互通有无。广西还建成了钦州、凭祥、南宁保税区，以及中马钦州产业园、中泰崇左产业园，共同发展重点产业，以促进贸易合作。其次，在基础设施建设方面，在《中国-东盟互联互通交通基础设施行动计划》框架下，广西与东盟国家建设了一批民航、铁路、公路等重大交通基础设施，面向东盟门户枢纽机场的重点项目——南宁吴圩国际机场新航站区已建成并投入使用，2018 年吴圩机场执飞的东盟航线共 28 条，覆盖 25 个东盟城市，在全国机场中位列第五，实现了东盟十国首都城市全通航②。广西连接东盟国家的中老铁路于 2021 年开通，通车后大大缩短了中老两国间人员和货物的来往时间，便利了两国的交流，也建成了通往越南方向的高速公路，连接了前往东盟的海上通道。目前，广西已基本建成连接东盟，涵盖铁路、高速公路、港口和航空的立体式交通网络，实现海上互联互通，广西积极推进与东盟国家在港口、海运物流与临港产业等方面的合作，广西与东盟国家的海上互联互通建设成为新亮点。广西建成与东盟国家相连通的基础设施极大地便利了区域间的贸易往来以及人文交流，也为双方的合作提供了海陆空一体化通道。最后，在论坛方面，截至 2021 年，广西已成功举办十八届中国-东盟博览会、中国-东盟商务与投资峰会和其他会议，为合作发展提供了多层次的交流平台。历届博览会围绕金融、物流、交通、科技、文化、环保、教育和海关等多个领域，举办多个高层次会议和交流活动，开展部长级磋商对话，邀请海内外知名专家学者、企业家和各国领导人出席，共商合作发展大计，建立合作长效机制，研究地区热点问题，形成了相关领域的一系列合作机制，为中国-东盟自由贸易区持久稳定发展提供机制保障，为广西—东盟深入合作奠定了坚实的基础。中国-东盟博览会也得到党中央的高度关注和评价，习近平总书记在出席中国-东盟商务与投资峰会开幕式时强调："中国-东盟博览会不但是中国和东盟 10 国共同搭建的经贸等多领域有效合作的大平台，也是中国-东盟自贸区建设的助推器，给双方企业和人民带来了实惠，在中国和东盟合作中发挥着越来越重要的作用。"中国-东盟商务与投资峰会是我国在周边关系中由多个国家最高领导人共同确定的多边峰会之一。目前该峰会已成为区域经贸投资合作进行高层次对话和发表政策性、战略性见解和建议的重要平台。企业也抓住发展机遇踊跃参加历届博览会，进行产品展销和投资洽谈，过去十六届博览会共吸引 36 648 家企业参展，参展参会客商人数达到 832 669 人，总展位数为 73 869 个，其中东盟展位数 18 948 个③，占总展位数的四分之一，多边论坛的定期举办也为双方高层次及民间交流提供了对话交流平台，让各方得以定期进行会晤。未来中国-东盟将继续保持良好的合作关系，深化全面战略伙伴关系，保持密切的往来。对此，习近平主席为中国-东盟的进一步合作发展指明了方向："中国愿同东盟把握大势、排除干扰、同享机遇、共创繁荣，把全面战略伙伴关系落到实处，朝着构建更为繁荣的中国-东盟共同体迈出新的步伐。"并为双方合作提出五点建议：一是共建和平家园，二是共建安宁家园，三是共建繁荣家园，

---

① 广西壮族自治区商务厅网站.2020 年 1—12 月广西对外投资统计[EB/OL].(2021-01-28)[2024-03-15]. http://swt.gxzf.gov.cn/swsj/dwhzsj/t7792653.shtml.

② 搜狐网.吴圩机场航线覆盖 25 个东盟城市，与上海浦东机场持平[EB/OL].(2019-09-16)[2024-03-15].https://www.sohu.com/a/341237168_713247.

③ 广西国际博览务局网站.历届中国-东盟博览会经贸成效统计信息[EB/OL].(2020-04-17)[2024-03-15].http://blj.gxzf.gov.cn/xxgk/sjfb/tjsj/t652100.shtml.

四是共建美丽家园，五是共建友好家园。倡议双方共同维护地区和平、安全，深化贸易合作，促进可持续发展，推进文化、旅游、智库、媒体和妇女等领域的交流[①]。在党和国家的政策支持下，广西始终坚定不移地扩大对外开放，深化合作，努力和东盟国家携手共创更加繁荣美好的未来。

2. 广西与大湄公河次区域的合作交流

广西自 2005 年正式参与大湄公河次区域（GMS）合作以来，始终把扩大对外开放的重点放在加快融入大湄公河次区域合作中，充分利用各合作平台，务实推进与 GMS 国家在旅游、农业、贸易投资、资源能源、交通基础设施建设、交通运输服务与环境卫生等领域的合作。广西和 GMS 各国的贸易与投资迅速发展，贸易与投资额有明显增长，2010 年双边贸易总额达到 54.5 亿美元，是 2005 年的 4 倍之多；2011 年广西与 GMS 区域国家进出口贸易额总计 70 亿美元，广西出口商品主要包括服装、建材、中成药、机电产品、农产品和矿产品等，GMS 国家进口的主要商品包括农林产品、矿产品和宝石等。广西还致力于不断提升服务水平，便利双方贸易投资，与越南边境签订口岸通关便利化合作备忘录，在防城港建成广西电子口岸海运物流服务平台，在友谊关开通了电子口岸并设立 GMS 通关信息服务站，便利了广西与 GMS 各国贸易投资，加快了货物通关、流通速度，为双边商品流通、贸易往来以及人员交往创造了良好的环境。为加大农业新品种、新技术的合作力度，利用广西在农业技术领域的先进技术和丰富经验，开展形式多样的农业、禽类技术培训班，广西派出专家为 GMS 国家成功开展户用沼气示范、水稻生产、蚕桑生产和果蔬新品种试种、新技术应用示范及技术培训，向学员传授种植、养殖技术，积极搭建农业信息交流平台，提供共享信息的机会，利用计算机检索信息与发放免费宣传手册、资料等方式，向社会公众提供多方面的相关有效信息，帮助和支持 GMS 国家改进落后的农业生产技术，学习掌握高效的现代化农业生产技术，提高发展水平。在旅游方面，中国国家旅游局与越南文化体育与旅游部签署《旅游合作协议》，双方提出建立中越跨国旅游合作区，共同开发边境旅游资源，开通多条边境旅游路线和海上旅游航线，丰富跨国旅游的出行方式，利用自然资源优势开发边境景点，发展边境旅游[②]。广西凭借与越南相邻的地理优势，积极开发边境旅游资源并取得了累累硕果。亚洲开发银行还委托桂林旅游高等专科学院举办 GMS 高级旅游管理人才培训班，为 GMS 国家培养旅游管理人才，并对现已开展的培训工作予以高度评价。在能源合作方面，广西积极和 GMS 国家在有色金属、电力、石油、煤炭和天然气等资源方面开展合作，共同开发资源，参与 GMS 国家的电力贸易合作。例如，在柬埔寨王国斯登沃代水电站、孟加拉重油发电机组、越南占化水电站等重大工程项目建设中负责设计、勘察并承包项目。在文化教育方面，广西政府提供自治区政府奖学金，让广大在校生到 GMS 国家留学并接收留学生来广西高校学习，建立了中国-东盟人才开发与合作广西基地，培养出中国-东盟各行各业的人才，储备了人力资本，多次面向 GMS 国家举办专业技术培训班，传授各领域专业技能，积极开展与 GMS 国家的教育文化交流。在环境保护方面，广西大力推进与 GMS 国家在环境和生物多样性走廊项目上的合

[①] 中华人民共和国商务部. 习近平出席并主持中国-东盟建立对话关系 30 周年纪念峰会 正式宣布建立中国-东盟全面战略伙伴关系[EB/OL].（2021-11-22）[2024-03-15]. http://www.asean.mofcom.gov.cn/article/jmxw/202111/20211103220061.shtml.

[②] 广西壮族自治区发展和改革委员会. 广西壮族自治区区域经济合作与发展报告（2010—2012）[M]. 南宁：广西人民出版社，2013：76.

作,主要开展的活动包括广西环境绩效评估子项目和靖西跨境生物多样性保护廊道建设示范子项目等。2011年广西完成了走廊项目区社会经济调查和生物多样性调查,形成了廊道地区土地利用评估报告和生物多样性保护廊道建设方案,还与越南环保部就生物廊道建设开展了交流和互访活动,加大了中越边境地区生物多样性保护力度,共同维护边境地区的生态环境。在卫生合作方面,广西与越南等GMS有关国家一起,相互交流医疗卫生方面的信息、共享经验,联手应对SARS、禽流感等突发公共性卫生事件,建立艾滋病、结核病等传染疾病确认和控制的应急机制,防范传染疾病的传播和扩散。广西积极与GMS国家交流有关疾病监测的信息,在东兴和凭祥设立疾病监测点,提升湄公河流域国家的传染性疾病监测控制能力,做到一旦有传染病发生能迅速发现,建立疾病监测和疫情反应处理的综合系统,以便能及时应对传染病。此外,广西壮族自治区主席、党委常委、统战部部长等领导人和大湄公河次区域国家领导人进行了多次互访,举行双方会晤,进一步商讨交流合作事宜,不断拓宽合作领域、提升双方合作水平。

3. 广西与泛北部湾区域的合作交流

广西自2006年提出推动泛北部湾经济合作战略构想以来,泛北部湾相关国家不断深化合作共识、拓宽合作领域,在农业、金融、旅游、渔业、港口、物流和电子信息等领域深化合作并签订了一系列合作协议或备忘录,推动了一批合作项目相继落地。例如,加快推进广西与印度尼西亚产业和煤炭合作开发项目。同时,南宁—河内经济走廊和中越边境友谊关跨国口岸两个项目被纳入大湄公河次区域经济合作跨境运输协议框架,这些项目的落地为泛北部湾经济合作向纵深发展奠定了基础。随着泛北部湾经济合作的深入发展,海南和广东积极参与,广西致力于推进泛珠江三角洲地区和泛北部湾区域经济互动和有效对接,在加快与珠三角地区高速公路和高速铁路对接的同时,还全面启动了西江亿吨级黄金水道建设。在贸易方面,连续多年中国与泛北部湾国家的贸易总额占中国-东盟贸易总额的90%以上,人民币国际化在泛北部湾地区也取得显著的成效[1],泛北部湾地区人民币国际化快速发展也加快了区域金融合作的步伐。目前,泛北部湾区域国家的银行,如新加坡星展银行等多家银行已在南宁设立分行,中资银行也在东盟地区设立了8家海外分行,海外分行的设立为企业开展海外业务提供了便利,中国银行、中国农业银行和光大银行等多家银行为东盟国家和中国港澳地区银行在广西开设了人民币往来账户,以便利双方贸易用人民币结算。在理论研究方面,2007年,广西社会科学院顺利完成"泛北部湾区域经济合作研究"课题,出版了首部"北部湾蓝皮书"——《2007年泛北部湾经济合作发展报告》。同时,中国-东盟商务理事会完成了一项泛北部湾合作可行性研究。在论坛方面,截至2020年,广西已成功举办十一届泛北部湾经济合作论坛。该论坛为泛北部湾国家提供了一个共商共建的平台,集聚专家学者、相关负责人、各国领导代表,共商议事、敲定合作与项目落实。泛北部湾区域合作取得了累累硕果。2011年第六届泛北部湾经济合作论坛发布了具有里程碑意义的研究报告——《泛北部湾经济合作可行性研究报告》和《2011泛北部湾智库峰会宣言》,标志着泛北部湾地区经济合作取得实质进步,在机制化建设方面取得重大突破[2]。2020年10月15日,在南宁举办第十一届泛北部湾经济合作论坛暨

---

[1] 广西壮族自治区发展和改革委员会. 广西壮族自治区区域经济合作与发展报告(2010—2012)[M]. 南宁:广西人民出版社,2013:22.
[2] 龙裕伟. 广西区域经济合作研究[M]. 北京:中国书籍出版社,2011:109.

2020北部湾国际门户港合作峰会。此次会议达成了一系列重要成果：一是启动钦州国际集装箱码头统一运营仪式，建设中国首个海铁联运自动化码头；二是举行中谷钦州集装箱多式联运物流基地开工仪式，旨在打造多式联运物流枢纽，构建区域国际供应链重要节点；三是启动北部湾国际门户港港航互联服务平台上线仪式，实现与新加坡等陆海新通道沿线重要贸易与物流集散中心的信息共享；四是开通东盟（柬埔寨）至北部湾水果快线，开辟中国-东盟新的水果贸易通道，为进出口水果提供运输渠道并大大缩短运输时间；五是发布广西水运港口发展基金，推动以融促港，以港促通，实现互利共赢①。第十一届泛北部湾经济合作论坛的召开恰逢中国-东盟自贸区全面建成十周年，标志着陆海新通道及北部湾国际门户港的建设得到进一步推进，为泛北部湾区域合作带来新动力。此外，泛北部湾各国正在加大相互间的合作力度，拓宽合作领域，共同探索出一条"跨国减贫"的发展道路，为各国经济发展创造新的机遇。整合开发旅游资源便是该道路的重要方式，在整合开发资源的过程中发展了旅游业，也保护了跨国生态，如中越明确了建立跨边境保护世界珍稀物种东黑冠长臂猿栖息地合作机制。泛北部湾国家也通过开展农业技术合作共同应对世界"粮食危机"和"能源危机"，以争取早日摆脱贫困。

4. 广西与日本的交流合作

日本是广西在东亚地区的第一大贸易伙伴。2008年，日本东京举办了中国广西—日本经贸合作暨北部湾经济区推介会；2011年，南宁与秋田市签署经贸合作协议推进两市经贸合作。广西与日本合作历史悠久，1982年，广西与日本熊本县的友好关系更进一步，双方宣布正式缔结友好区县关系，双方多年来一直保持密切来往，高层互访和民间交流都较为活跃，在贸易、文化、旅游、教育、农业、医疗卫生和科技等领域开展了一系列丰富多彩、多元有效的交流与合作活动，两地的合作交流成果显著，已成为中日地方政府层级交流合作的典型范例。2012年，熊本县在南宁设立了驻广西办事处并派员常驻南宁，便利双方经贸、旅游等领域的交流合作，双方还多次组织不同层级的经济团体以及各大企业代表进行座谈交流，共同探寻更好的合作路径。广西和日本熊本县也互派留学生、海外技术进修生及各领域技术人员到对方地区进修学习先进技术和有效经验，熊本县为我区培养了大批农林牧渔业、教育、医疗卫生、行政、酒店管理及食品等领域的人才。两地还针对青少年群体逐步建立了暑期交流机制，在中学生乒乓球、围棋等项目上展开交流。广西与日本经过多年来在各领域的交流与合作，建立了深厚的友好情谊，在困难时刻更是互帮互助。例如，广西在熊本县地震时第一时间伸出援手，用行动诠释了"患难见真情"。2019年，广西与日本进出口总达66.2亿元，同比增长33.5%；2020年，广西与日本的贸易仍然呈正向增长态势，前三季度贸易额59.5亿元，同比增长24.9%。在投资企业和机构的数量上，截至2019年，广西备案或核准对日本投资企业及机构8家，日本在广西设立外商投资企业192家②。

---

① 搜狐网. 东盟（柬埔寨）至北部湾港水果快线开通[EB/OL].（2020-10-15）[2024-03-15]. https://www.sohu.com/a/424944065_394179.

② 广西壮族自治区商务厅. 广西-日本网上交易会启动食品、农产品专场[EB/OL].(2020-11-19)[2024-03-15].http://swt.gxzf.gov.cn/zwgk/zwdt/gxsw/t7052103.shtml.

第二节　广西高校教育国际化发展概况

一、广西高校教育国际化规模

高校教育国际化水平可以用招收的留学生人数、中外合作办学项目数等可量化指标来衡量[1]。近年来，随着我国对外开放的脚步进一步扩大、"一带一路"倡议的提出以及国家重视高校教育国际化，广西与其他国家或地区的经济文化交往日益密切，为广西高校教育国际化奠定了物质基础，广西高校教育国际化也得到了进一步发展。目前，广西高校与一些欧美等发达国家高校以及东盟国家高校都建立了合作关系。

从招收国际学生的高校来看，2014年广西招收外国留学生的学校增加到29所，占全区高校数40%，其中具有资格招收获得中国政府奖学金资助的留学生的高校有6所。2014年招收留学生数量最多的高校是广西师范大学，招收的留学生共1 853人；2015年至2019年招收留学生数量最多的高校是广西大学，五年共招收留学生10 162人。2014年至2016年，广西大学、广西师范大学、广西民族大学和广西医科大学的留学生总人数超过当年留学生总数的一半[2]。同时自治区政府执行了留学生公寓扩建计划，截至2017年，广西壮族自治区人民政府总投入5亿元人民币，用于修缮、新建留学生公寓，提升硬件水平，加强留学生公寓的基础设施建设[3]，为留学生提供良好的居住环境，以吸引更多的海外学生来桂学习。2013年至2018年，广西累计招收的留学生总数超过5.7万人，招收的留学生数量逐年增长，2018年招收国际学生共15 217人[4]，占全国留学生总人数的3%，其中来自东盟国家的留学生人数最多，达到3.9万人。因此，在全国34个省（市、自治区、特别行政区）中，广西也一跃成为招收东盟国家留学生最多的省份之一。在增速上，广西也具有明显优势，来桂留学生总人数增长达到50%，年均增长20%，超过全国平均增长水平。来广西留学的留学生生源国具有多样性，从2013年的98个国家增加到2018年的133个国家[5]。从出国留学人数来看，2015年广西高校有6 000名学生出国留学[6]，占当年全国出国留学总数的1%左右。在师资力量方面，2016—2018年广西从海外引进高层次人才74名，2019—2020年广西选派189名高校优秀教师出国进修。此外，2012年，教育部首次批准广西开办中外合作办学项目，揭开广西高校中外合作办学序幕，首个本科层次中外合作办学机构在2021年获得教育部批准开始招生。广西高校在东南亚地区与东盟国家的大

---

[1] 张男星. 中国高等教育发展研究［M］. 北京：科学出版社，2018：80.
[2] 广西壮族自治区教育厅教育数据分析中心. 2019年广西教育事业数据分析［M］. 桂林：广西师范大学出版社，2021：127.
[3] 广西壮族自治区教育厅. 加强基础设施建设 广西成中国与东盟留学生双向交流重点地区［EB/OL］.（2016-03-30）［2024-03-15］. http://jyt.gxzf.gov.cn/jyxw/jyyw/t3350587.shtml.
[4] 中华人民共和国教育部. 2018来华留学统计［EB/OL］.（2019-04-12）［2024-03-15］. http://www.moe.gov.cn/jyb_xwfb/gzdt_gzdt/s5987/201904/t20190412_377692.html.
[5] 广西壮族自治区教育厅. 2017年中国-东盟留学生才艺晚会成功举办［EB/OL］.（2017-09-11）［2024-03-15］. http://jyt.gxzf.gov.cn/jyxw/jyyw/jyt/t3246810.shtml.
[6] 中华人民共和国教育部. 广西今年奖励164名东盟留学生［EB/OL］.（2016-03-31）［2024-03-15］. http://www.moe.gov.cn/jyb_xwfb/s5147/201603/t20160331_236054.html.

学合作共建了7所孔子学院，成为在东南亚地区开设孔子学院数量最多的省份①。

就全国水平而言，无论是从招收国际学生的学校数量，还是从招收的国际学生人数或者是出国留学人数来看，广西所占比例相对较小。广西中外合作办学起步较晚，合作办学项目以及机构数量较少。总体来说，广西高校教育国际化规模仍然较小。

二、广西高校教育国际化人才培养

高校发展教育国际化可以通过派出留学生交流访学、招收海外学生来学习进修、开展中外合作办学项目、引进海外优秀师资、吸引国外知名高校来华办学以及高校成立海外分校等的形式进行，并通过促进这些方面的发展来提升高校教育国际化水平。学生结构的国际化是双向流动的，既包括生源国际化，即招收国际留学生；也包括学习经历国际化，即高校学生去海外高校深造。

（一）招收国际学生

高校招收的国际学生数量被视为一所大学国际化水平的重要评估指标之一。罗索夫斯基（Henry Rosovsky）在《大学：主人指南》（*The University：An Owner's Manual*）一书中指出："当大学招收的国际学生占有一定比例时，学校的教育思路和眼界会更开阔，教学和科研水平会更高②。"改革开放以来，广西拓宽对外合作交流的领域、推进层次、丰富形式，而且经济发展水平逐步提高，广西高校教育的国际化水平也得到显著提升。广西充分发挥面向东盟的区位优势，不断深化国际教育交流合作，形成学校、行业和政府一体的多层次、立体化办学体系，三方携手搭建起了区域人才培养"立交桥"，为区域发展培养人才，积极与周边国家联动。广西高校与周边的两百多所院校建立了良好的合作关系，广西有32所高校招收外国留学生，同时，有9个国家级中国-东盟人才培训中心（基地）选择在广西高校落户。2014年来桂留学生有9 535人，2017年约1.4万名来自118个国家的留学生在广西学习，其中东盟国家来桂的留学生有9 465人，"一带一路"沿线65个国家共有12 337人来广西留学③，2019年来桂留学生达到16 747人。从来桂留学生数量来看，2019年的留学生总数比2014年增加了7 212人，年均增长率为11.92%，东盟十国中有七国的来桂留学生数量有不同程度的增加，增加人数最多的国家是越南，增加了67.26%。广西招收的留学生数量呈逐年增长态势，留学生教育发展势头整体较好④。虽然来桂留学生总数的增速可观，但是，2018年来桂留学生为15 217人，而来北京、广东和云南的留学生分别为80 786人、22 034人和19 311人⑤，广西的留学生总数和其他省份相比，仍存在较大差距。广西留学生总体规模较小，占全国留学生总数的3%，高校教育国际化人才培养规模仍然偏小。此外，截至2023年，广西已成功举办7届中国-东盟职业教育联展暨

---

① 广西壮族自治区人民政府门户网站.自治区成立60周年经济社会发展情况及庆祝活动新闻发布会实录[EB/OL].(2018-11-02)[2024-03-15].http://www.gxzf.gov.cn/sytt/20181102-720054.shtml.

② Rosovsky H. The University：An owner's manual [M]. New York：W W Norton&Co Inc, 1991：29.

③ 新华网. 近5年来桂留学生数量年均增长20% [EB/OL].(2018-12-07)[2024-03-15].https://news.sina.com.cn/o/2018-12-07/doc-ihmutuec7068755.shtml.

④ 广西壮族自治区教育厅教育数据分析中心.2019年广西教育事业数据分析[M].桂林：广西师范大学出版社, 2021：126.

⑤ 中华人民共和国教育部.2018年来华留学统计[EB/OL].(2019-04-12)[2024-03-15].http://www.moe.gov.cn/jyb_xwfb/gzdt_gzdt/s5987/201904/t20190412_377692.html.

论坛，为广西与东盟国家职业教育合作提供了平台，进一步推进职业教育交流和合作。2010年颁布的《国家中长期教育改革和发展规划纲要（征求意见稿）》提出，要扩大招收海外留学生以进一步扩大海外留学生规模。此征求意见稿发布后，我国各级政府和高等学校以更加开放、更加积极的姿态，出台各项措施推动来华留学生工作的快速发展。广西不断重视来华留学工作并给予政策和资金的支持。例如，从2007年起先后针对老挝和柬埔寨的留学生设立了广西政府奖学金，2011年又面向所有东盟国家设立了广西政府东盟国家留学生奖学金。截至2014年年底，总共招收全额奖学金留学生920人，资助留学生总数达1 820人次，奖励优秀留学生337人[1]。广西部分资金充裕的高校也设立了学校奖学金，吸引了更多国际学生来桂留学。广西还将继续保持和周边国家院校的良好合作关系，以更加主动的姿态招收国际学生并派学生出国进修学习，加强派出和接收学生的双向留学工作，打造"留学广西"品牌，拓展"留学广西"国际教育区域，吸引更多海外留学生来桂留学。逐步加大财政拨款力度，增加广西政府东盟国家留学生奖学金额度，进一步完善奖学金分配制度与招生模式，出台相关措施鼓励各地各高校设立留学生奖学金并拓宽奖学金来源。扩大广西高校教育国际化整体规模，培养知识型、技能型人才，更好地服务"一带一路"倡议，助力国家经济发展，提高广西高校教育国际化水平。

（二）广西高校学生海外留学

随着广西相关留学政策的出台以及政府奖学金的设立，自治区政府对海外留学的支持力度不断加大，政府财政用于资助学生出国留学的经费大幅增长，由原来的每年拨款300万元人民币增加到每年2 000万元人民币，广西还将加大对出国留学访学的支持力度。广西各层级对外交往日渐增多，特别是和东盟国家的交往日益频繁，广西高校学生申请到海外留学的人数也逐渐增多。2010年至2015年间，广西出国留学人数剧增，总人数达到14 318人；通过国家西部地区人才培养特别项目选派和自治区财政资助出国留学的各类人员共计818人，有3 500人选择自费出国留学，合作院校间校际交流派出10 000多人[2]；2015年有超过6 000名广西学生前往世界各地高校留学；2020年到海外院校进修深造人数达到1万人。广西高校学生前往东盟国家交流学习的人数较多，在全国范围内，广西是派遣最多学生到东盟国家学习的省份之一[3]。广西高校学生可以通过申请国家留学基金委资助、政府资助、单位公派留学以及自费留学等方式出国学习，大部分在海外的留学生选择金融、工商管理、计算机、东南亚小语种等实用型学科，学习前沿的专业知识和先进的生产技术，他们回国后在科研、教学、生产、管理等各个领域刻苦钻研，助力广西的经济发展。随着出国留学低龄化趋势的出现，部分有条件的家长把孩子送到教育较为发达的国家进行本科甚至是中学阶段的学习，广西学生到海外留学的人数和年龄段都在不断扩大。

三、广西高校教育国际化师资力量

高校是高等教育体系的主体，教师则是学校教育实施的主体，当今世界综合实力强的

---

[1] 广西壮族自治区教育厅．广西召开全区高校留学工作会议 来华留学生大增[EB/OL]．(2015-06-29)[2024-03-15]．http://www.jyt.gxzf.gov.cn/jyxw/jyyw/jyt/t3208298.shtml．

[2] 广西教育新闻网．广西召开全区高校留学工作会议 来华留学生大增[EB/OL]．(2015-06-26)[2024-03-15]．http://edu.gxnews.com.cn/staticpages/20150626/newgx558d5c7b-13068377.shtml．

[3] 中华人民共和国教育部．广西今年奖励164东盟留学生[EB/OL]．(2016-03-31)[2024-03-15]．http://www.moe.gov.cn/jyb_xwfb/s5147/201603/t20160331_236054.html．

高水平大学，其师资往往是高度国际化的。随着中国改革开放的步伐越迈越大，高校也积极加入国际化的行列中，通过不断引进国际高水平师资提高自身的科研能力与教学水平。国内很多"985工程"院校、"双一流"高校聘用本土教师时会把其海外留学经历当作考察条件之一，也会从世界著名高校引进优秀教师，从而给学生带来更广阔的国际视野、更前卫的理念以及更先进的知识和技术。改革开放以来，在党中央关于"引进国外智力，加速四化建设"战略方针的指导下，引进国外智力成为我国对外开放政策的重要组成部分。

21世纪以来，广西高校在提升自身办学水平、建设"双一流"高校中，积极聘请有海外留学经历的人才成为广西高校国际化战略的重要一环。2013年，广西首次推出高校引进海外高层次人才"百人计划"，计划从2013年到2020年引进100名左右具有国际水准、国内领先、高校急需的海外各领域高层次人才到广西高校创新创业，并重点给予政策、基金、科研等支持。"百人计划"提出后成效显著，广西成功从海外引进了一批高层次人才，使自治区的教育事业更进一步，并推动了广西高校教育国际化发展。2016年，广西高校通过海外高层次人才"百人计划"引进了20名海外高层次人才，2017年引进了31名，2018年成功引进了23名具有国际化背景的教师①，三年时间完成了原计划的74%，此外，还引进了若干名没有列入"百人计划"但是有国外留学经历的人才。从引进单位来看，多为广西大学、广西民族大学等公办高校，民办高校与成人高校引进国际化师资的规模较小。2018年颁布的《广西教育提升三年行动计划（2018—2020年）》提出，要继续实施高校引进海外高层次人才"百人计划"、高水平创新团队及卓越学者计划，培养和引进一批学科领军人才。

广西在建设"一带一路"中积极承担责任，全方位配合并实施更加积极的教育开放战略，促进与世界各国的教育交流和合作，除了积极吸引有国外留学经历的优秀人才回高校承担教学任务和开展科研工作外，还通过引进国际师资和选派中青年优秀教师出国深造等方式提升师资队伍的国际化水平。在引进外籍教师方面，《2015高等教育国际化发展状况调查报告》指出，对西部地区高校进行抽样调查发现，在一个专任教师总量为94的样本中，外籍专任教师所占比重为1%，国际师资的比例相对较低。另外，《广西教育提升三年行动计划（2018—2020年）》指出，要实施广西高校优秀教师出国留学深造项目，选派包括高校优秀教师、管理人员在内的500人出国深造②。广西于2019年选派108名高校优秀教师出国留学深造，2020年录取81人为广西高校优秀教师出国留学人员③，旨在加快培养行业内急需的高精尖创新人才，加速高校教育国际化进程。

四、广西高校教育国际化课程设置

在全球化以及区域合作日益密切的背景下，培养具有全球意识和国际视野、能投身于"一带一路"建设和西部建设的人才并推动广西高校教育国际化是广西高校面临的挑战。

---

① 广西壮族自治区教育厅. 关于2018年广西高校引进海外高层次人才"百人计划"入选名单公式[EB/OL]. (2018-08-13)[2024-03-15]. http://www.jyt.gxzf.gov.cn/zfxxgk/fdzdgknr/tzgg_58179/t3123808.shtml.

② 广西壮族自治区人民政府. 广西壮族自治区人民政府关于印发广西教育提升三年行动计划（2018—2020年）的通知（桂政发〔2018〕5号）[EB/OL].(2018-01-11)[2024-03-15].http://www.gxzf.gov.cn/zwgk/zfwj/zzqrmzfwj/20180118-676878.shtml.

③ 广西壮族自治区教育厅. 关于2020年广西高校优秀教师出国留学深造项目拟录取人员的公示[EB/OL]. (2020-07-22)[2024-03-15]. http://www.jyt.gxzf.gov.cn/zfxxgk/fdzdgknr/tzgg_58179/t5762788.shtml.

为应对这一挑战，国家层面多次颁布各种政策文件来推动高等教育改革，推进高校教育国际化，其中重要的一点就是推动高等教育体系的课程改革。近年来，广西已有不少高校使用国际通用语言进行教学，部分高校的部分专业采用全外语授课，这一现象在中外合作办学项目中较为普遍。《2015中国高等教育国际化发展状况调查报告》提出，对西部地区高校进行抽样调查发现，在开设的94门课程中使用全外语授课的课程占2.4%。广西大学中外合作项目专业课程自低年级就选用英文原本教材并实施双语教学，后逐步过渡到高年级进行全英文授课[1]。教育部还提出，从2002年开始，5%～10%的本科教学应用中文和英文进行，在未来五年中可能会使用英文教科书[2]。广西有部分高校的专业便采用了中文和英文或其他外语的双语形式授课，如广西民族大学非通用语种专业都采用了对象国语言进行授课，每个语种还聘请了外籍教师，基本做到外语专业都聘有外教[3]。在课程设置上，我国不仅遵循欧美高等教育国际化的一般路径，增加具有国际特征的专门课程，加强国内国际的学分和学历互认，而且在聘用国际背景的师资、设立专项的国际问题研究项目以及越来越多地使用国际语言教学等方面均有所进步[4]。广西高校在原有的外语、国际关系和外国文化等国际课程基础上，增添了"一带一路"沿线国家历史文化、社会经济及民族宗教等内容[5]。广西民族大学在本科生中开设了东盟学系列选修课以及东南亚各国语言、文学、经贸、旅游、历史和文化等课程，让本科生有机会接触东盟国家的历史文化，在研究生课程中增加了国际研究专题以开阔视野、丰富学生的知识面，从而培养具有国际视野和思维的复合型人才[6]。

五、广西高校教育国际化中外合作办学

我国高校实施国际化办学的重要措施之一是开展中外合作办学，其对于高校战略选择、发展定位以及内涵建设皆具有极其重要的促进作用和现实意义。2010年，中共中央、国务院印发《国家中长期教育改革和发展规划纲要（2010—2020年）》，明确提出"加强国际交流与合作""提高交流合作水平"，推动中外合作办学项目快速发展，中外合作办学逐渐成为我国高等教育改革和发展的题中之义以及我国高等教育发展必不可少的组成部分。广西高校也紧跟国家的步伐推动中外合作办学的落实，相继提出"创新中外合作办学提升增量计划""201工程"，突出区内高校中外合作办学项目所具有的专业特色，提升为广西区域经济发展服务的能力。支持自治区各大具有国际化办学能力的高校与"一带一路"沿线国家和地区高水平大学合作创办二级办学机构，联合举办本科及以上学历合作办学项目，双方共同推动建设中国-东盟联合大学。广西高校发挥区域特色优势，积极推进东盟国别研究和区域研究。

---

[1] 滕莉莉，叶俞辛.中外合作办学及校际交流项目实施情况与问题分析：以广西大学为例[J].广西教育学院学报，2018（3）：113-118.
[2] Huang F T, Policy and practice of the Internationalization of higher education in China, Journal of Studies in International Education, 2003, 7 (3): 234.
[3] 何龙群.地方高校国际化新探[J].广西民族大学学报（哲学社会科学版），2007（3）：169-174.
[4] 付红，聂名华，徐田.中国高等教育国际化的风险及对策研究[M].北京：人民出版社，2015：69.
[5] 魏艳，黎永强.高等教育国际化动因、策略及国别研究[M].北京：光明日报出版社，2020：233.
[6] 陈秀琼.边疆地区高校实施国际化战略的理性选择：以广西民族大学为例[J].安顺学院学报，2011，13（2）：37-40.

广西高校的中外合作项目起步较晚，在合作项目、合作机构数量和办学效果方面与东部以及东北地区仍有较大差距。2012年教育部正式批准广西首批3所本科教育中外合作办学项目，正式拉开广西区内高校中外合作办学项目的序幕。区内起步最早的中外合作项目是广西民族大学与英国斯泰福厦大学合作举办的本科层次会计学专业，该专业从2012年开始招生，招生100人。目前，广西共有23个教育部批准的本、专科中外合作办学项目，其中17个为本科层次，合作的院校包括广西13所高校和美国、英国等地的高校，本科层次的中外合作办学项目在校生超过2 000人①。2021年5月19日，北部湾大学与美国东密歇根大学联合申报的北部湾大学东密歇根联合工程学院正式获得教育部批准，学院设5个专业，每年共招生300人。该学院的招生纳入国家普通高等教育招生计划。该机构是广西首个获得教育部批准的本科层次中外合作办学机构，填补了广西本科层次中外合作办学机构领域的空白，标志着广西中外合作办学在对外开放战略中取得重大突破②。此外，广西的高校还与东盟国家合作开办孔子学院和孔子课堂，在东盟国家共开设7所孔子学院。广西也成为在东南亚地区设立孔子学院数量最多的省份，其中广西民族大学与老挝国立大学、泰国玛哈沙拉坎大学和印尼丹戎布拉大学合作开办三所孔子学院，广西师范大学与泰国、越南以及印度尼西亚合作共建三所孔子学院，广西大学与泰国川登喜皇家大学合办素攀孔子学院③。近年来，广西中外合作办学得到了一定程度的发展，逐步规模化、规范化。

第三节 广西经济社会发展推动广西高校教育国际化

一、广西经济社会发展为广西高校教育国际化提供物质基础

教育是一种与社会经济相联系的活动，教育的发展水平主要由社会经济发展水平决定。一定的经济发展水平能为教育发展提供良好的物质经济条件，奠定教育发展所需的物质基础。经济发展为教育提供所需要的资金和物质资源，区域经济发展的程度决定了该区域教育所能拥有的人力资源（如教师、学生和教学管理人员），还决定了所能拥有的物力资源（如教学场所、教学仪器设备等）。教育是一个庞大的、复杂的工程体系，体系的运转需要投入大量的经费，进行学科建设、设立各级科研机构、购买实验设备、开展实验工程项目以及购进相对应的配套设施、建设教学和科技队伍以及配备学校服务设施等，都离不开财政支持。教育也是劳动力再生产的主要手段，它为推动经济发展持续不断地积累人力资本。教育的成本补偿和资金投入离不开物质生产部门的支持，一旦得不到物质支持就无法继续生产劳动力④。从这个意义上说，地区经济水平的提高为教育有质量地稳步发展提供了可靠的物质保障。反之，教育要获得长足发展，需要依靠经济的发展为其提供物质基础。因此，经济发展到何种程度，教育才能发展到何种程度，教育层次才能达到什么样

---

① 何一飞. 广西中外合作办学项目发展存在的问题及对策研究 [J]. 对外经贸, 2020 (8): 60-62.
② 广西壮族自治区教育厅. 北部湾大学首个中外合作办学机构获批 [EB/OL]. (2021-05-24) [2024-03-15]. http://jyt.gxzf.gov.cn/jyxw/jyyw/t8980116.shtml.
③ 曾征，杨红娟. 东南亚地区孔子学院分布及影响因素分析 [J]. 云南师范大学学报（对外汉语教学与研究版），2017, 15 (3): 63-71.
④ 刘志民. 教育经济学 [M]. 北京: 北京大学出版社, 2007: 82.

的高度；经济发展与教育发展同步，两者相互影响、发展水平一致；丰富的物质条件是教育发展的基础条件，如果不依据经济实力和生产力发展水平的实际，随意和盲目地发展教育，或者教育的发展方向与经济的发展方向相背离，那就是不尊重经济发展与教育发展两者间的客观规律①。同时，社会的经济发展水平还对教育的发展以及教育能培养什么样的人提出了客观要求，这种要求既包括社会的也包括个人的。社会要求教育的发展水平随着经济发展水平的提高而提高，两者同时提升并伴随生产力的发展而发展，以确保教育发展能跟上经济发展并与之相匹配，保证教育能培养经济发展所需要的各种专门人才与熟练劳动力以提高生产率。社会上每个个体在科技、文化、教育等精神方面的需要与追求，也伴随着经济水平的提高而不断提高并希望获得更高层次的满足，人们只有在经济上富裕起来了，生活有保证，才会有受教育的要求和可能。经济社会发展是在前期社会发展基础上的新跨越，教育方面一些旧的体系模式、运行机制、培养目标、学校布局、学科结构、课程设置乃至师资素质等，都难以适应经济发展的新高度。经济社会发展对教育提出新要求，要求教育重新审视现有体制所培养的人才，确定其个人能力和综合素质是否符合当今经济社会发展的要求，特别是高等教育的学科结构、科研方向和培养模式等是否能符合经济社会发展的要求。

一方面，广西经济社会发展水平决定广西教育发展水平，高校教育国际化作为高等教育的一种发展趋势，也由经济发展水平所决定。广西经济社会的发展能为广西高校教育国际化提供经济条件和物质基础。高校教育国际化，需要经济发展来提供人力、物力和财力资源，尤其是发展教育国际化需要高薪聘请外籍师资或者是有海外留学经历的高层次人才进行授课、完善学生公寓、健全奖助学金制度以吸引国际学生，以及制定一定的财政政策鼓励高校学生和教师出国学习进修，这都需要以一定的经济发展水平为基础。2016年至2020年广西生产总值逐年增长，并从注重量的增长转变为注重质的提高，经济迅速发展，综合实力得到提高，经济上取得的发展能为教育国际化提供良好的物质基础。由于我国高校的教育总经费中有80%是国家财政性教育经费，教育经费的获得高度依赖政府的财政资助，政府的财政资助主要源于经济的增长，且从2012年开始连续8年教育经费占国内生产总值的4%②，中国统计年鉴数据显示，2018年广西一般公共预算教育经费（包括教育事业费、基建经费和教育费附加）支出927.82亿元，占区生产总值的4.7%③。由此可见，生产总值越高，政府的财政收入越高，能给予教育发展的财政资助就越多，而地方获得的公共预算教育经费也就越多。稳步增长的经济能为高校教育国际化提供更多的财政拨款，以聘请外籍教师进行外语教学、提供自治区政府奖学金、修缮留学生公寓吸引留学生，并选派优秀教师去海外进修。

另一方面，广西积极深化与东盟各国的合作，丰富合作内容，拓宽合作领域，提升合作水平，开通与东盟各大城市的航线并逐步建设铁路。广西与东盟间深度的合作对广西和东盟国家的教育发展提出了客观要求，要求教育水平和层次伴随经济水平的提高而提高，

---

① 靳希斌. 教育经济学 [M]. 北京：人民教育出版社, 2005：79.
② 魏丽娜, 周翔宇. 我国高等教育经费配置的现实困境与改进策略：基于新加坡的经验启示 [J]. 云南师范大学学报（哲学社会科学版）, 2020, 52 (5)：126-133.
③ 国家统计局. 中国统计年鉴2020[EB/OL]. (2020-09-24)[2024-03-15]. http：//stats.gov.cn/tjsj/ndsj/2020/indexch.htm.

伴随生产力的发展而发展，要求教育为逐步对外开放的经济服务，与经济发展方向同步同向，同时对高校教育培养的人才提出了新要求，高校需要培养更多掌握东盟国家语言，了解东盟国家文化，掌握商务、法律及铁路建设等知识的人才，并让他们积极投身于广西与东盟的建设和发展中。经济合作带动了广西与东盟十国的教育交流，也为广西高校学生和教师到东盟各国学习以及东盟国家留学生来桂留学提供了良好的经济基础与物质条件，使广西招收的东盟国家留学生数量居于全国前列。

二、广西经济社会发展决定广西高校教育国际化的规模与速度

地区的经济发展水平直接影响该地区教育发展的规模和速度，并对其起直接的作用。这是因为，某一地区经济的发展速度和程度，决定着该地教育体系所能培养劳动力的数量和质量。任何一个地区的教育培养劳动力的数量，以及培养从事简单劳动的劳动力数量、从事复杂劳动的劳动力数量、从事脑力劳动的劳动力数量和各种专门人才的数量都不是由个人的主观意志决定的，而受制于经济实力和经济发展水平[①]。经济发展水平越高，经济发展速度越快，越能为教育的发展提供物质基础和条件。当地区社会经济总量规模扩大、速度提高时，对教育的规模、层次以及速度的需求会随之扩大，以符合经济发展对人才所提出的各方面要求。社会经济技术水平提高，对教育的人才结构和专业结构调整的需求也会提高，使其向新的技术发展方向发展。高校教育国际化的发展对经济发展程度要求更高，高校教育国际化的各项指标如招收国际学生的数量、出国留学人数、聘请外籍教师的数量以及中外合作办学项目的规模和数量，更是需要以很高的经济水平和雄厚的经济实力为基础。

首先，广西经济发展水平与广西受教育人口数量有依存关系。经济发展水平决定了社会所能提供的剩余劳动力数量，即受教育人口数量。当经济发展水平较低、生产力较落后时，社会上办教育和接受教育的人较少，就会导致教育发展规模相对较小，发展速度缓慢。相反，当社会经济得到发展，生产力水平得到提升，综合实力逐步提高时，便有更多的人去接受不同层次的教育，学生也会选择出国留学，高校还会引进国际教师、开设国际化课程、开展中外合作办学项目等推动教育国际化发展，扩大教育的规模，加快教育的发展速度，提高教育的发展质量。近年来，广西的经济在不断发展，生产总值逐年提高，区域合作水平也不断提高，所以来桂留学生总人数增长迅速，甚至增速超过全国水平，广西高校出国留学人数也急剧增加，在2018年至2020年选派500名优秀教师出国进修[②]。

其次，广西经济发展水平会影响广西教育程度与教育年限。当一个国家或地区的经济和生产力发展水平不高时，就没有较为雄厚的经济实力、无法提供良好的物质基础，就无法延长义务教育年限、提高学生接受中等和高等教育的程度。如此，社会整体的普及教育程度将无法提高，中等和高等教育发展的规模和速度就会受到制约，更不可能去追求高校教育国际化。没有雄厚的经济实力和良好的物质基础，就没有资金和政策引进国际化师资、招收留学生、选派优秀教师和学生出国学习，也无法安排国际化课程和开展中外合作

---

① 靳希斌. 教育经济学［M］. 北京：人民教育出版社，2005：81.
② 广西壮族自治区人民政府. 广西壮族自治区人民政府关于印发广西教育提升三年行动计划（2018—2020年）的通知（桂政发〔2018〕5号）［EB/OL］.（2018-01-11）［2024-03-16］.http://www.gxzf.gov.cn/zwgk/zfwj/zzqrmzfwj/20180118-676878.shtml.

办学项目。广西的经济实力决定了广西高校教育国际化起步晚、规模小。近年来，广西经济保持良好的增长势头，发展较为迅速，并由注重量的发展转向注重质的提高，追求更高质量的教育发展，将更多的教育经费和财政拨款用于支持高校教育国际化发展，推动高校教育国际化迅速发展，提高受教育的程度，并在2021年迎来全区首个获得教育部批准的本科层次中外合作办学机构①，中外合作办学在对外开放战略中实现了重大突破。

再次，广西经济发展水平与广西教育资金支付具有依存关系。一般来说，经济发展水平较高、实力较强、生产力较为发达的国家或地区，不仅能支付较多的教育资金，而且在主要经济指标中的占比也较高，反之亦然，支付的教育经费数量对教育发展的规模和速度有直接影响。广西生产力水平比较落后、经济总量相对较小，在高校国际化的发展进程中得到的教育资金以及财政拨款也相对较少，国际化规模相较于经济发达地区而言相对较小。2018年，广西全区生产总值为19 627.81亿元，北京的生产总值为30 320亿元②，同期广西高校招收留学生人数为15 217人，而北京招收的留学生人数达到80 786人③，几乎是广西的五倍。总体而言，广西招收留学生的规模还相对较小。

最后，广西经济发展水平与广西高校学科专业设置的内容、规模和速度有依存关系。生产力的发展必然引起科学知识源源不断的积累和进一步发展，这既为更新学科专业、调整学科设置提供了客观条件，同时，生产力的发展又要求教育培养出来的人才能够适应生产力发展的水平，能够具有生产力发展所需要的知识和技术，这又对教学内容的选择和改革以及学科专业设置提出了必然要求。广西经济社会的发展推动高校教育国际化与时俱进，必须及时淘汰落后陈旧的内容，增添与时俱进的内容，用先进的科学知识代替陈旧的知识，还要合理优化课程结构，调整课程设置方向。现代科学知识包括自然科学和社会科学知识在内的结晶和成果，大多体现在教育阶段的课程内容、设置和结构之中，科学本身及其发展进程、方向决定了学校的教育内容和方法。经济发展，科学技术水平提高，对人才的要求提高，学校的学科专业、课程门类、课程结构和课程内容也有所改变。经济往不同方向的发展，会影响部分专业与学科的兴起，自然也会影响部分专业与学科的衰落。广西经济扩大开放程度，和东盟各国密切合作，推动一大批与之相关的专业和学科兴起，扩大学科规模，加快学科发展速度，如推动东盟各国语言、文化、国际商务、国际贸易等学科扩大招生规模，加快这些相关学科专业的发展速度，高校重视跨文化、国际化的课程设置。而且，随着广西经济的高速发展以及当代科学技术的日新月异，高校教育的内容还将不断推陈出新。

三、广西经济社会发展推动广西高校教育国际化进一步发展

广西经济发展势必会引起区域产业结构、生产技术结构的调整，广西高校教育国际化也将随之进一步发展以适应经济结构优化。经济发展重点的不断转移和新职业的不断涌

---

① 广西壮族自治区教育厅. 北部湾大学首个中外合作办学机构获批［EB/OL］.（2021-05-24）［2024-03-16］.http://jyt.gxzf.gov.cn/jyxw/jyyw/t8980116.shtml.

② 北京市统计局 国家统计局北京调查总队. 北京统计年鉴2019［EB/OL］.（2019-11-05）［2024-03-16］.http://nj.tjj.beijing.gov.cn/nj/main/2019-tjnj/zk/indexch.htm.

③ 中华人民教育部. 2018年来华留学统计［EB/OL］.（2019-04-12）［2024-03-16］.http://www.moe.gov.cn/jyb_xwfb/gzdt_gzdt/s5987/201904/t20190412_377692.html.

现，要求高校教育国际化能够培养出与之相适应的各级各类人才①。因而，各高校不断调整教育体制、培养目标、专业设置、教育内容和方式手段，根据经济发展需要设置新专业，使高校教育国际化与经济发展相一致，提高教学的适用性，使高校教育国际化进一步优化。

教育的根本目的是培养和造就人才，地区的生产力水平和经济实力会制约该地区教育培养人才的数量和质量。随着广西社会生产力水平的逐渐提高和经济实力的增强，广西从注重量的增长转向注重质的增长的新阶段，教育也开始注重质的发展。广西高校教育国际化的目的发生了变化，新的经济发展阶段对国际化人才培养提出了新要求。高校以前培养的纯外语人才难以满足广西经济社会发展以及对外交往对"一精多会""一专多能"的高水平人才的需求。为此，习近平总书记提出，外语学科要用好学科交叉融合的"催化剂"，采取多元化发展路径，培养复合型人才②。因此，广西高校在发展高校教育国际化进程中调整教育目标，培养"外语+X"人才，适应"一带一路"多元复合人才的需求，实现"一带一路"人才的多视角培养。例如，广西财经学院以课程、师资和管理三位一体国际教育平台为支撑，构建适应中国-东盟区域经济发展的国际化应用型人才培养体系，在会计专业设有东盟国际会计方向班，实行导师制、小班教学和出国访学，引入国际课程，培养具有国际化视野和能力的会计人才③，要求学生既掌握一门外语尤其是东盟国家语言，又掌握会计学专业知识；学生既在国内学习，又前往东盟对象国学习语言、文化和专业知识，以满足两地区间的经贸合作发展需要。

近年来，广西的经济迅速发展，技术也不断突破和发展，而技术进步和发展必将引起国民经济技术结构的改变，技术结构决定了劳动力的水平结构，经济技术结构的改变推动教育不断调整自身的级别结构，不断提高受教育者的教育水平。不同地区的经济结构有所不同，不同的经济结构代表着不同的产业结构和劳动技术结构，不同的产业结构和劳动技术结构需要不同的各级各类学校来为生产力进步和经济发展培养与之相适应的人才。地区产业结构和生产技术水平会影响教育的专业设置、课程设置和课程结构。相较于2019年，2020年广西的第二、第三产业增加值最多，第二和第三产业增加值占生产总值的比重达到84%④。专业设置为了能适应经济结构的转变和科学技术的发展需要，为产业结构变化服务，与第二、第三产业相关的学科专业比例呈增长趋势，例如，金融类、法学类、文科类等专业迅速增加。国际学生来广西高校留学，学习的专业主要是文学、国际关系和国际贸易等，高校学生出国也主要是学习金融、工商管理、东南亚小语种等专业。无论是来桂留学生还是广西出国留学的学生，学习的大多数是和第二、第三产业相关的专业。此外，高校要敢于打破现有学科的分类布局，创新学科分类，加强不同学科的交叉和融合，结合广西和东南亚国家接壤的区位优势，开发跨专业、跨学科的"一带一路"专业学科⑤。

---

① 史万兵.高等教育经济学[M].北京：科学出版社，2004：270.
② 习近平.坚持中国特色世界一流大学建设目标方向为服务国家富强民族复兴人民幸福贡献力量[N].人民日报，2021-04-20.
③ 广西财经学院官网.会计与审计学院简介[EB/OL].(2021-06-02)[2024-03-16].http://www01.gxufe.edu.cn/81/ksjxy/news/162260276074532870.html.
④ 广西壮族自治区统计局.2020年广西国民经济和社会发展统计公报[EB/OL].(2021-03-23)[2024-03-16].http://tjj.gxzf.gov.cn/tjsj/xwfb/tjxx_sjfb/t8328464.shtml.
⑤ 魏艳，黎永强.高等教育国际化动因、策略及国别研究[M].北京：光明日报出版社，2020：232.

经济的发展、科学技术的进步、信息技术的广泛应用，都将为教育组织形式的变革和教育手段的更新提供条件。远程教育、网络教育及多媒体教育等形式，不仅是教育组织形式的改变，还将从基本上更新教育技术手段①。科学的发展决定教育方法的发展和进步，突发公共卫生事件严重阻碍了学生出国留学和海外学生来华来桂留学的进程。然而，得益于经济的发展和互联网技术的进步，学生可以通过网络上课的形式接受海外教育，足不出户就可以享受到出国留学所追求的优质教育资源，使广西高校教育国际化得以正常发展。科学的发展与技术的进步最终必须以社会经济的发展为依托，以物质资料的生产为前提。经济发展对教育的方法起决定性作用，而且伴随经济的发展、技术的突破和5G的万物互联，教育的方法和手段也将会日益多样化和便利化。

广西经济发展使人们可支配收入增加、生活水平提高，社会财富和财政税收不断增加。一方面，社会可以提供更多教育机会和多样化的教育选择。另一方面，普通家庭也有经济实力加大对教育的投入。广西经济水平不断提高，对外合作进一步深化，教育上也在不断探索一条依靠区内高校与境外国家或地区有关机构和个人合作办学等多种形式办学的新道路。广西很多高校与国外高校共同办学，组建二级学院、开展中外合作办学项目或中外合作办学机构，通过中外教育资源的共享，为广西经济发展和对外合作培养大批实用型的国际人才。例如，广西大学国际学院与美国东密歇根大学以及美国中田纳西州立大学进行合作，开设信息安全、金融数学、金融学和工商管理四个中外合作办学专业，以"3+1""3+1+1"的模式共同培养学生。②

第四节 广西高校教育国际化助力广西经济社会发展

一、广西高校教育国际化是广西经济社会发展的动力源

（一）广西高校教育国际化把可能的生产力转化为直接的生产力

马克思认为，人是生产力中最重要的因素，能在生产力中起作用的人是具有一定知识、生产经验和劳动技能的人，而不是任何人都能促进生产力发展。当人们具有一定的知识、经验和生产技能时，就是直接的生产力；当人们处在婴儿或是青少年时期，不具备劳动技能和生产经验时，只是一种潜在的可能生产力。而在把可能生产力转化为能促进广西经济社会发展的直接生产力的过程中，教育起到了必不可少的作用。教育教给人们知识和技能，使受教育者成为具有一定知识和能力的劳动者，掌握生产技术，积蓄本领和才干，然后去到不同的工作岗位，参与社会生产发展，从而变成直接生产力。同时，马克思主义还提出，虽然科学是知识形态的生产力，但是当科学知识还没能够转化为生产工具并被劳动生产者所掌握时，它只能是一种生产的精神潜力③。科学技术是第一生产力，是推动现代社会经济增长的源泉。要让科技发挥第一生产力的作用和推动经济发展，直接将科技运

---

① 张学敏. 教育经济学[M]. 重庆：西南师范大学出版社，2004：60.
② 广西大学国际学院. 广西大学中外合作办学及校际交流项目概况[EB/OL]. (2016-04-11)[2024-03-15]. https://gjxy.gxu.edu.cn/hzbx/bxgk/xmjs.htm.
③ 娄成武，史万兵. 教育经济与管理[M]. 北京：中国人民大学出版社，2004：25.

用于生产过程,需要把科学技术和其他各项现有的生产要素相结合,并使其发挥效用,变成为社会创造物质财富的能力。要促成科学知识的这种转化,教育是一个非常重要的条件[1],教育是使科学转化为生产技术的中间环节。教育能使劳动者掌握科学知识,使劳动者成长为能够制造和操纵现代化机器设备的人,使劳动者成长为在科学上有所发现、发明,在生产技术上有所创新的人,使劳动者成长为能够适应现代化生产的生产管理人员,这些劳动者成长为生产者时,便构成了直接生产力的重要组成部分,从而把可能生产力转化为直接生产力。从一定意义上说,教育培养人的过程,就是把可能生产力转化为直接生产力的过程。因而,教育对生产力的发展起直接推动作用。

广西高校在教育国际化的进程中,注重"外语+X"的培养模式,要求学生不仅应具备扎实的外语功底,还应学习国际关系、国际贸易、法律等专业知识或其他科学知识,使接受国际化教育的学生成长为掌握科学知识、劳动技能和国际化知识与能力的劳动者,并将科学知识、劳动技能和国际化知识与能力转化为直接生产力,从而进一步推动广西经济社会发展。

(二) 广西高校教育国际化实现了科学知识的再生产

广西要利用科学技术促进经济增长,关键是要发展科学技术、优化技术结构,从而推动广西科学技术的进步。这是因为科学技术成为第一生产力,形成了科学、技术、生产三环节统一的过程和新的生产体系,这个体系发生变化是从科学这一环节开始的。科学是现代技术、生产的初始阶段。因此,在科学领域取得的突破必定带来科学技术的进步和社会生产的发展。专职科研机构、教育部门和企业是推动一国科学技术发展的主要力量。其中高等学校是重中之重,因为现代高等学校工科、理科、文史类等学科门类齐全、各领域专家人才集中、先进科学知识密集、各学科学术研究力量雄厚、各种仪器设备先进,能够为科技进步和科学技术发展提供必需的人力和物力条件。现代高等学校包括发展教育国际化的高校,广西发展教育国际化的高校更是具有传统高校所不具备的优势,例如,国际化师资能带来国际先进理念和技术,国际学生具备不同的文化背景容易产生新的思想碰撞,合作办学以及国际交流能共享优质的教育资源和技术等。

科学知识的一次传授过程便是一次再生产的过程。现代高等学校处于科学发展前沿,向广大青年学子传授相关科学文化知识的过程便是一次再生产的过程。通过学校教育实现的这种科学知识再生产是一种永恒的无限的再生产。学校教育把前人已经创建的科学知识不断再生产出来,教给一代又一代的学子并永续传承。通过传承和积累,有限的知识逐步发展为无限的知识[2]。而且,只要人类社会一直发展,这种生产便将永无止境地进行下去。这种再生产也是一种扩大再生产,因为由教育所进行的这种知识传播,可以使更多人了解并掌握原来只有少数几个人掌握的科学知识,广西发展高校教育国际化更是让这种传播打破地域和国家的界限,不断扩大其传播范围,形成原子裂变式的辐射,让来自不同国家的学子在广西高校掌握更多的科学知识和技术,同时把其他国家先进的、不同的科学知识和技术带回广西,实现资源和知识的共享,推动科学知识的再生产。学校所进行的科学知识再生产又是一种耗时短、效果好的再生产,它通过有效的组织形式和方法,一定程度上缩

---

[1] 范先佐. 教育经济学 [M]. 北京: 人民教育出版社, 1999: 82.
[2] 娄成武, 史万兵. 教育经济与管理 [M]. 北京: 中国人民大学出版社, 2004: 29.

短了再生产知识所需的劳动时间。

(三) 广西高校教育国际化可以生产新的科学知识、新的生产力

广西高校教育国际化通过提高劳动者素质，推动产业结构升级促进经济增长。舒尔茨认为，可以通过提高劳动力素质来促进经济增长与发展，主要表现在以下几个方面：第一，在一般条件下，使劳动者学到更多的知识和掌握更多的生产技能并熟练运用，会提高劳动生产率，进而推动社会经济的稳步增长和发展，因为提高人的质量是推动现代经济增长与发展的主要力量，在生产过程中劳动者身上所具备的科学知识、综合能力越来越影响生产发展。第二，在技术瞬息万变的社会生产经济中，不断提高人的"处理不均衡状态的能力"，会带动劳动生产率的持续提高，从而使经济不断发展和增长。"处理不均衡状态的能力"是指在动态的经济条件下劳动者有意识地、自主地根据经济条件的变化重新分配他们的财产、劳动、时间等资源的能力，这种能力可以通过接受教育而提高。面对当今社会经济环境的快速发展，谁拥有灵活调配资源的能力，能迅速重新分配自己的资源去应对当前经济出现的变化，谁就能先达到较高的劳动生产率。第三，人们能有效分配时间和高效利用时间，也有助于提高劳动生产率，促进经济的增长和发展。因为现代经济增长的属性之一是提高了时间的价值。[①]

此外，产业结构不断优化升级是区域社会经济增长的重要源泉之一。从某种意义上说，一国经济发展的过程就是该国产业不断优化升级的过程。第一产业的农、林、渔业向第二、第三产业的金融、贸易、服务业等升级，从劳动密集型产业向资本密集型产业升级，再向知识和技术密集型产业升级。有很多因素影响着产业升级的过程，例如，劳动的分工和生产的专业化、技术进步、教育发展以及人力资本的积累等，其中教育起基础性和先导性作用。人才的高度决定产业发展所能达到的高度，产业结构的优化升级与发展必须以掌握相应知识技能的高素质劳动者为基础。教育通过集中传授知识技能，提高受教育者的综合素质与各方面技能，为产业优化升级培养人力资源创造了必要的前提。大量的实证研究也表明，一个国家的教育发展状况及通过教育培养所形成的劳动力数量、质量深刻影响着国家的产业结构，当从劳动密集型的第一产业转向知识和技术密集型的第二、第三产业时，需要大量拥有现代化生产知识和技能的劳动者，这些劳动者要接受教育才能掌握知识和技能，从而为产业结构优化升级提供人力资源基础。在当今的信息时代和网络社会中，科学技术更新换代迅速、知识加速创造与应用，各国纷纷发展以重大科技突破和重大发展需求为基础，能引领经济社会发展、知识技术密集、成长潜力大、综合效益好的战略性新兴产业，这些新兴产业对教育和人力资源都提出了更高的要求，要求人力资源有更广阔的国际视野、掌握国际前沿的知识和技能，这就需要广西高校发展教育国际化、提供合适的人才，推动产业优化升级，从而促进经济增长。

现代科学技术一日千里，瞬息万变，更新换代速度飞快，要避免知识的陈旧老化，就要发展教育，不断更新和充实教育内容。高校在教授、传播科学文化知识过程中，必然涉及否定和批判旧有的科学材料和理论，以及探索新的科学理论和开发新材料，通过进行各项科学研究，产生新的科学知识，在精神方面发挥作用。广西高校教育国际化拥有国际合作交流平台、国际师资和国际学生，学生可以接触到国际上的新理论、新兴技术和先进实

---

① 范先佐. 教育经济学 [M]. 北京：人民教育出版社，1999：97.

验设备，学习到新知识，也不断创造新的科学知识，攻克难关，用新的科学知识武装头脑，日后走上工作岗位能够创造出新的生产力，推动物质生产。广西高校派送学生出国留学，学习别国先进技术和经验，留学生回国后把新技术带回广西，在工作中和同行交流以及直接用于生产，创造新的生产力。从改革开放至今，我国的出国留学人员、留学回国人员数量都在逐年增长，特别是党的十八大以来涌现归国热，出现留学回国人员数量大幅增长的情况①。这些留学人员和归国学子学成后带着先进的科学知识和技术回到广西发展，能营造新景象、开辟新局面，推动生产发展。同时，通过科学研究还形成科学技术生产体系，在实验室研制、创造出许多新的、高效率的生产工具和新工艺，可以直接用于物质生产过程，生产部门和企业得以运用新的科技成果、新的生产工艺，开发和完善新产品，加速生产力的发展。2015年至2019年，广西高校教育国际化规模不断发展的同时，科学技术也不断得到发展，专利申请数和拥有有效发明专利数逐年增加，专利申请数从2015年的4 613项发展到2019年的6 373项，增长28%，拥有的有效发明专利数从3 731项增长到8 176项，增长了约54%②。这些专利发明有效地促进了物质生产过程，从而推动广西经济社会发展。

广西高校教育国际化可以生产新的科学知识、创造新的生产力，为社会发展提供动力。高校充分运用聚集的人才、实验设备等资源进行科学研究，一方面产生新的科学知识、取得新发现，发挥精神层面的作用；另一方面形成科学技术生产体系，在实验室里研制、创造出许多新的生产工具和新工艺，直接参与物质生产过程并在其中发挥重要作用，提高生产效率，从而推动生产力的发展。总之，广西高校教育国际化能促进生产力发展，既表现在生产新知识的精神方面，也表现在劳动力再生产和生产力的物质要素方面。可以说，高校教育国际化影响着现代生产力的各种因素，它直接推动生产力向更高水平发展，为经济社会发展提供动力源。

（四）广西高校教育国际化提升教育开放水平，促进经济增长

教育对外开放促进经济增长主要体现在接收和派遣留学生的留学教育和国际文化教育交流与合作两方面。这两方面可以通过多元路径深化中外经济交流与合作，扩大消费贸易、增加合作双方投资、创新生产技术以及形成高质量人力资本，促进经济社会持续地繁荣发展。广西高校教育国际化是发展留学教育和国际交流与合作的重要力量，高校教育国际化通过提升广西教育开放水平，促进广西经济社会的发展。

在留学教育层面，首先，来桂留学生既可以带来直接经济收益，又可以创造经贸效益。留学生付出的留学费用是一个国家消费总量中的重要组成部分，各国来桂留学生的学费、生活费、医疗费等各项消费支出能增加广西消费总量，促进消费。研究发现，来华留学生的人均消费是中国人均消费的2.7~3.7倍③。发展广西高校教育国际化，能推动来桂留学教育的发展。广西高校每年接收大量的东盟留学生，这些留学生的消费拉动了广西的经济，对经济发展有促进作用。同时，来桂留学教育能推动我国和留学生生源国之间的双

---

① 中华人民共和国教育部. 十八大以来涌现归国热，留学回国人员大幅增长[EB/OL].（2020-12-22）[2024-03-16]. http://www.moe.gov.cn/fbh/live/2020/52834/mtbd/202012/t20201222_506965.html.

② 广西壮族自治区统计局. 广西统计年鉴2020[EB/OL].（2020-10-24）[2024-03-16]. http://tjj.gxzf.gov.cn//tjsj/tjnj/material/tjnj20200415/2020/zk/indexch.htm.

③ 吕娜. 来华留学教育与中国经济发展研究[D]. 北京：财政部财政科学研究所，2015：26-27.

向贸易，通过增加双边贸易额创造贸易效益，促进广西经济增长。其次，留学归国人员促进经济增长，海外留学人才在我国人才结构中属于高端人才，他们一般掌握国际先进的知识技术、拥有广泛的国际联系与国际化的商业理念，甚至拥有部分技术专利，具备自主知识产权。有研究指出，留学回国的创业者中，有80%的人带回来的技术处于国际领先水平或能填补国内空白[①]，这些高素质的海外留学人员回归，能积累人力资源、增加我国人力资本存量，推动我国科学技术不断更新换代，提升到较为先进的水平，促进广西社会经济发展。他们还能建立跨国关系网络，利用在海外留学的资源发挥自身优势吸引更多的外商直接投资，从而为本土企业引进大量海外资金。大量海归精英成为跨国公司在华在桂分部的中坚力量，助力跨国公司对华对桂投资，促进经济增长。最后，留学不归国人员也能促进经济增长，留学后留在国外发展的人才也可以以灵活、多样的方式为地区发展服务，为广西经济社会发展贡献自己的力量。根据国际移民理论中的"离散者选择"理论的观点，海外侨民可以在海外或祖籍国贡献先进的知识和技术促进祖籍国生源地的进步和发展。在人才流动的过程中，虽然人才暂时流出本国，但是部分有效信息、先进技术、前沿知识和资本则通过各种形式回流到人才的祖籍国[②]。某研究指出，78%的华裔科技人才在一生中至少与母国有一次互动，49%的人通过在国外或母国举办相关领域知识讲座、开展教学和召开研讨会等方式与国内进行交流互动，17%的人与国内高校、机构或企业等组织保持合作关系。许多广西高校去东盟以及美洲、欧洲等地留学并留在当地的学生，都加入了当地商会、跨国公司等组织，为所在组织与我国甚至广西的经济发展服务。

在国际交流与合作层面，开展国际合作研究和举办国际学术会议能促进合作双方文化交融，加强不同国家和地区之间在学术研究方面的联系与沟通。截至2021年，广西已成功举办五届中国-东盟民族文化论坛、四届中国-东盟高等教育合作论坛，广西高校与东盟各国共同交流民族文化问题，探讨高等教育发展问题；广西大学设立东盟研究中心，广西民族大学与泰国、老挝、印尼等地的高校合作开办孔子学院和孔子课堂，加强国际合作研究与交流。国际合作研究和国际学术会议还能提供思想交流的平台，推动各项技术和科学知识在国际范围内的交流与合作，促进知识和技术创新，共同推动合作双方经济、社会以及文化的发展。广西高校发展教育国际化会推动中外合作办学的发展，中外合作办学，一方面能够拓宽教育经费筹措渠道，丰富办学资金来源，将国际资本引进到广西高校教育，使教育发展获得充沛的资金；另一方面能够更好地满足人们对高层次、国际化的高等教育资源需求，利于部分教育资本回流。我国普通高等教育毛入学率已超过50%，但是高层次的优质高等教育资源仍然匮乏，造成部分学生去海外留学，教育资本大量流向海外，尤其是深受学生喜爱的发达国家。广西高校开展中外合作办学可以让部分学生以相对稍低的费用在本土就接受外国的教育、享受优质的教育资源并得到外籍教师授课，降低优质生源流入其他国家的概率，促进部分教育资本回流，也培养了大批高素质、高水平的学生，利于增加广西的人力资本存量。在广西高校发展教育国际化的进程中，聘请了大量的外籍教师。一方面，他们会通过增加在桂消费支出的方式增加广西总的消费额，从而拉动广西的经济增长，外籍教师在桂工作期间的生活费、医疗费、购物费等各项生活开支也能促进广

---

① 姬虹. 留美科技人才资源对中国经济社会发展的影响［J］. 社会科学院研究生院学报，2014（4）：135-144.

② Meyer J-B, Charum J, Bernal D, et al. Turning brain drain into brain gain: The Colombian experience of the diaspora option［J］. Science Technology&Society，1997，2（2）.

西的消费。另一方面,外籍教师在桂任教期间增加了区内的人力资本存量,同时他们培养的学生也为广西增加了人力资本存量,从而为经济增长提供了高质量的人力资源基础。内生增长理论认为,人力资本与知识积累是促进内生技术进步的关键因素,是现代经济增长过程中的重要组成部分,地区经济的可持续增长得益于该地区人力资本的不断累积,人力资本既可以直接作用于经济增长,也可以通过影响物质资本的投资间接影响经济增长。总的来说,外籍教师来广西高校任教不仅可以通过自身消费直接提高总体消费水平,还可以在一定时期内通过增加区内人力资本存量促进广西经济增长,而广西经济稳步增长、基础设施不断完善,又能吸引更多外籍教师来桂教学,从而形成良性互动。

广西高校教育国际化可以让区内高校和国际高校通力合作,提高教育开放水平,通过留学教育和国际交流与合作拉动消费、增加人力资本存量以及加强合作,从而促进经济增长。

二、广西高校教育国际化为广西对外合作交流提供高素质人才

教育为经济发展提供人力资本,通过提高人力资本质量提升全要素生产率,从而促进经济增长。全要素生产率指能促进经济增长的要素,如人力资本、技术进步、管理创新、组织创新等各方面因素,其中人力资本是驱动全要素生产率的重要成分。内生增长理论认为,接受过良好教育的劳动者,综合素质更高、适应性更强,更能适应因为社会经济和科学技术的迅速发展而导致的全社会范围内的劳动岗位变换和日常的工作流动,能更快适应变化的工作组织环境,更迅速地投入工作中,并且更善于驾驭新的工作环境,符合日新月异的大环境需要,从而减少适应时间,提高工作效率,推动经济增长。该理论强调在经济发展中通过教育形成的人力资本的重要性[1]。高校教育国际化是形成人力资本的一种形式,通过国际化的教育提供人力资本。"知之而后行之",要发展和提升个人能力,提高人力资本的质量,首先要多渠道、多方面了解信息,这离不开国际化视野的培养。只有具备一定的国际化视野,学生才能有多方面了解信息的途径,能以全球化的思维思考问题,将自身发展与时代要求相结合,促进个人学习能力提升、个人素质不断发展。因此,广西高校教育国际化培养有利于进一步完善个人教育,使学生接触到不同国家的文化、信息,提高学生个人的素质和能力[2],从而为经济社会发展提供高素质人才。

首先,教育是劳动力生产以及再生产的重要内容、必经过程与主要手段。劳动力再生产过程包含两个阶段:一是人的自然成长过程、生命过程,这一阶段主要是形成人的体力;二是对人的教育和训练过程,这个阶段形成劳动者的脑力和智力,实现社会劳动力的生产再生产[3]。学校通过有目的、有组织、有系统的教育和训练培养一支有数量和质量保证、能够适应市场经济和科技发展需要的各种层次及各个领域的管理者队伍。广西高校教育国际化培养面向东盟国家的学生,这些学生接受国际化教育后能学习中国和东盟国家的经济文化知识,了解各个国家的人文历史和风土人情,掌握国家间交流所需要的经济贸易、法律、外语等知识,掌握互联网、铁路、医疗卫生等方面的专业技术。因此,高校教育国际化为广西与东盟国家经济贸易往来提供大批高素质人才。

---

[1] 闵维方. 教育促进经济增长的作用机制研究 [J]. 北京大学教育评论, 2017, 15 (3): 123-136+190-191.
[2] 梁玉, 潘慧儿. 大学生国际化能力培养路径及对策 [J]. 教育教学论坛, 2021 (16): 181-184.
[3] 靳希斌. 教育经济学 [M]. 北京: 人民教育出版社, 2005: 83.

其次，教育可以通过培养非物质生产部门的人才，即上层建筑、意识形态各个领域的人才，为非物质生产部门培养并储备人力资源，增强社会生产力。因此，广西高校教育国际化中培养掌握国际关系、法律和金融等方面的人才，为非物质生产部门工作，使物质生产领域和非物质生产领域相互影响，相互促进。教育能影响人成长过程中的方方面面，通过培养全面发展的人才，促进经济增长。特别是在现代化机器大生产的条件下，教育的作用更加凸显。法约尔认为，一名经济管理人员必须具备身体的、智力的、精神的、教育的、技术的、经验的素质等方面的条件，提出提高管理者素质是十分必要的[①]。现代经济管理人员，必须掌握自然科学、社会科学的基础理论和知识，需要掌握经济学、管理学相关的专业知识。而这种必备的知识以及提高管理人员素质必须依靠教育，尤其是学校教育和在职培训。学校培养出来的各种管理人才经过实践锻炼，积累生产经验，把理论知识和实践相结合，才能胜任管理者岗位，做好管理工作。教育还可以在较短的一定时期内，用相对较少的人力、物力、财力，让受教育者系统地掌握现代科学知识，以及现代经济管理知识、方法和手段。特别是随着企业规模的扩大，生产技术与通信技术的迅速发展和国内市场环境竞争的加剧，广西有不少企业发展壮大，走出国门，其所要求的人才既要掌握扎实的科学知识、有深厚的外语功底，又要掌握丰富的生产经验和技术，还要与时俱进、掌握新知识和新技术，知识更新速度也要跟上瞬息万变的科技发展。广西高校教育国际化利用其独特的国际优势能够培养这样的复合型人才，支撑企业或政府机构在海外的发展。同时，广西高校培养的国际学生回国后大部分选择去中资企业工作，这也为在海外的中资企业或者组织提供了不少人才。此外，教育还能使管理者的决策水平和管理水平更上一层楼。在当今高速发展的社会，经济社会活动的规模越来越大，经济发展面临的情况越来越复杂，既要进一步提升管理者的决策水平和管理水平，又要依靠科学家、技术专家、经济专家、管理专家从专业的角度为各项决策提供科学的依据和方法以作参考，这就需要培养数量充足的、高质量的直接为决策和管理服务的软科学队伍[②]。广西政府要充分发挥广西民族大学东南亚国家语种人才培养基地和广西大学、广西医科大学特色学科的优势，利用高校教育国际化培养的这些高素质管理者在日常工作和组织决策时的建言献策，聚集他们的智慧和力量，促进中资企业的发展，同时为东南亚国家培养医科类及综合型人才，例如，老挝的部分医生在广西医科大学学习或进修过。广西建立了中国-东盟人才开发与合作基地，提供双方交流合作平台，成功举办多期面向大湄公河次区域国家的专业技术培训班，给予大批学员接受培训的机会[③]，相关领域专家向东盟国家学员传授种植、养殖和铁路建设等领域的知识和技术，为大湄公河次区域国家培养各类人才，从而为广西对外合作交流做出贡献。

最后，学校教育具有明确的目的性和方向性，是专门培养人的活动，能够根据一定的社会政治经济和生产力发展的需要，按照一定的方向，选择相应的内容，采取有效的方法，利用大段集中的时间，对人进行系统的教育和训练，使接受教育的人获得比较系统的

---

① 哈罗德·孔茨, 西里尔·奥唐奈. 管理学中译本 [M]. 中国人民大学工业经济系, 译. 贵阳: 贵州人民出版社, 1982: 47.
② 范先佐. 教育经济学 [M]. 北京: 人民教育出版社, 1999: 89.
③ 广西壮族自治区发展和改革委员会. 广西壮族自治区区域经济合作与发展报告（2010—2012年）[M]. 南宁: 广西人民出版社, 2013: 29.

科学文化知识和技能，不断开发和运用新技术，进而更快实现技术进步。受过国际化教育的劳动者掌握丰富的科技知识、有良好的认知能力，能推动技术进步，有积极的工作态度和较强的人际交流与合作能力。接受更高层次的教育不仅可以提高劳动者的认知技能、可培训性和可塑造性，还可以使劳动者对日新月异的劳动力市场和工作环境的适应性大大提高，从而提高劳动生产率，以实现通过教育达到促进经济增长的目的。广西高校教育国际化可以为受教育者提供更高水平、更全方位的教育。广西扩大对外开放的步伐，积极与东盟国家、北部湾地区、大湄公河次区域等国家和地区进行经济合作与交流，广西高校教育国际化便是根据广西对外合作交流以及扩大开放程度的需要，面向东南亚，选择以将东南亚国家的语言和会计金融、国际贸易等领域相结合的内容开设相关专业，为广西与周边国家和地区的经贸往来以及文化教育等合作交流培养高素质的复合型人才，增加广西进出口贸易额，推动广西经济社会发展，例如，广西民族大学东南亚语言文化学院开设7个东盟国家语种专业，2001年成为首批教育部国家外语非通用语种本科人才培养基地；广西财经学院开设东盟国际会计方向班，广西大学开设中美国际班等。

第四章 广西高校教育国际化发展现状及其机遇与挑战

第一节 广西高校教育国际化发展的基础、历程及特点

一、广西高校教育国际化发展的基础

(一) 广西高校教育国际化发展的外部条件

广西有得天独厚的区位优势及经济基础，同时有便利的交通网络及开放的外部环境。通常来说，高校教育的国际化发展离不开良好的外部条件支持，如便利的交通、良好的地理位置、蓬勃发展的经济及人口集中的城市等因素，良好的外部条件有利于推动高校教育的国际化发展。

1. 广西高校教育国际化发展的区位优势

广西位于中国南疆，毗邻北部湾，南接东南亚，地处华南等经济圈接合部，在国内外合作中，广西凭借其独特的发展优势日益成为各大市场的中心枢纽。由于广西独特的地理位置，广西在西部地区与粤港澳大湾区的互联互通中发挥重要纽带作用。于我国西部地区而言，广西是便捷的出海通道，区位优势十分明显。

沿海方面，广西海岸线近1 600千米，分布着大小海岛643个，有防城湾、钦州湾等10多个港湾，以及铁山港、钦州港等20多个港口[①]。同时，广西渔业资源、滨海旅游业资源、油气资源、海洋能源十分丰富，是我国四大渔场和沿海六大含油盆地之一。广西"蓝色"潜力得天独厚，为海洋经济发展提供了良好的资源，有极大的发展潜力。

沿边方面，广西与越南在地理位置上山水相连，人文相通，广西的崇左、百色、防城港三市的东兴、防城、龙州、大新、靖西等8城边境线与越南的广宁、谅山、高平、河江4个省接壤[②]。广西的边境地区共有6个国家一类口岸、8个二类边境口岸，有20多个边

[①] 广西壮族自治区海洋局. 广西向海经济规划（2021—2035年）[EB/OL]. (2021-11-15) [2024-03-16]. http://hyj.gxzf.gov.cn/zwgk_66846/xxgk/fdzdgknr/fzgh/ghjh/t11106078.shtml.

[②] 中国新闻信息网. 广西沿边开发需解决基础设施差等问题 [EB/OL]. (2014-08-07) [2024-03-16]. http://news.xinhua08.com/a/20140807/1367475.shtml.

民互市贸易点①。

沿江方面，广西水资源丰富，有西江、柳江、漓江、南流江、北仑河等众多江流。其中，发源于贵州省望谟县的西江，流经广西境内梧州、贵港、桂平等多个城市，拥有极强的河道运输能力，并且有梧州港、贵港港等多个年吞吐能力万吨以上的内河港口。梧州市位于西江下游，有着悠久的历史，是我国古代商埠重镇，不到 500 千米便可下航至香港、澳门。此外，广西规划建设平陆运河，并预计 2029 年竣工。平陆运河建成后，广西内河将新增一个出海通道，届时西部地区及广西的航运船队可从北部湾入海，西南地区航运成本将降低，同时也利于西南地区与东盟更进一步的经济互动。平陆运河将推动北部湾形成"海铁+江海"联运新格局。因此，广西在多个国际国内区域合作中，因其独特的地理位置，有着无可取代的战略地位和重要意义。

2. 广西高校教育国际化发展的交通优势

如今，随着区域经济一体化进程不断加快，国与国之间生产要素频繁流动，陆路运输、铁路运输、航空运输的发达程度很大程度影响着一个地区的经济发展水平。经过多年的投资建设，广西的交通体系已基本建成，交通运输网络不断完善。

在公路建设方面，广西 14 个地级市皆已通高速，衡阳—昆明等多条国家高速主干线以及南宁—广州等多条区内外高速公路横跨广西。广西南宁—友谊关高速公路（南友高速）是中国首条通往越南乃至东南亚国家的高速公路。南友高速的开通意义重大，为中国与东盟的交通运输、跨境交流创造了必要条件，对中国-东盟自贸区建设有极大的推动作用。截至 2019 年年底，广西全区高速公路里程达 6 800 千米②。

在铁路建设方面，截至 2020 年，广西有黎湛、黔桂枝柳、南昆、湘桂及南防等多条铁路干线，铁路运营总里程约 5 200 千米，基本形成以南宁、柳州和桂林为主的铁路交通枢纽③。此外，南玉铁路计划于 2023 年开通运营。项目开通后，南宁到玉林的铁路运行时间将缩短至 1 小时以内，为加快广西融入粤港澳大湾区建设、构建全方位开放发展格局迈出重要步伐。

在航空建设方面，目前广西已建成南宁、柳州、桂林和玉林等 8 个民航机场，旅客年吞吐量超过 2 766 万人次④。截至 2020 年，广西已基本实现"高铁市市通、高速县县通、民航片片通、内河条条通"。随着区内交通建设及规划的完善和提升，广西将成为连接国内与东盟各国的既便利又快捷、具有极高综合效益的黄金通道。

3. 广西经济有巨大增长潜力

进入 21 世纪，广西全力实施对外开放战略，构筑对外开放新平台，以开发促发展，形成了全方面、多领域、多维度的开放布局，经济发展势头持续向好，国民经济产业结构

---

① 央广网. 峒中口岸获批为国家一类口岸 广西边境一类口岸已有 8 个[EB/OL]. (2017-12-27)[2024-03-16]. http://news.cnr.cn/native/city/20171227/t20171227_524078845.shtml.

② 搜狐网. 六省区晒 2019 年交通运输成绩单[EB/OL]. (2020-01-11)[2024-03-16]. https://www.sohu.com/a/366297056_99970599.shtml.

③ 搜狐网. 广西各个城市铁路建设及规划情况详览[EB/OL]. (2020-06-12)[2024-03-16]. https://www.sohu.com/a/401535832_120053371.shtml.

④ 广西壮族自治区投资促进网站. 广西概况[EB/OL]. (2020-11-11)[2024-03-16]. http://tzcjj.gxzf.gov.cn/tzgx/tzzn/.html.

趋于合理，呈现出稳中求进的良好态势。2020年，广西壮族自治区实现GDP（国内生产总值）产值22 156.7亿元，同比增长3.7%[①]。2003年，国务院决定东盟博览会永久落户南宁，2010年东盟自贸区正式成立，表明国家在战略层面上对广西以及东盟贸易的重视。此后，广西以"南向通道"为载体，主动融入"一带一路"建设，同时广西自贸试验区积极对接RCEP（《区域全面经济伙伴关系协定》），服务国家开放发展大局。从表4-1可以看出，广西经济总量及对外贸易额保持持续增长态势，保持快速、稳定、协调发展的增长势头。从图4-1可以看出，2004年，首届东盟博览会贸易成交额为10.8亿美元，且逐年稳步增长，2013年第十届东盟博览会成交额达到最高峰，为19.1亿美元。从表4-2可以看出，历届东盟博览会交易额持续增长，总展位数、参会客商人数等逐年递增。显而易见，中国-东盟博览会的国际影响力日益扩大，更显示出博览会极强的辐射带动作用，中国与东盟之间的开放合作将日益密切，再创新绩。

表4-1 广西生产总值、财政收入及进出口总额一览表

年份	生产总值/亿元	财政收入/亿元	进出口总额/亿美元
2017	17 790.68	2 604.32	572.10（出口274.56）
2018	19 627.81	2 790.32	623.38（出口327.99）
2019	21 237.14	2 969.22	682.02（出口377.41）

（数据来源：《广西统计年鉴2020》）

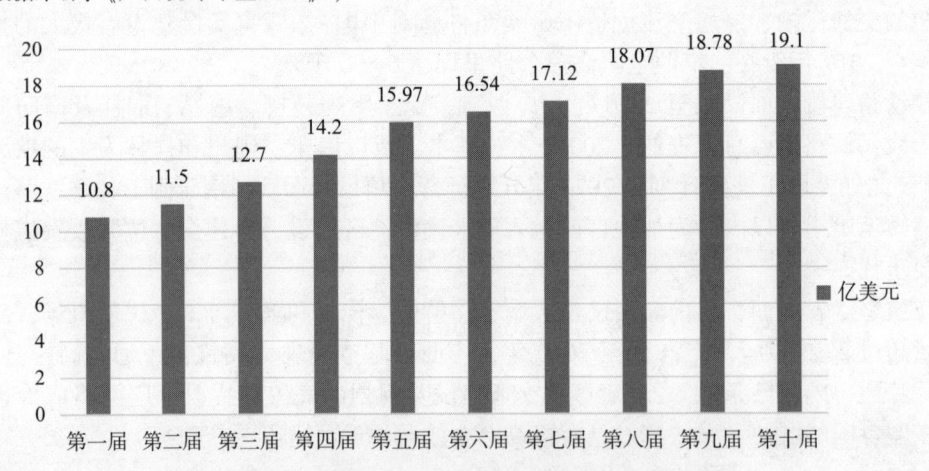

图4-1 第一届至第十届中国-东盟博览会贸易成交额

届次	亿美元
第一届	10.8
第二届	11.5
第三届	12.7
第四届	14.2
第五届	15.97
第六届	16.54
第七届	17.12
第八届	18.07
第九届	18.78
第十届	19.1

(数据系作者根据网络资料整理所得)

表4-2 第十四届、第十五届、第十六届中国-东盟博览会统计数据表

项目	总展位数/个	展览面积/万平方米	东盟展位数/个	参展企业总数/家	参展参会人数/人
第十四届	6 600	12.4	1 523	2 709	77 255
第十五届	6 600	12.4	1 446	2 780	85 352

---

① 广西壮族自治区工业和信息化厅.2020年全区生产总值（GDP）22156.69亿元 同比增长3.7%[EB/OL].(2021-01-21)[2024-03-15].http://gxt.gxzf.gov.cn/wzsy/tzgg_6719901/gxyw/t7720667.shtml.

续表

项目	总展位数/个	展览面积/万平方米	东盟展位数/个	参展企业总数/家	参展参会人数/人
第十六届	7 000	13.4	1 548	2 780	86 000

（数据来源：历届中国-东盟博览会经贸成效统计信息—统计数据—广西国际博览事务局网站[EB/OL].[2024-03-15]. http://blj.gxzf.gov.cn/xxgk/sjfb/tjsj/t652100.shtml.）

4. 广西政策叠加优势明显

高校的国际化水平与所在地区的开放程度密不可分，地区的开放程度越高，高校的国际化水平越高。广西享有多重叠加优惠政策，如沿海沿边沿江开放、少数民族自治、西部大开发等一批优惠制度。近年来，广西北部湾经济区及珠江—西江经济带开放开发、左右江革命老区振兴和桂林国际旅游胜地建设等计划先后上升为国家级战略规划，实现了国家战略规划对广西的全覆盖[1]。中央批准建设西部陆海新通道、面向东盟的金融开放门户等众多开放合作平台，陆海新通道的发展将为广西注入新动能。2019年，国务院批复同意设立中国（广西）自由贸易试验区，自贸试验区的设立给广西带来了涉及11个方面的30条优惠政策[2]，吸引了众多外资企业的接连入驻。同时，广西有11个少数民族，与内蒙古、西藏、新疆和宁夏同为少数民族自治区，享受着各项少数民族优惠政策及兴边富民政策。广西享受的优惠政策为经济发展注入了强劲动力。

5. 广西产业优势

经过多年的发展，广西工业体系门类较为齐全，培育并初步形成了以铝加工制造为主的有色金属产业、以轿车生产为重点的汽车产业、以制糖为主的食品产业、以炼油为主的石化产业、以钢铁为主的制造产业，以及以工程机械为主的机械产业，成品糖、电解铝、内燃机、多功能乘用车等产品产量居全国前列，有不小的影响力和竞争力，上下游产业链与东部地区具有很强互补性，具有坚实的产业基础，同时具备生态优势、要素优势、交通优势和人力资源优势等，为吸引国内外企业与广西开展合作夯实了基础。制糖业是广西的传统优势产业，也是广西农业的支柱产业之一。1992年以来，广西食糖产量连续居全国第一位，2005年以来，连续15年约占全国总产量的60%[3]。汽车产业是广西的主导优势产业，广西柳州具有雄厚的工业基础和深厚的工业文化底蕴，有广西柳州钢铁有限公司、广西柳工集团有限公司、花红药业和两面针等著名企业。柳州拥有东风、一汽、上汽和重汽四大汽车集团生产基地；美国通用等国际知名汽车品牌也已在柳州创立产品生产基地。同时，柳州积极开拓创新，塑造了五菱、宝骏、景逸和风行等自主品牌。柳州被誉为"中国电动汽车之都"，具有完整的新能源汽车产业链，并致力于推动新能源汽车的发展，为全国新能源汽车产业发展做出了重大贡献。在机械工业方面，广西培育了玉柴机器股份公

---

[1] 广西新闻网. 广西概况[EB/OL].（2017-12-04）[2024-03-16]. http://www.gxnews.com.cn/staticpages/20171204/newgx5a24b72d-16720034.shtml.

[2] 中华人民共和国中央人民政府. 广西推出30项优惠措施助推自贸试验区高质量发展[EB/OL].（2020-01-04）[2024-03-16].http://www.gov.cn/xinwen/2020/01/04/content_5466521.htm.

[3] 人民网. 助推高质量发展 广西发布糖业降本增效三年行动计划[EB/OL].（2020-05-09）[2024-03-16]. http://gx.people.com.cn/n2/2020/0509/c179430-34004449.html.

司、柳州建筑机械总厂和柳州工程机械股份公司等一批有实力的企业,且近年来出口销量持续增长,国外市场影响力逐渐增大。广西在有色金属、中药、农业机械、水泥、制糖、种植业、汽车和钢铁等领域具有一定的市场竞争力,与东盟国家的技术合作交流可以促进广西优势产业的发展,扩大广西优势产业的影响力。广西与东盟各国间的经济贸易交流,也推动了广西教育资源发展走国际化道路。

(二) 广西高校教育国际化发展的内部条件

1. 广西历史文化优势

(1) 跨境民族是广西与东盟各国教育交流的共同文化基础。广西与许多东盟国家毗邻,广西的壮族、京族、侗族、仫佬族、苗族、瑶族等与越南的岱依族、侬族、越族,老挝的康族等民族是同源异流的跨境民族,双方地缘相邻、文化相通、习俗相近。跨境民族有着群体特殊性,是有着共同的血缘与文化联系的同一民族,虽然拥有不同国籍,但具有共同的民族认同,在许多方面有相似或相近的文化传统。漫长的历史将广西少数民族与东南亚各国民族划分为跨境民族,形成了广西与东盟国家之间特有的跨境民族文化。据权威研究表明,广西的壮族与越南的岱依族、泰国的泰族等民族生物基因相近,远古时代的骆越人是他们的共同祖先。同时,泰语和壮语同属于汉藏语系,两者为同源关系,不少泰语的单词跟壮语相同或相近,这种特殊的人文纽带及密切的种族关系使广西与东南亚各民族在文化方面相互交融、共同发展,有助于广西持续深化与积极推进和东盟国家的国际教育交流与友好合作,延续广西与东盟的文化根基。

随着交通运输与网络技术的日益发达,广西与东盟国家之间的往来日益密切,提高了广西与东盟各国的民族亲缘感,实现了广西与东盟国家跨境民族的低成本交流,促进了更高频率的互动,为广西高校教育国际化奠定了重要基础。

(2) 广西"华人"输出是广西与东盟经贸合作的重要桥梁。我国有悠久的移民历史,从唐宋开始,由于经济贸易、交通的发展,我国华人开始移居海外。中国广西籍华侨众多,据1989年统计,全球范围内约有广西籍华人、华侨300万人,仅在东南亚各国的广西华侨就有200万人以上。其中,以越南的广西籍华人、华侨人数最多,约有130万人;马来西亚广西籍华人、华侨约有60万人;泰国广西籍华人、华侨约有14万人;老挝广西籍华人、华侨约有1万人;缅甸广西籍华人、华侨约有6 000人[①]。广西华人、华侨在东盟各国开垦荒地、辛勤劳作、兴办工商业,"二战"期间与所在国国民共同反击侵略者,为东盟各国社会经济发展做出了巨大贡献。移居东盟各国的广西华人、华侨将中国的传统文化、习俗、生活习性带到东盟各国,影响了当地的社会文化,促进了文化融合交流,提升了东盟各国对中华文化的认同感,增强了中华文化的国际影响力。因此,相较于其他地区,广西有着宗族优势、血缘优势、历史优势等众多优势,广西籍华人、华侨成为中国与东盟各国文化沟通的桥梁,这为广西与东盟各国教育合作奠定了人文基础。

(3) 文化交流是广西与东盟高校教育国际化的助推器。中国与东盟各国的文化交流源远流长。据历史记载,早在秦汉时期,我国与东南亚各国已有贸易往来。海上丝绸之路的开辟促进了中国与东南亚各国的经贸往来与交流互通。广西合浦是海上丝绸之路的起点之一,是历史上的重要港口,从合浦出发沿海西行可达东南亚各国,因此借助地缘优势,广

---

① 龚维玲. 广西华侨在东盟各国的分布情况及对当地和广西的贡献 [J]. 创新, 2009, 3 (9): 22-26.

西民众在很早以前就和东南亚各国进行经济、文化交流。此外，广西百色田东县曾是中国与越南两国之间的贸易点。

我国与东盟各国有着深厚的情谊，早在20世纪50年代，我国就与越南、缅甸、柬埔寨等国建立外交关系；在20世纪六七十年代又陆续与老挝、泰国、马来西亚、菲律宾等国建交。进入21世纪，我国与东盟各国关系迅速升温，双方开展了形式多样的文化交流。如今，文化交流更为频繁与多样化，既有国家高层、地区之间的往来，也有着民间团体、高校、个人之间的交际往来。2005年，在文化部长会议中，中国与东盟签署了相关备忘录，双方一致同意加强文化交流合作，致力于保护文化遗产，加强文化产业合作。2006年，广西南宁举办了第一届"中国-东盟文化产业论坛"，中国与东盟在会议上共同发表了《南宁宣言》，提出要将论坛打造成文化产业交流的综合平台。此后，此论坛每年举办一次。2021年第十六届"中国-东盟文化产业论坛"在南宁市举办，主题为"文化产业高质量发展与国际合作"，论坛的举办成为广西与东盟各国文化交流的重要平台，推动了双边文化的繁荣发展。在文化交流方面，广西积极参与文化对外交流活动。2010年4月，中国与东盟签署了《广西与东盟文化合作行动计划》，举办了"广西文化周"，建立了中国-东盟文化交流培训中心，启动了帅元国际山水实景演出项目，构建了博物馆"10+1"交流合作长效机制等，这些丰富多彩的活动向东盟国家推介了广西文化，使广西文化走出国门，并在东盟市场占据一定份额，拓展了广西与东盟各国的艺术交流合作，促进了广西高校与东盟各国艺术教育的发展，展现了广西独特的魅力，打造了中国文化走向东盟的前沿窗口，对双边文化发展有重大意义。近年来，广西与东盟各国文化交流领域不断扩大，交流内容也越来越丰富，涉及教育、科学、电视、电影、旅游等众多方面。网络的发展，提升了广西与东盟国家交流的便捷性，加深了文化交流的深度，广西与东盟的文化交流趋向于规范化、制度化，双方的交流合作有了更多保障。广西与东盟的文化交流合作扩大了广西对东盟国家的文化影响，筑牢了双方文化交流的根基，助推中国-东盟教育交流合作，双方合作道路更为平坦。

此外，东盟各国的来华留学教育历史悠久。截至2020年，东盟国家在广西留学生逾万人。广西高校凭借办学层次齐全、学费相对低廉的优势，不断吸引东盟国家的留学生，广西高校与东南亚国家的教育合作日益加深。

2. 广西的办学优势

广西有众多办学优势，广西民族大学以东南亚语言学为依托，发展特色学科，打造学科品牌，开设了缅甸语、越南语、印度尼西亚语、马来语、泰语、柬埔寨语及老挝语等语言专业，并开创与东盟国家高校联合培养非通用语种人才的"2+2""3+1"模式。同时，广西民族大学定期举办大学生非通用语种专业技能竞赛等活动，提高了人才培养质量。广西大学等高校在泰国、印度尼西亚、越南及老挝等国建立7所孔子学院，适应当地需求，开展形式多样的汉语教学和文化交流活动[①]。广西财经学院"东盟国际会计人才培养创新实验区"是国家级人才培养创新实验区建设项目。

3. 广西重点学科发展

为更好地服务社会和发展广西经济，广西高校紧密结合广西的区位优势及人文底蕴，

---

① 中华人民共和国教育部. 广西壮族自治区发挥区位优势 着力打造面向东盟教育合作交流新高地[EB/OL]. (2018-12-17)[2024-03-16]. http://www.moe.gov.cn/jyb_sjzl/s3165/201812/t20181227_365124.html.

建设了一批国家重点学科及特色学科。广西大学依托广西的制糖产业，建设了制糖工程学科群，依托广西的有色金属及矿产资源优势，开设了材料科学与工程学科群；依托柳州的汽车产业，广西科技大学建设了车辆工程等国家级一流本科专业；依托广西壮医元素，广西中医药大学开设壮医学专业；依托广西的海洋优势，北部湾大学发展了海洋生物学、水产养殖、船舶与海洋工程等自治区重点学科，吸引了一大批留学生。

二、广西高校教育国际化发展历程

1951 年至 1976 年，中方与老挝、越南协定在南宁和桂林创办学校。1951 年至 1958 年，中方援助越南在南宁、桂林创办育才学校。1953 年至 1957 年，中方在桂林举办越南留学生专修班。1966 年至 1975 年，援助越南创办"九二"学校。1968 年至 1976 年，中方援助老挝在广西南宁开办"六七"学校，8 年间共有 644 名老挝学生学成回国[①]。

从中华人民共和国成立初期到 20 世纪 60 年代初期，广西师范学院（现广西师范大学）接收越南留学生 259 人，广西医学院，即现广西医科大学和柳州卫生学校分别接收越南留学生 4 人和 2 人。到 20 世纪 90 年代，广西农学院与广西医科大学接收国家分派留学生，平均每年人数不足 80 人。1991 年至 1995 年，广西接收外国留学生 972 人，其中既有公费生，也有自费生[①]，以自费生为主。

为加快广西的经济发展与现代化建设，自治区党委、政府从 1982 年起，每年从地方财政拨出 50 万美元作为派遣出国留学人员的专项支出。1978 年至 1994 年，广西大学先后派出 175 名教师到国外进修；广西师范大学先后派出代表团到荷兰、日本和美国等国家进行访问；广西医科大学自 1981 年到 1990 年，共有 93 人次到国外进行考察。从 1979 年到 1995 年，广西共派出留学人员 1 343 人[①]。

1991 年至 1995 年间，广西聘请了 621 名外籍教师，在语言培训、科研合作方面取得了良好的成效[①]。如今，广西高校教育国际化已取得一定成效。2014 年至 2019 年，广西留学生总数呈增长趋势，截至 2019 年，广西留学生人数已达 16 747 人，其中老挝、越南留学生人数最多[②]。总体上看，广西留学生人数呈现逐年增长态势，留学生教育发展势头异常迅猛。

三、广西高校教育国际化发展特点

（一）跨文化性

1998 年《教育大辞典》对跨文化教育的定义为："跨文化教育是在多种文化并存的环境中同时进行多种文化的教育，或以一种文化为主兼顾其他文化的教育。"高校教育国际化是跨国、跨民族的国际交流，包括国际教师、学生之间的交流。在全球化背景下，广西高校教育与世界接轨，积极开展面向东盟与世界的高校教育合作，加快了广西高校教育的发展进程，实现了多样化的国际合作。在桂留学生来自不同的国家，存在国籍、文化、语言、信仰和生活习性等方面的差异。因此，在研究某个地区的高校教育国际化时，必须探讨与分析区域内留学生生源国的政治、经济和文化，并全面了解不同国家的留学生来桂留

---

① 蒙荫昭，梁全进. 广西教育史 [M]. 南宁：广西教育出版社，1999：947—949.
② 广西壮族自治区教育厅教育数据分析中心. 2019 年广西教育事业数据分析 [M]. 桂林：广西师范大学出版社，2021：127.

学的动机，以及生源国周边国家文化及高等教育对该国国民高等教育的影响，只有这样才能客观分析本区域高校教育国际化的优劣势。从本质上讲，高校教育的国际化就是促进各个国家的文化、学术交流。因此，广西高校国际化发展具有跨文化的特征。

从长期发展的角度看，广西高校教育国际化的深入发展，又因跨文化涉及高校教育国际化的定位与立场等，决定了自身的内涵、发展方向和价值取向，具有一定的复杂性。因此，跨文化需要主体理性、客体理性、知识理性。广西在高校教育国际化进程中，主体理性的重要性不言而喻，高校教育国际化要以自我意识形态为基础，坚定自我文化，借鉴与融合其他优秀文化；客体理性是指学生对所留学国家文化取其精华、去其糟粕地学习；知识理性则是指高校要以科学的方法、可靠的数据、批判性的思维和严谨的态度进行决策和实践。

（二）不平衡性

近年来，中国经济飞速发展，高等教育水平不断提高。2017 年中国成为世界第三大外国留学生留学目的国，以及亚洲最大的外国留学生留学目的国，来桂留学生人数也在不断增长，广西高校国际化发展的不平衡性体现为各国留学生人数的不平衡以及中国与各生源国国力的不平衡。首先，据统计，2019 年广西留学生人数最多的国家是越南，其次是老挝和泰国，这体现了各国在桂留学生人数的不平衡。其次，由于不同国家之间的发展速度、综合国力存在差异，教育国际化交流对不同国家的影响也不尽相同。我国与东盟各国的教育往来是双向的，且双方文化交流越来越频繁。尽管双方的文化教育交流是双向的，但就我国与东盟各国的教育交流而言，我国文化影响输出程度更多，往往在高等教育国际化交流中占据主导地位，对东盟国家文化有更加深远的影响。因此，东盟国家学习我国文化的同时又要保持自己国家和民族的文化特色。高等教育国际化体现了竞争与合作的两个方面：一方面，我国与东盟各国在国际教育的竞争中相互碰撞、相互融合，共同发展；另一方面，不同国家高校间的国际合作不断增强，进而促进各自高等教育综合水平的提高。

（三）阶段性

广西高校教育国际化的发展可大致分为三个阶段：第一阶段为中华人民共和国成立初期到 20 世纪 70 年代初期。在接纳留学生方面，中方援助越南与老挝，为越南与老挝提供场地、服务等资金支持，在桂林、南宁开办学校，同时广西师范学院（现广西师范大学）等高校接纳越南留学生。在派遣留学生方面，广西曾派遣少量留学生到社会主义国家学习。简而言之，这一阶段为广西高校教育国际化的萌芽阶段。第二阶段为 1979 年至 2000 年。为促进广西经济发展，广西派遣大批人员出国留学，派遣形式有自费留学和公费留学。同时，广西高校积极派遣教师出国进行学术交流和开展国际合作，提高教师科研与教学水平。从 1979 年到 1999 年，广西共派出留学人员 1 343 人[1]，这一阶段为广西高校教育国际化发展的起步阶段。第三阶段为 2000 年至今。进入 21 世纪，为适应社会的发展，顺应高等教育的发展趋势，广西开放教育市场，加强与各国的教育交流，促进了广西高校教育国际化的发展，扩大了广西高等教育的国际知名度及竞争力。这一阶段，来桂留学生人数及国际高校交流学习日益增多，至 2019 年，来桂留学生人数已达 16 747 人[2]，创历史新高。

---

[1] 蒙荫昭，梁全进. 广西教育史 [M]. 南宁：广西教育出版社，1999：947-949.
[2] 广西壮族自治区教育厅教育数据分析中心. 2019 年广西教育事业数据分析 [M]. 桂林：广西师范大学出版社，2021：127.

(四)民族性

高等教育国际化对各国有深刻影响,一方面是推动各个国家和民族之间文化的碰撞与融合,另一方面是在融合过程中凸显差异。在高校教育国际化中,处于弱势地位的国家有本民族的文化是否会被处于强势地位的国家影响的忧虑,担心会被同化。事实上,每一个国家、民族都是高校教育国际化的主体,高校教育国际化并非忽视或淡化民族性,而是在尊重各国、各民族差异的前提下进行合作与互动。教育国际化是在国家和民族的基础上发展的,脱离国家教育目的去追求国际教育的理想是不可能的,也是不现实的①。现代高校教育国际化要求各国吸收、采纳他国高等教育长处,同时保持本国文化的自主性与独立性,提高自主意识,避免同质化发展。对广西而言,高校教育的国际化有利于民族文化的传播,能够提高广西高等教育的影响力,同时要处理好国家间的民族关系,这是高校教育国际化进程中无法规避的问题。

第二节 广西高校教育国际化发展现状

一、广西高校教育发展概况

截至 2019 年,广西共有本科院校 38 所,高职高专院校 36 所②。

(一)广西本科院校发展概况

广西共有 38 所本科院校,分布在 12 个地级市。在地域分布上,首府南宁有 15 所,桂林市有 9 所,柳州、百色、北海、崇左各 2 所,河池、贺州、来宾、钦州、梧州、玉林各 1 所。在类型分布上,广西共有 8 种类型的本科院校。其中,综合类院校 10 所,理工类院校 9 所,师范类院校 8 所,医药类院校 5 所,财经类及艺术类院校各 2 所,政法类和语言类院校各 1 所③。

1. 广西公办本科高校发展概况

在广西 38 所本科院校中,有公办院校 25 所,民办院校 4 所,独立学院 9 所。2019 年广西新升格职业本科院校 2 所。2019 年,广西城市职业学院更名为广西城市职业大学,有崇左和空港两个校区。广西职业师范学院更名前为广西经济管理干部学院,在南宁市办学,于 2019 年经教育部批准设置为"广西职业师范学院"。在学科专业设置上,对照普通高等学校本科专业目录(2020 版),国家普通高等学校本科专业类有 92 个,广西高校涵盖了 84 个,尚有 8 个专业类没有布点,其中包含理学 3 个(天文学类、大气科学类、地球物理学类)、工学 3 个(兵器类、核工程类、农业工程类)、农学 1 个(草学类)、医学 1 个(基础医学类);国家普通高等学校本科专业有 703 个,广西高校布点了 292 个,尚有 411 个专业未布点。这说明广西高校在专业设置方面,填补专业空白的空间很大,尤其

---

① 克拉克·克尔. 高等教育不能回避历史:21 世纪的问题[M]. 王承诸,译. 杭州:浙江教育出版社,2001:2.
② 广西壮族自治区教育厅. 2019 年广西壮族自治区高等学校统计[EB/OL].(2020-04-27)[2024-03-16]. http://jyt.gxzf.gov.cn/zfxxgk/fdzdgknr/xjfb/sjtj/t5243129.shtml.
③ 根据广西壮族自治区教育厅网站整理而成。

是在专业类都空白的领域[①]。

2. 广西民办院校及独立学院本科院校发展现状

2019 年，区内已招生民办本科院校有三所，分别为广西外国语学院（2011）、南宁学院（2012）、北海艺术设计学院（2014），基于对广西区内本科院校发布的《2017—2018学年本科教学质量报告》的文本分析，目前本科学生在校总人数约为 60.03 万人，其中全日制本科在校生人数约 49.47 万人[②]（见表 4-3）。广西有广西科技大学鹿山学院、南宁师范大学师园学院等 9 所独立学院。2018 年，11 所院校全日制本科生总数量为 13 万人，占全区本科生数量的 26.28%，校均本科生规模达 1.08 万人[②]。

表 4-3 广西独立学院及民办院校师资情况及学生人数

院校名称	合作院校	专任教师数量/人	学生人数/人	专业数量/个
广西师范大学漓江学院	广西师范大学	406	12 493	46
广西民族大学相思湖学院	广西民族大学	224	12 200	37
广西大学行健文理学院	广西大学	483	12 944	46
桂林理工大学博文管理学院	桂林理工大学	644	13 799	25
桂林电子科技大学信息科技学院	桂林电子科技大学	575	10 855	31
广西中医药大学赛恩斯新医药学院	广西中医药大学	650	10 888	12
南宁师范大学师园学院	南宁师范大学	290	9 833	32
广西科技大学鹿山学院	广西科技大学	543	12 057	39
南宁学院	无	694	11 881	27
广西外国语学院	无	642	12 781	30
北海艺术设计学院	无	711	12 000	15

（数据来源：广西各本科高校发布的《2017—2018 学年本科教学质量报告》）

（二）广西专科院校发展现状

2019 年，广西共有 36 所高职高专院校，其中民办高职高专有 12 所，公办高职高专 24 所。从区域分布看，南宁有 18 所，柳州有 5 所，桂林有 2 所，崇左有 4 所，百色有 3 所，河池、北海、来宾、钦州、梧州各 1 所，在校生总人数为 550 736 人。其中女性人数为 261 686 人，约占总人数的 47.5%，男性人数为 289 050 人，约占总人数的 52.5%。从专业大类看，牧渔大类为 7 952 人，约占总人数的 1.4%；资源环境与安全大类在校生人数为 6 352 人，约占总人数的 1.1%；能源动力与材料大类在校学生人数为 7 051 人，约占总人数的 1.6%；土木建筑大类在校生人数为 67 471 人，约占总人数的 12%；水利大类在校生人数为 1 544 人，约占总人数的 0.3%；装备制造大类在校生总人数为 1 730 人，约占总人数的 0.31%；装备制造大类在校生总人数为 54 034 人，约占总人数的 9.8%；生物与化工大类在

---

① 贺祖斌，魏代会，游晶晶，等. 优化专业布局 有效提升人才培养与产业需求契合度：广西高校本科专业布局和需求分析报告［J］. 教育观察，2021，10（45）：1-5+9.

② 谭庆明，尹兰芳，周婧. 广西本科教育办学格局现状及发展趋势［J］. 高教论坛，2019（9）：63-67.

校生总人数为1 370人，约占总人数的0.24%；轻工纺织大类在校生总人数为501人，约占总人数的0.09%；食品药品与粮食大类在校生总人数为6 465人，约占总人数的1.2%；交通运输大类在校生人数为36 005人，约占总人数的6.5%；电子信息类在校生人数为57 854人，约占总人数的10.5%；医药卫生大类在校生为50 068人，约占总人数的9%；财经商贸大类在校生为119 200人，约占总人数的21.%；旅游大类在校生人数为20 538人，约占总人数的3.7%；文化艺术大类在校生人数为25 771人，约占总人数的4.6%；新闻传播大类在校生人数为3 456人，约占总人数的0.62%；教育与体育大类在校生为73 672人，约占总人数的13.37%；公安与司法大类在校生人数为5 962人，约占总人数的1%；公共管理与服务大类在校生人数为5 497人，约占总人数的9%[①]。

二、广西高校教育国际化发展概况

广西处在"一带一路"交会对接和陆地、海洋统筹管理的重要交通节点，也是我国面向东盟国家、对接东盟市场的主要通道和前沿阵地。广西在推动区域融合发展、推进中国与东盟协作交流、维护国家利益及保障国家安全、巩固边防和促进民族融合中居于重要战略地位。基于国家推进对外开放的大势，广西审时度势提出了"走出去请进来"战略，落实"一带一路"相关政策，开展以东盟国家为主的国际人文交流与合作，并取得了显著成效。为满足"东盟自贸区"及"中国（广西）自由贸易试验区"对各类人才的需求，广西加强高等教育的国际化发展，在此过程中不断调整、改进，高校国际化取得了重大进展。

（一）国际办学合作

广西通过与东盟各国及其他国家高等教育的交流合作，扩大了广西高等教育合作办学的规模，促进了与其他国家的文化交流，拓宽了广西高等教育合作办学的国际化视野，提高了我国的国际影响力。

1. 广西中外合作办学项目与中外合作办学机构

中外合作办学机构是指外国院校与我国院校合作，办学地点在中国，且以中国学生为招生对象的教育机构。近年来，广西各高校重视发展与各国的国际交流合作，积极与各国高校开展合作办学。中外合作办学项目是指国内高校与国外高校签订相关协议，在学生交流、学术交流、教师授课、学历交流等方面利用两校的资源开展合作，促进共同发展。

广西高校中外合作项目合作的国家有发达国家，如美国、英国、澳大利亚和法国等；有"一带一路"沿线国家，如匈牙利和波兰等；还有东盟国家，如老挝、越南等。广西中外合作项目及中外合作办学机构确保了广西高校教育对外交流的稳定性。

（1）广西本科层次中外合作办学机构与中外合作办学项目。目前，广西本科层次有1所中外合作办学机构，为北部湾大学东密歇根联合工程学院，其定位于为满足广西区域经济发展需求的创新型、国际化学院，办学宗旨为建成面向东盟的国际人才培养基地及中外合作应用型人才培养示范机构，服务广西对外开放，为广西高校开展高水平国际合作办学提供可借鉴方案。此学院办学规模为1 200人，目前开设了5个专业，分别为机械工程、

---

① 数据系作者根据《广西统计年鉴2020》整理所得。

车辆工程、机械设计制造及其自动化、物联网工程和工程造价①。

目前，广西19个中外合作办学项目中，桂林理工大学与英国伯明翰城市大学合作举办的市场营销专业教育项目和广西大学与美国中密歇根大学合作举办的电器工程及其自动化专业教育项目已停止招生。在其他17个项目中，广西民族大学有1个项目，为广西民族大学与英国斯泰福厦大学合作举办的会计学专业教育项目①。

广西财经学院有4个中外合作办学项目，分别为与匈牙利得布勒森大学共同举办的金融数学专业教育项目、与澳大利亚国立管理与商业学院共同举办的会计学专业教育项目、与美国温斯洛普大学共同举办的国际商务专业教育项目、与英国奇切斯特大学合作举办的数字媒体技术专业教育项目，每期共招收440名学生①。

广西师范大学有3个中外合作办学项目，分别为与英国格林多大学共同举办的学前教育专业教育项目、韩国韩瑞大学共同举办的视觉传达设计专业教育项目、韩国龙仁大学共同举办的体育教育专业教育项目，每期共招收390名学生①。

广西科技大学有2个中外合作办学项目，分别为与英国爱丁堡龙比亚大学共同举办的机械工程专业教育项目、与澳大利亚南十字星大学共同举办的软件工程专业教育项目，每期共招收220人①。

广西医科大学仅有1个中外合作办学项目，为与美国西俄勒冈大学共同举办的公共事业管理专业教育项目，每期招收人数为150人；广西艺术学院仅有1个中外合作办学项目，为广西艺术学院与美国西俄勒冈大学共同举办的音乐学专业教育项目，每期招收人数为150人；南宁师范大学有1个中外合作项目，为与英国卡迪夫城市大学共同举办的旅游管理专业教育项目，每期招生人数为100人；广西中医药大学有1个中外合作办学项目，为与美国督优维尔学院共同举办的护理学专业教育项目，每期招收50人；北部湾大学有1个中外合作办学项目，为与波兰华沙理工大学共同举办的电子信息工程专业教育项目，每期招收120人；桂林旅游学院有1个中外合作办学项目，为与瑞士洛桑酒店管理学院共同举办的酒店管理专业教育项目，每期招收120人；广西大学有1个中外合作办学项目，为与美国东密歇根大学共同举办的信息安全专业教育项目，每期招收120人①。

广西本科层次的合作办学包括"3+1""2+2"和"3+1+1"培养模式，"3+1"培养模式是指学生在国内学习三年，在国外学习一年，达到毕业要求可同时获得双方高校颁发的学位证及毕业证；"2+2"培养模式指学生分别在国内、国外学习两年，达到毕业要求可获得双方高校颁发的学位证与毕业证；"3+1+1"培养模式指前三年外方高校派教师来中国与中方教师共同进行双语教学，第四、第五年学生到国外合作高校留学，达到毕业要求者可分别获得外方高校颁发的硕士学位、学士学位及中方本科毕业证和学士学位证。

（2）广西专科层次中外合作办学与中外合作办学机构。广西专科层次有1所中外合作办学机构，为南宁职业技术学院桂港现代职业教育发展中心，开设酒店管理与数字化运营、艺术设计、国际经济与贸易三个专业，办学规模为300人。

广西专科层次有13个中外合作办学项目，其中广西建设职业技术学院有3个中外合作办学项目，分别为与新西兰惠灵顿理工学院共同举办的建筑工程技术专业教育项目及室内设计技术专业教育项目、与美国林本顿社区学院共同举办的建筑工程技术专业教育项目，每期招收400人；广西交通职业技术学院有4个中外合作办学项目，分别为与加拿大

---

① 据中华人民共和国教育部中外合作办学监管工作信息平台网站整理而成。

不列颠哥伦比亚理工大学共同举办的道路桥梁工程技术专业教育项目及计算机应用技术专业教育项目，与英国南埃塞克斯学院共同举办的数字媒体应用技术（平面设计）专业教育项目及机电一体化技术专业教育项目，每期招收210人；广西财经学院专科层次共有3个中外合作办学项目，分别为与法国克莱蒙费朗第一大学共同举办的金融与会计专业教育项目、网络通信服务专业教育项目、企业管理专业教育项目，每期招生人数为300人；桂林旅游学院共有1个专科中外合办项目，为与加拿大乔治布朗应用技术学院共同举办的酒店与旅游运营管理专业教育项目，每期招生人数为135人；右江民族医学院有1个专科层次的中外合作办学项目，为与英国科特布里奇学院共同举办的护理专业教育项目，每期招生人数为60人；广西国际商务职业技术学院有1个中外合作办学项目，为与加拿大北方应用理工学院共同举办的大数据与会计专业教育项目，每期招收人数为50人[①]。

广西专科层次的合作办学主要为"2+1"模式，即第一、第二年在国内学习，第三年赴国外学习，达到毕业标准可获得中方及外方的学位证、毕业证。

2. 搭建实践教学基地、职教联盟及联合项目平台

为落实和融入"一带一路"倡议，拓宽办学思路，创新国际合作交流机制与合作办学模式，"走出去"与"请进来"并重发展，广西对职业教育国际化发展完善了顶层设计并制定了战略规划。各高校依托与东南亚合作办学建立了实践教学基地与培训中心与教育联盟，搭建了各类项目平台，面向国际国内释放了双向活力。

广西职业技术学院、柳州铁道职业技术学院、广西农业职业技术学院等院校成立了面向东盟的职业教育教育联盟。教育联盟的建立使广西与东盟各国在双向办学、交流互通等方面取得了长足的进步，有力推动了广西与东盟职业教育的发展。

2017年，桂林电子科技大学与柬埔寨合作，在南宁和金边两地成立了职业技术培训中心，使柬埔寨人民不断受益。柳州两所职业技术学院在国外设立分院，分别为柳州铁道职业技术学院与柳州城市职业学院。柳州职业技术学院在泰国成立分院，柳州城市职业学院与印尼合作成立分院，并成立汽车教育培训中心，分校及培训中心的成立既可以为在印尼的柳州企业输送技术型人才，也可培训在印尼的上汽在职员工。广西农业职业技术学院在东南亚设立多个农业示范基地，培训人次已达千人。柳州职业技术学院成立了轨道交通职业教育集团，吸引了职业院校、企业、协会等组织的加入。柳工器械股份有限公司与柳州职业技术学院合作，在沙特创办一所职业培训学校，进一步推动了广西职业教育与沙特的国际合作办学。

（二）来华留学教育层面

2013年至2018年，来桂留学生人数增长较快，来桂热度持续升高，留学生数量年均增长速度达20%，高于全国年均增长率。截至2017年，广西与国外近200所院校建立了合作关系，共有留学生1.4万人，其中包括东盟国家留学生9 465人，广西成为全国招收东盟国家留学生最多的省（区）之一[②]。2014年至2019年，留学生人数分别为9 535人、10 618人、12 392人、14 528人、15 345人、16 747人，广西留学生总数呈逐年增长趋势

---

① 据中华人民共和国教育部中外合作办学监管工作信息平台网站整理所得。
② 广西壮族自治区人民政府门户网站.积极参与实施《推进"一带一路"教育行动计划》广西教育"走出去请进来"成果丰硕[EB/OL].(2018-11-28)[2024-03-16].http://www.gxzf.gov.cn/sytt/20181128-723751.shtml.

(见图4-2），留学生教育发展规模空前。2019年，广西共有16 747名留学生，其中东盟国家留学生有10 662人，而在东盟国家留学生中，越南留学生有4 245人，泰国留学生有2 710人，最少的为文莱留学生（仅有5人）。2019年，广西大学有1 810名留学生，广西师范大学有1 689名留学生，广西民族大学有1 555名留学生，广西医科大学有1 099名留学生①。2019年，这四所大学的留学生数量占总留学生人数的36.74%，广西大学为2015年至2018年广西留学生人数最多的大学。

图4-2　2014—2019年来桂留学生人数
（数据来源：广西壮族自治区教育厅教育数据分析中心）

（三）办学理念与办学定位层面

高校的办学理念与办学定位对学校的发展规划有巨大影响。在广西36所本科高校（含本科独立学院及民办高校）中，大部分高校有明确的国际化办学定位。例如，广西中医药大学办学定位为立足广西、面向全国、辐射东盟、走向世界；广西医科大学的办学目标为成为优势突出、特色鲜明，具有一定国际影响力的国内一流地方医科大学。

在36所专科院校中，仅有少部分院校具有明确的国际化办学定位，例如，广西英华国际职业学院、广西培贤国际职业学院和广西国际商务职业技术学院等。广西培贤国际职业技术学院的立校方向为"培养国际化双技能复合型专业人才"；广西国际商务职业技术学院的目标定位为建成现代商务特色鲜明的国际化高等职业教育强校，培养适应现代商务事业发展需要的高素质国际化应用人才；广西英华国际职业学院以应用型本科院校为目标，以国际化办学为特色。此外，广西交通职业技术学院办学服务定位为立足交通、服务广西、面向东盟。

广西各高校利用广西的区位优势，明确各高校的国际化办学定位主要是"辐射东盟""培养国际化人才"，服务国家"一带一路"倡议及东盟自贸区。国际化的办学定位影响着各所高校的发展规划，其中广西大学、广西财经学院、广西外国语学院、广西培贤国际商务职业技术学院和广西交通职业技术学院等高校的影响较为突出，国际化的办学目标推动这些高校朝着国际化方向发展，同时这些高校鼓励教师及学生积极到国外高校进行交流学习，建立合作研究中心，提高教师队伍综合素质及专业水平。以广西财经学院为例，截至2020年10月，学校累计培养1 044名来华留学生，其中硕士研究生20人，本科生403

---

① 广西壮族自治区教育厅教育数据分析中心．2019年广西教育事业数据分析［M］．桂林：广西师范大学出版社，2021：126．

人，专科生1人，语言进修生620人①。此外，广西财经学院积极与国外院校交流合作，创新人才培养模式，建立出国访学管理制度，如该校获批国家级东盟国际会计人才培养试验区，采用"3.5+0.5"或"3+1"培养模式，学生在大学三年级赴泰国、越南、马来西亚等东南亚国家进行交流访学，培养出既掌握中国及东盟国家会计、法律知识，又掌握一门东盟国家语言的高级会计人才，每年此实验班都有不少的毕业生赴东南亚国家工作，且深受用人单位欢迎，近年来为社会培养了近500名具有国际视野及多语种的综合外向型高级人才，提高了广西财经学院的核心竞争力与国际知名度，为广西经济及东盟自贸区的发展做出了巨大贡献②。此外，广西交通职业技术学院作为中国-东盟交通职教联盟副理事长单位，积极与德国、英国、泰国和缅甸等17个国家及32所高校开展多项合作，在德国建立了汽车机电职业技能培训中心，开发了5本英文教材，建立了中泰职业教育合作研究中心，筹建了广西交通职业技术学院东盟国际缅甸分院③，吸引了众多东盟国家学生到校留学，增加了广西高等教育的知名度与影响力。

（四）国际化师资队伍层面

教师队伍是我国教育内涵式发展、供给侧结构性改革的中坚力量，具有国际视野、扎实专业知识的教师队伍有利于推动高校国际化发展，师资队伍国际化的形式包括引进外籍教师、招聘留学归国的教师和鼓励教师出国访学等。根据各所高校的教学质量报告及官方网站资料数据并分析，广西大多数高校都引进了外籍教师进行授课。2019年以来，广西大学外国语学院共有外籍教师8人④，广西财经学院近五年大力引进来自美国、法国、澳大利亚、俄罗斯、泰国等的60位专家来校任教或讲学，同时积极鼓励青年教师出国研修和参加国际学术交流活动。自2004年起，广西财经学院共派出中国教师在职或脱产赴国（境）外攻读硕、博士学位近150人，共派出教师赴国境外访学研修达100人次以上⑤。2011年至今，广西大学行健文理学院已选派骨干教师101人次赴美国、英国、加拿大等国家及港台地区学习和交流，并先后聘请了100余名外籍专家和教师到学院长期任教⑥。自2010年起，广西医科大学先后派出优秀教师和科研人员到国外讲学、留学、进修、攻读学位及开展国际学术交流1 000余人次⑦。2019年，广西外国语学院有25名外籍教师⑧。广

---

① 广西财经学院. 广西财经学院2019—2020学年本科教学质量报告[EB/OL].(2020-12-27)[2024-03-16].https://www.gxufe.edu.cn/www/myweb/informationShow.html?informationid=756987&typeid=www0204&typeid0=www02.shtml.

② 根据广西财经学院官方网站整理所得。

③ 广西交通职业技术学院. 学校简介[EB/OL].(2021-08-02)[2024-03-16].http://www.gxjzy.com/JZYWEB/content.php?id=9ibz2SkNJ7H2ApxOiGXJZYXGMW7AGXJZYDYHGXJZYDYH.shtml.

④ 广西大学外国语学院. 广西大学外国语学院简介[EB/OL].[2024-03-16].https://fls.gxu.edu.cn/xygk1/xyjj1.htm.

⑤ 广西财经学院. 广西财经学院2019—2020学年本科教学质量报告[EB/OL].(2020-12-27)[2024-03-16].https://www.gxufe.edu.cn/www/myweb/informationShow.html?informationid=756987&typeid=www0204&typeid0=www02.shtml.

⑥ 广西大学行健文理学院. 国际交流与合作中心（港澳台事务办公室）简介[EB/OL].[2024-03-16].https://xingjian.gxu.edu.cn/gjzx/bmgk.htm.

⑦ 广西医科大学. 广西医科大学概况[EB/OL].(2021-07-20)[2024-03-16].https://www.gxmu.edu.cn/x_xxgk/x_xxjj/.

⑧ 广西外国语学院. 外籍教师团队[EB/OL].(2017-12-13)[2024-03-16].https://intl.gxufl.com/coop/24051.html.

西民族大学相思湖学院每年聘请 1 名外籍教师，选派 3 名教师到国外访学；桂林理工大学博文管理学院选派 3 名教师到国外访学[①]，南宁学院、广西国际商务职业技术学院等院校长期聘请多名外籍教师，并定期外派教师出国交流学习。具备国际化经验和经历的教师具有国际化视野及先进的教学理念，有利于提升高校及学生的国际化水平，同时有利于提高教师的教学及学术研究水平。

（五）对外交流与合作层面

高校对外交流指学生或教师、行政人员到海外合作院校进行访学与深造。近年相关数据显示，大多数高校开展了海外交流，本科院校分别有广西大学、广西财经学院和广西民族大学等，专科院校分别为广西培贤职业技术学院和广西国际商务职业技术学院等。广西大学的主要交流形式是选拔国家公派研究学者、访问学者，开展博士后项目，组织学生参与国际组织实习和参与合作院校交换访学项目等。广西财经学院主要交流形式是邀请国外学者进行讲座，选拔部分学生赴美国、白俄罗斯和泰国等国家进行为期一个月的交流，参与并举办"一带一路"发展国际论坛，举办中国-东盟金融与财税人才培训班，与国外大学合作成立大数据联合研究中心，举办中国-东盟数字创新大赛，筹建中国-东盟统计学院等[②]。广西大学行健文理学院的主要交流形式是开展交换项目、选拔学生赴海外进行研学实践、邀请外籍教师定期举办中外文化交流讲堂、选拔优秀教师赴马来西亚等国家进行交流深造、赴海外基地进行调研等[③]。广西民族大学的主要交流形式是举办学术论坛，如中国-东盟（中老）高等教育合作论坛等其他形式开展国际交流与合作[④]。南宁学院的主要交流形式是学生参与国外大学举办暑期短期交流访学、教师参与国际高峰论坛、与国外合作院校开办交换生项目等[⑤]。广西培贤国际职业学院的主要交流形式是举办国外艺术家交流会、举办国外名校教师专家讲座、"3+1"人才培养模式等[⑥]。广西国际商务职业技术学院的主要交流形式是组织学院教师代表团出访国外、开展与广西民族大学联合培养"高职+本科"来华留学生项目和开设"国商学子看世界"等特色中短期培训项目[⑦]。

第三节　广西高校教育国际化问题

一、教育国际化水平有待提高

随着我国加入 WTO 及成立中国-东盟自贸区，广西高校教育国际化进程不断加速，为积极发展高校教育国际化，广西高校纷纷开展国际化活动并成立专门的管理机构（见表4-4），负责高校的对外交流、留学生的招生管理和对外汉语教学等，广西的高校越来越重视国际化发展。然而，由于历史、地理位置等原因，与东部地区相比，广西高校高等教

---

① 梁心怡."一带一路"背景下广西民办高校教育国际化策略研究［D］.南宁：广西大学，2019：17.
② 根据广西财经学院官方网站整理所得。
③ 根据广西大学行健文理学院官方网站整理所得。
④ 根据广西民族大学官方网站整理所得。
⑤ 根据南宁学院官方网站整理所得。
⑥ 根据广西培贤国际职业学院官方网站整理所得。
⑦ 根据广西国际商务职业技术学院官方网站整理所得。

育发展水平并不高，部分高校存在教育教学理念及教学方式方法落后与校园基础设施陈旧等问题，高等教育发展水平与高校教育国际化水平息息相关。一般来说，区域高等教育水平越高，区域的高校教育国际化水平也越高，二者成正比关系。

在中外合作项目及机构数方面，截至2021年，广西仅有21个中外合作项目及机构（见表4-5），在全国范围内广西中外合作项目及机构数量排名相对较低，与东部地区省份相比相对较少。留学生教育方面，截至2018年，江苏省留学生人数为4.5万余人，浙江省留学生人数为3.8万余人，而广西仅有1.5万余人[①]。根据西南交通大学发布的2020年大学国际化水平排名，广西大学居于102名，云南大学居于75名，在排名前40位的高校中，只有兰州大学一所西部高校，其余皆为东部或中部高校，可见西部高校整体国际化水平弱于东部和中部高校。总体上看，广西位于中国西部地区，高等教育发展水平及高校国际化水平与东部地区存在较大差距。从中外合作项目机构数和留学生教育等方面看，广西仍与东部省份有较大差距，广西教育国际化水平仍有待提高。

表4-4 广西部分高校国际化情况一览表

高校	专门管理机构	国际化课程	对外汉语教学点	留学生教育	外教	合作办学	科研合作与学术交流
广西大学	√	√	√	√	√	√	√
广西师范大学	√	√	√	√	√	√	√
广西医科大学	√	√	√	√	√	√	√
桂林电子科技大学	√	√	√	√	√	√	√
桂林理工大学	√	√	√	√	√	√	√
广西科技大学	√	√	√	√	√	√	√
广西中医药大学	√	√	√	√	√	√	√
桂林医学院	√	√	√	√	√	√	√
南宁师范大学	√	√	√	√	√	√	√
广西民族大学	√	√	√	√	√	√	√
广西财经学院	√	√	√	√	√	√	√
广西外国语学院	√	√	√	√	√	√	√
桂林旅游学院	√	√	√	√	√	√	√
广西国际商务职业技术学院	√	√	√	√	√	√	√
广西机电职业技术学院		√				√	√
广西交通职业技术学院	√			√		√	√
南宁职业技术学院	√	√				√	√

（数据来源：根据各高校网站整理）

---

① 中华人民共和国教育部.2018年来华留学统计[EB/OL].(2019-04-12)[2024-03-16].http://www.moe.gov.cn/jyb_xwfb/gzdt_gzdt/s5987/201904/t20190412_377692.html.

表4-5　2022年本科层次及以上中外合作办学机构与项目数量（含港澳台）统计汇总表

地区	北京	上海	天津	重庆	江苏	浙江	广东	海南	福建	山东
项目及机构数	90	102	39	35	126	86	44	8	32	101
地区	江西	四川	安徽	河北	河南	湖北	湖南	陕西	山西	黑龙江
项目及机构数	28	30	23	44	135	74	39	34	3	65
地区	辽宁	吉林	广西	云南	贵州	甘肃	内蒙古	宁夏	新疆	青海
项目及机构数	58	72	21	21	14	4	9	0	2	1
地区	西藏									
项目及机构数	0									

（数据来源：中华人民共和国教育部中外合作办学监管工作信息平台[EB/OL].https://www.crs.jsj.edu.cn/index/sort/1006.）

二、教育国际化层次较低，教师国际化交流不充分

目前，广西留学生包括语言生、函授进修生、专科生至博士研究生等类型。2019年，广西东盟硕士研究生及博士研究生数量为802人，仅占广西留学生人数的4.8%，博士研究生数量远低于硕士研究生数量[①]。与其他省份相比，广西教育国际化层次较低（见表4-6）。

广西中外合作项目集中在大专和本科层次，项目合作层次较低、专业面窄，并无硕士及以上的中外合作办学机构及项目。相比之下，我国其他省市开展硕士以上中外合作办学机构及项目较多。例如，北京开展了43项硕士以上中外合作办学机构及项目；上海开展了24项硕士以上中外合作办学机构及项目；广东开展了13项硕士以上中外合办项目，其中博士项目3项，硕士项目10项；江苏开展了11项硕士中外合作办学项目；云南开展了3项硕士中外合作办学机构及项目；贵州开展了1项硕士中外合作办学机构及项目。

总而言之，通过对广西高校的国际交流现状的分析，广西大部分高校海外交流规模不大，每年参与国外交流的教师占全区教师比例较小，如广西大学行健文理学院2019年选拔3名教师赴外学习[②]，与全院408位专任教师相比，比例未达到1%。与其他省份相比，广西高校教育国际化层次较低。

表4-6　2021年硕士及以上中外合作办学机构与项目数量（含港澳台）统计汇总表

地区	北京	上海	天津	重庆	江苏	浙江	广东	吉林	福建	山东
项目及机构数	43	24	10	4	11	27	13	1	4	3
地区	江西	四川	安徽	河北	辽宁	湖北	湖南	云南	贵州	黑龙江
项目及机构数	3	7	2	3	6	6	4	3	1	2

---

① 广西壮族自治区教育厅教育数据分析中心.2019年广西教育事业数据分析[M].桂林：广西师范大学出版社，2021：127.
② 广西大学行健文理学院.关于选派我院优秀教师赴马来西亚吉隆坡建设大学进行交流学习的通知[EB/OL].(2019-11-07)[2024-03-16].https://xingjian.gxu.edu.cn/gjzx/info/1053/1176.htm.

续表

地区	陕西	广西					
项目及机构数	9	0					

（数据来源：中华人民共和国教育部中外合作办学监管工作信息平台［EB/OL］．［2024-03-16］．https://www.crs.jsj.edu.cn/index/sort/1006．）

三、国际化师资力量不足

师资的国际化是评估区域教育国际化的一项重要因素之一。国际化的师资队伍包括外籍教师、有留学经历及访学经历的教师。近年来，广西各高校根据自身的专业学科实际需求，积极聘请外籍专家来桂工作。目前，广西大多数外籍教师教授语言类课程，教授专业类课程的外籍教师较少。外籍教师有着开阔的国际视野及先进的教学理念，且熟知国外的学术动向，具备创新意识，对学生开阔视野，推动高校学科创新发展，提升高校综合实力及竞争力有着重要作用。然而，与东部省份相比，广西的外籍教师较少，除了教授语言类课程外的其他专业外籍教师少之又少，教师国际化水平制约着广西高校的国际化水平。因此，广西高校应加强引进除教授语言类课程外的外籍教师且积极培养本土具备国际化视野和水平的教师，建设国际化的师资队伍，推动广西高校教育国际化向前发展。

四、留学生生源狭窄

随着"两会一节"的举办及中国-东盟博览会永久会址的确定，广西的国际影响力日益提升，吸引了许多东盟国家留学生来桂留学。据统计，2014年，广西高校留学生为9 535人，其中，越南留学生有2 538人（占东盟国家留学生总数37%），泰国留学生有2 405人（占东盟国家留学生总数的35%）。2019年，广西高校共有16 747名留学生，其中有10 662名东盟国家留学生（约占广西留学生总人数的64%）。在东盟国家留学生中，有4 245名越南留学生（占东盟国家留学生总人数的40%），有2 710名泰国留学生（占东盟国家留学生总人数的25%)[①]。从留学生结构看，广西留学生结构较为均衡，有语言生、进修生和学历生等；但从留学生生源看，广西大部分留学生来自东盟国家，尤其是泰国及越南。不可否认，地区的经济发展情况影响着留学生生源。在东盟国家中，马来西亚是较发达国家，新加坡则是发达国家，相较于其他东盟成员国，这两个国家高等教育较为发达，然而在广西留学生中，多数来自高等教育发展水平较低的国家，区域流动人员单一，留学生生源范围狭窄，不利于高校的综合发展。

五、公派留学发展缓慢

得益于我国人才强国重大战略举措的实施，每年国家留学基金委员会选拔20 000至30 000人出国留学，由国家资助生活费、书籍资料费和交通费等，但每年广西能争取到的名额较少。自1983年至今，广西高校资助出国留学的优秀教师平均每年人数不足百人，平均分配到各高校的名额较少，部分公办专科院校只有1个名额，甚至没有名额，导致广

---

① 广西壮族自治区教育厅教育数据分析中心．2019年广西教育事业数据分析［M］．桂林：广西师范大学出版社，2021：127．

西各高校教师出国留学机会少于其他省份的高校教师[①]。

六、高校课程设置不科学

访学和中外合作办学是广西—东盟高等教育合作的重要形式，意在利用双方教学资源各取所长优势互补，共同发展，实现共赢，提升学生专业水平与综合能力。因此，课程设置十分关键，决定了学生获取知识的广度与深度。在课程设置方面，应设置特色课程与优质课程，能够体现接收留学生国家的优势与特色，或是在本国内并无开设却对留学生十分有用的课程。从广西—东盟高等教育合作的课程开设情况来看，广西高校国际化课程存在开设不合理的问题，例如，泰方高校课程设置与国内高校设置不衔接，开设与专业无关的课程。泰方高校开设了商务谈判、国际商务、泰国文化、中级泰语、高级泰语、中级会计、税法等课程，虽然在一定程度上体现了课程的实用性与实践性，但存在与专业课程不相关的情况，该学生为会计专业，却学习了大量的国际商务与金融分析，泰方高校课程设置应更注重东盟国家会计和审计，以便中国学生能够更好地了解泰国的财会知识，为今后工作奠定基础及打造学生的核心优势。此外，忽视对留学生的双语培训。一些中方高校在开设赴外学习语言培训课程时，受制于师资力量或其他情况，存在语言培训时长较少的情况，导致学生语言基础较差，水平参差不齐，对后续在国外的学习生活造成了不良影响；而外方高校开设相应语言课程时仅重视生活语言的教授，不注重相关专业词汇的教学，使学生赴外访学时未能将相应小语种与专业知识相结合。这些问题降低了访学生的培养质量，使学生的就业优势无法体现，课程资源没有得到充分利用。

七、教学质量有待提高

随着广西高校教育国际化的进一步加深，高等教育的教育质量也越来越受重视。高等教育质量受众多因素影响，如教师教学水平、课程设置、校园环境及硬件设施等。然而，涉及高校教育国际化时，教育质量问题更为复杂。当前，广西中外合作项目的教育质量仍然存在较多提升空间。第一，中外合作办学项目决策者缺乏教学质量保障意识，一些中外合作办学项目决策者，致力于扩大项目规模与影响力，而忽视了教学质量的保障与提升。第二，教育资源利用程度不高。中外合作办学应采用合作院校的教材、课件等，但一些合作项目仍然是专业主干课程采用国内教材，仅有与语言学习有关的课程采用外方教材，未能真正完全意义上与合作高校接轨，未能充分使用国外优势教学资源。此外，一些项目只有在外教周时国外教师才来到中方学校向中国学生教授外方课程，但是外教周在一学期通常只有两周，学生与外方教师交流学习的时间较少，学生所习得的国外专业知识也较少，外方教师优质的教学资源并未得到充分利用。第三，国内外课堂活跃程度不一。国外教师课堂氛围较为活跃，注重团体学习，而国内主要是教师讲授、学生听讲的被动式学习，部分学生赴国外学习后无法适应国外教师的教学方法，产生了厌学心理，影响了学习质量。

此外，来华留学生的教育质量还受学生自身学习动力、外语水平的影响。外方学生的语言水平是影响学习质量的关键因素，语言水平不高导致学生难以正确理解教师授课内

---

① 罗淑云. 广西高等教育国际化及对策研究 [D]. 武汉：华中农业大学, 2006：38.

容，学习难度较大。因此，广西要形成良好有效的合作交流机制，通过对授课教师进行双语培训，对赴外访学留学的学生进行选拔等方式，建立行之有效的教学质量保障体系。

八、教学合作管理有待加强

教学合作是广西高校教育国际化的主要方式之一，如中外合作办学，互派交换生、访学生等。然而，教育交流合作的管理仅凭一方之力是无法完成的，需要中外高校的共同合作。广西与国外高校在留学生管理、教师素质管理、课程管理等方面都或多或少存在一些问题。

在教师管理方面，应注重教师语言能力、专业水平、教学水平等的管理，教授留学生的教师应具有良好的双语能力、端正的教学态度、良好的思想品德，教师在课堂上不仅传授知识，也向学生传播着教师自身的价值观与思想道德，对留学生有极大的影响。此外，对国外高校而言，应选拔英语水平较高、发音较标准、专业基础扎实的教师对中国学生进行教学，因一些东南亚教师母语口音较重，在进行双语授课时，一些中国学生听不懂外方教师的英文授课，同时受限于学生自身外语水平影响，又听不懂小语种，中国学生无法理解教师教学内容，浪费大量的精力与时间，学到的专业知识少之又少，容易丧失学习兴趣。此外，部分留学生中文与英文水平较差，与中国学生存在沟通困难的问题。

在学生管理方面，也存在一些不容忽视的问题。第一，部分中国学生赴外学习后无法融入当地生活，时常感到孤独，且因为个人或者其他原因无法及时获取校方和老师的帮助，容易产生心理问题。第二，在部分校际合作项目中，学生到国外后仍然是国内的行政班级单独上课，并没有与国外学生一起学习，降低了学生赴外学习的满意度，这也是广西在高校教育国际化中需要加以完善之处。一方面，中国学生融入班级有利于创造语言学习环境，提高语言学习效率，帮助今后就业；另一方面，中国学生融入班级有利于加强两国青年间的友谊，为广西—东盟发展奠定良好基础。

第四节 广西高校教育国际化发展的制约因素

一、高校领导对国际化重视程度不足

2021年2月，教育部印发了《普通高等学校本科教育教学审核评估实施方案（2021—2025年）》。在第一类及第二类审核评估指标中，关于人才培养国际化的相关内容均为选填项，这在一定层面上造成了高校领导对人才培养国际化的忽视，影响了高校领导对人才培养国际化的决策。由于在本科教学评估中，人才培养的国际化不是必选的考核内容，因此许多高校为了达到其他方面的考核标准，将大量的资源、精力投入教学与科研等其他方面。只有将高校国际化作为教学审核评估中的必选项，才能引起高校领导的重视，使高校教育国际化融入高等教育。此外，通过研究广西各高校2017—2019年的教学质量报告，发现只有小部分高校展示国际交流成果，大部分高校没有明确展示国际交流相关的工作，尤其是民办高校，这也从侧面反映了高校领导对高校教育国际化的认识不足。如今，广西已成为有机衔接"一带一路"、RCEP框架下连接中国与东盟地区最快速、最便捷的通道，需要大量的高水平国际化人才；这些人才应具有国际化视野、扎实的专业基础及较强的应

用能力，熟练掌握国际通用语言，了解国际的经济、政治、法律等，以满足广西的人才需求，推动广西对外贸易，促进广西经济发展。

二、高校教育国际化发展受高校办学条件及高等教育发展制约

教育国际化受高校办学条件及广西高等教育的发展水平制约。高校的办学条件包括基础建设、学校设备、师资力量等。2020年，广西大学的经费为36.1亿元，广西医科大学为19.9亿元，广西师范大学为19亿元，南宁师范大学为15.9亿元，广西财经学院为8.7亿元，河池学院为2.9亿元，部分高职高专院校经费不足1亿元①。办学经费紧张导致高校办学环境条件较差，如校园面积狭小、宿舍条件简陋、教学楼等基础设施老旧和校园配套设施不齐全等。因此，经费紧张的高校以保证最基本的教学需要为主，没有多余的资金兴建留学生宿舍及引进外籍教师等，使得部分高校对外籍教师、海归学者和留学生缺乏吸引力。中华人民共和国成立以来国家及区政府投入大量资金发展广西教育事业，广西教育事业总体取得了巨大成就，但是广西教育事业的发展起点较低，起步较晚，在高等教育方面仍然存在深层次的、突出的问题，如高校的布局不合理等。高等教育毛入学率是衡量教育发展水平的重要指标。2020年，我国高等教育毛入学率为54.4%，广西高等教育毛入学率为47.9%②，低于全国平均水平，且广西仅有一所"双一流"学科建设高校，长江学者特聘教授不足10人③，院校师资等综合实力不强，且重点高校资源薄弱，在全国范围内广西高等教育发展水平不高，与其他省份相比居于弱势地位，因此极大地制约了广西高校教育国际化的发展。

三、广西高校国际化发展受限于广西经济发展

从对高校教育国际化的研究中，我们发现，经济越发达、高等教育水平越高的地区，其高校教育国际化水平越高。广西是少数民族边境地区，受历史、文化和地理等多个因素影响，其经济发展相对缓慢。20世纪70年代，受环境影响，广西经济发展范围受限，经济发展受到巨大影响。多山的地理条件也制约了广西的经济发展。直至沿海对外开放政策实施和中国-东盟自由贸易区成立，广西经济才得以快速发展，然而总体发展水平和增长后劲仍落后于其他省份。广西留学生教育的快速发展开始于20世纪90年代，可见，广西高校国际化水平受限于经济发展水平。

第五节　广西高校教育国际化发展的机遇与挑战

进入"十二五"以来，尤其在习近平总书记将广西定位为面向东盟的国际大通道、丝绸之路经济带有机衔接的重要门户以来，广西的高校教育国际化迎来了新的机遇，与此同

---

① 广西高校经费排名[EB/OL].（2020-12-26）[2024-03-16]. https://baijiahao.baidu.com/s? id = 1686213078836647895&wfr=spider&for=pc.
② 广西壮族自治区人民政府.2020年广西壮族自治区国民经济和社会发展统计公报[EB/OL].（2020-01-04）[2024-03-16].http://www.gxzf.gov.cn/gxyw/t8329130.shtml.
③ 根据互联网数据整理所得。

时，广西高校教育国际化也面临着诸多挑战，因此我们必须对广西高校教育国际化有清晰的认识，从而以更加积极的姿态来面对机遇与挑战。

一、广西高校教育国际化发展机遇

广西和东盟国家山水相依、人文相通、经济相系，同时是"一带一路"的忠诚"共建者"。随着广西—东盟的合作范围扩大与水平不断提升，作为西南、中南地区面向东盟的出海出边国际大通道，广西迫切需要一批既熟悉广西事务又具有国际视野的人才，担当广西面向国际交往的人才。目前，在广西现行的高等教育国际意识及人才培养模式下，国际化的人才培养质量与广西整体的国际化人才需求还存在一定差距，人才结构性短缺与人才质量不高的问题逐步显现[①]。

（一）国家政策红利促进广西对外开放

教育与经济相互促进，对教育而言，国家政策优势就是教育发展的优势。如今，北部湾经济区是我国西部大开发和面向东盟开放合作的重点地区，其功能定位是连接多区域重要通道、交流桥梁及平台，努力建成中国-东盟开放合作的物流、商贸、加工制造基地和信息集聚中心，成为具有高开放度、区域辐射力强、经济繁荣昌盛、人民富足、社会稳定和谐、生态环境优美的重要经济合作区。北部湾经济区的成立给广西带来了更多的发展机遇，促进了区域的开发建设。

目前，越南、泰国等国家在南宁设立领事馆，加强了与广西的经济往来。2004年，第一届中国-东盟博览会与中国-东盟商务与投资峰会在中国南宁举办；2010年，中国-东盟自由贸易区全面建成；2019年国务院批复同意设立中国（广西）自由贸易试验区，给广西带来了新的发展机遇。近年来，广西进一步融入"一带一路"建设，贯彻"三大使命"，效果十分显著。目前，广西正加快推进中马"两国双园"、中越跨境经济合作区和中国—印尼经贸合作区等园区建设，建成了中国-东盟信息港、中国-东盟数字经济产业园和中马钦州产业园及广西—东盟经济技术开发区，形成了中国-东盟教育培训中心、中国-东盟青少年培养基地、中国-东盟港口城市合作网络、中国-东盟企业家联合会和中国-东盟商品交易中心等培训基地及合作机制。同时，广西正加快融入大湄公河次区域合作等双边、多边国际合作。在《区域全面经济伙伴关系协定》（RCEP）合作中，广西得天独厚的地理优势体现在与东盟国家既有陆地接壤，又有海上通道，在国际物流方面有极大的优势，在中国-东盟自由贸易区建设中发挥越来越重要的作用，为广西的高校教育国际化带来潜在的机遇。

（二）"一带一路"倡议给广西带来契机

2013年，习近平总书记提出了"一带一路"倡议。"一带一路"倡议是我国面对当前纷繁复杂的国际形势的远大战略，是顺应全球治理体系经济发展的必然选择。"一带一路"是沿线各国经济相连、民心相通、文化相融的伟大创举，是各国共商共建共享的大平台。对广西而言，"一带一路"倡议是一个前所未有的重大机遇，广西只有紧跟"一带一路"倡议，积极发挥地处祖国南疆、毗邻北部湾、南面东南亚、西南与越南相邻的良好区位优势，提高对外开放水平，才能加快经济发展，扩大广西的国际影响力，促进更高水平的经

---

① 徐天伟. 面向东盟的云南高等教育国际化发展战略研究[M]. 北京：中国社会科学出版社，2015：120.

济发展。此外，广西作为古代"海上丝绸之路"的始发地之一，创造了辉煌的历史，而今，广西抓住了"一带一路"倡议带来的重大历史机遇，努力打造成丝绸之路经济带之间相互关联协调、密不可分的衔接重要枢纽。"一带一路"倡议推动了广西与东盟各国的经济、教育和文化交流。在教育方面，广西高校积极与东盟高校建立合作关系，各国互派留学生，促进了高等教育的交流，提高了广西与东盟的教育国际化水平。同时，"一带一路"也促进了广西与东盟各国的商贸往来，2020 年，东盟成为中国第一大贸易合作伙伴。随着双方贸易往来，广西急需众多国际化人才以全面推进与东盟各国的互惠合作，并确保经济交流的持续深入。为满足北部湾经济区及相邻地区的发展需求，广西高校大力培养适应区域发展的国际化人才迫在眉睫。广西应利用自身的多重优势，加强整体谋划及顶层设计，大力支持广西高等院校及职业院校的发展，加大高等教育对外开放程度，提升广西高等教育综合水平，采取合作办学、建设培养基地和通过加强与东盟企业的校企合作等方式，提升自身知名度与影响力，培养更多国际化人才，吸引更多留学生来桂留学。

(三) 就业市场需求

随着区域经济合作交流的深入发展，北部湾经济区的开放程度得到了进一步提高，国际交往日益增多。但是北部湾经济区外向型人才较少，国际化程度不高，严重缺少具有国际视野、了解国外市场及专业基础扎实的国际型人才，这制约了北部湾经济区的发展。北部湾经济区尤其缺高级人才和小语种导游及国际贸易、国际法及外语等专业的外向型人才。随着中国-东盟博览会和中国-东盟商务与投资峰会的举办所产生的巨大品牌影响力和辐射效应，广西各地市近年来举办了东南亚旅游美食节、柳州国际水上狂欢节及中国（横州市）茉莉花文化节等特色活动，这些展会使广西对国际化人才的需求更为迫切。《广西"十四五"规划和2035 年远景目标建议》提到，重视人才培养，深入改革人才培养机制，推行更为开放的人才政策，打造面向东盟的人力资源强省，是对国际化人才需求的集中体现。

(四) 广西高等教育发展水平不断提升

"十三五"以来，广西高等教育迅速发展，高等教育水平得到显著提升。2016 年至 2020 年，广西高校数量从 73 所增加到 82 所，且本科层次高校数量增加。广西高校教育资源配置更趋于完善，高校布局趋于合理，各高校谋求自身特色发展的意识逐渐增强，专业布局与广西区域发展的耦合度提高，师资力量逐步增强，学科建设及科研平台也得到了长足的发展。

在学科建设方面，以广西大学为例，截至 2021 年，广西大学有 2 个国家级重点学科，分别为结构工程和动物遗传育种与繁殖；1 个国家（培育）重点学科，为微生物学；1 个"双一流"建设学科，为土木工程。广西大学有 10 个广西一流学科，13 个广西优势特色重点学科，6 个"211 工程"建设重点学科，17 个一级学科博士学位授权点，37 个一级学科硕士学位授权点，25 个专业硕士学位授权类别和 11 个博士后科研流动站[1]。广西重点学科及硕士、博士点的增加增强了广西高等教育的综合实力，对广西经济社会的发展发挥着引领作用。

在科研平台建设方面，广西大学有 1 个国家重点实验室，1 个国家级国际科技合作基

---

[1] 广西大学. 学校概况[EB/OL].[2024-03-28].https://www.gxu.edu.cn/xdgl1/xxgk1.htm.

地，2个省部共建协同创新中心，4个教育部重点实验室和工程研究中心，1个教育部战略研究基地，1个教育部区域与国别研究基地以及1个国家林业局（现国家林业和草原局）重点实验室①。广西高校科研平台的建设提升了广西科研创新、人才培养及学科建设水平，既服务了广西地方经济的发展，也推动了广西高校科研水平的提高。

广西有着优越的地理位置及丰富的自然资源和民族文化，这些资源及文化为广西开展对外经贸往来及高校教育国际化合作提供了丰富的素材。此外，除传统的汉语专业、商科专业外，壮医学、汽车工程等专业成为近年来广西吸引留学生的亮点之一。

（五）投资环境改善

随着"一带一路"倡议的推进及自贸区的成立，为提升对外开放水平和推进双边贸易发展，广西及东盟各国制定了对外开放的政策，并获得了丰硕的成果。从政治环境看，除缅甸外，其他国家政局基本稳定，为广西赴外投资创造了良好的外部环境。从政策层面看，东盟各国在税收、外贸等方面对中国给予一定优惠。例如，为优化外国人投资环境，泰国修改了与投资相关的法律；老挝允许外国人在基础设施建设、医疗保健、重要工业原料及设备生产等方面进行投资，并鼓励外国人在老挝开办企业，同时制定了税收优惠政策等。从经济环境看，东盟各国有极大的市场潜力。从文化环境看，广西与东盟地理位置相近，在宗教习俗、生活习惯等方面存在一定的相似性，并且2009年通过的《东盟社会文化共同体蓝图》为中国扩大了文化影响力。

"十四五"时期是建设壮美广西、共圆复兴梦想的关键时期。如今，广西人才发展面临巨大挑战，必须着重解决人才国际化程度不足的问题，以满足区域经济合作开发对人才的需求。因此，广西高校专业设置及人才培养模式应及时调整，改革广西高校专业设置，调整人才培养结构和模式，培养更多宽口径、厚基础、强能力的国际型人才，尤其是民办高校，应充分发挥办学的灵活性，结合广西经济发展所需，整合资源，调整学校办学模式，为广西培养高质量的国际化人才，提升自身办学优势及实力。

二、广西高校教育国际化发展挑战

广西高校教育国际化是一把"双刃剑"，"一带一路"倡议的实施、中国-东盟自贸区的建立和中国（广西）自由贸易试验区的成立给广西高等教育带来发展机遇的同时，也带来了严峻的挑战。

（一）广西高等教育发展相对落后

在高校国际化方面，广西虽然具有一定优势，但是也存在一些不足之处。第一，广西教育综合实力有待提高。在第四轮全国学科评估中，广西共有9所高校上榜，其中B+的学科共有2个，B的学科有8个，B-的学科有15个，C+的学科有21个，C学科有16个，C-的学科有19个，总共上榜学科有81个，占全国高校学科1.58%，处于全国下游水平。在参评的9所高校中，广西大学的上榜学科最多，共有27个学科上榜，但是被评为B+的学科为广西师范大学的马克思主义理论及广西艺术学院的美术学①。第二，教师队伍整体水平不高。在2020年国家杰出青年基金项目300位候选人中，广西无一人上榜。截至2021年，广西共有8所院校具备博士学位授予资格，共有52个一级博士点及专业博士点，

---

① 根据第四轮全国学科评估结果公布整理而成。

落后于同属于西部省份的云南省。同时，广西多所高校对高水平师资的需求较高，存在引进高层次人才的物质条件难以兑现的问题，导致后续优秀人才的引进受影响。又如，广西部分学院博士、教授比例偏低，缺少高水平学科带头人，教师团队结构不合理，教师整体素质无法适应高等教育的发展。第三，部分高校办学条件较差。广西部分高校存在"缺、旧、少"的情况，如学生宿舍条件差、基础教学设施老旧、教师办公室配备不足等，这严重影响了学生的日常学习和生活，制约着教师教学质量的提高。

（二）与其他地区国际生源的竞争压力增加

随着广西高等教育的发展及国际影响力的扩大，越来越多的留学生赴桂留学。但是，广西面临优秀留学生生源难以获取的巨大挑战。第一，与广西毗邻的云南省是国家"桥头堡"战略体系的组成部分，也是东盟留学生最多的省份之一，与越南、老挝和缅甸相邻，有着傣族、苗族、景颇族、瑶族、哈尼族、佤族等多个跨境民族，如我国的傣族与泰国的"泰族"、老挝的"佬族"及缅甸的"掸族"为跨境民族，跨境民族虽国家不同，但有着同一历史渊源及民族意识，使得泰国、老挝和缅甸等国留学生更倾向于选择到云南接受跨境教育。第二，同为亚洲国家的韩国、日本高等教育发展水平较高，欧美国家更甚，这些国家有着丰富的教学资源、先进的教学理念、优越的教育环境，在吸引东盟国家留学生上也有极大的优势。第三，对东盟留学生而言，贵州、重庆等地区也有着不可忽视的吸引力，在吸引东盟留学生上有着独特的优势。因此，广西高校教育的国际化面临着生源的巨大竞争。而近年来，"留学热"持续升温，留学"低龄化"日趋明显，出国学习的学生越来越多，也导致了教育资源的外流，影响了广西高校教育国际化的长远发展。

（三）与东盟国家产业结构难以互补

广西作为西部省份，经济发展水平较低，有极大的发展潜力。在产业结构上，广西与东盟国家一致，皆为劳动密集型产业，具有相似的商品结构，出口商品主要为劳动密集型产品，如纺织品及塑料制品等；在农产品结构方面，广西与东盟各国农产品结构相似，如糖业是泰国经济发展的重要支柱，也是马来西亚的重要产业，还是广西的重要经济支柱产业，在产业上并没有形成互补，存在明显的竞争关系。此外，越南、老挝、缅甸及泰国等国家经济发展水平不高，且部分国家缺乏稳定的投资条件，安全问题不能得到保障，影响了广西与东盟各国经济交流合作的广度和深度。

（四）转变教学理念的困难

目前，除了广西大学、广西师范大学和广西医科大学等几所高校综合实力较强、排名较高外，整体而言，广西高校国际化的水平并不高，民办高校国际化程度更低。相比于公办高校，民办高校在国际化进程中存在更多问题。例如，部分民办高校存在经费危机与办学理念危机。民办高校办学时间短，缺乏办学经验，师资力量薄弱，经费来源狭窄，其办学经费必须首要保障高校的正常运行，因此高校国际化办学经费不足；同时，部分领导由于自身对教育国际化的理解不透彻，缺乏教育国际化动力与理念及格局意识，不能用发展的眼光看待高校国际化发展，忽视了高校教育的国际化进程。对于民办高校而言，在维持高校的正常运行、确保办学规模与质量逐步提高的同时，还要兼顾高校教育国际化的开展，存在不小的压力。因此，民办高校更应以广西人才需求结构为主，明确人才培养的目标，开设符合广西需要的专业，同时深入研究及创新国际化人才培养模式，制定长期的国际化发展战略，兼顾国内外学生的培养和中外籍教师的引进，办出水平与特色。公办高校在高校教育国际化进程中同样也存在类似的问题，尤其是一些办学规模较小、成立时间较短的专科高校，这些高校教学基础设施与教学管理尚未完善、教师队伍建设不足，在办学方面还存在许多问题，高校国际化尚未得到开展。总之，无论是民办高校还是专科高校，高校领导应对高校教育国际化水平的提高予以重视，制定长远的国际化目标，转变办学理念，培育适应全球化的高素质国际化专业人才。

第五章 广西高校教育国际化发展的个案分析

第一节 广西大学教育国际化发展分析

一、广西大学概况

广西大学成立于1928年，坐落在风景如画的广西首府南宁市，于当地而言，是办学历史最悠久、规模最大的综合性大学，也是广西唯一的国家"211工程"建设学校，世界一流学科建设高校，教育部和广西壮族自治区人民政府"部区合建"高校。在90多年的办学历程中，广西大学秉持"复兴中华，发达广西"的办学宗旨和"勤恳朴诚，厚学致新"的校训，形成了别具一格、特色鲜明的校风，以及浓厚的学术氛围。近年来，广西大学的发展得到中央和广西壮族自治区党委政府的关怀和支持，在自治区党委政府批准印发的一系列政策文件的基础上，学校进入了以"双一流"建设和"部区合建"为主要目标的内涵式发展新阶段[1]。

广西大学国际学院成立于2018年6月，承担着广西大学教育国际化战略的重要任务，是广西大学国际化的窗口。广西大学国际学院主要负责广西大学与美国、法国、加拿大、澳大利亚等国的知名大学进行交流与合作，以及全校留学生的招生与管理，对外汉语教学与国际教育事务等。广西大学国际学院开设11大学科门类，涉及24个学院的从本科、硕士研究生到博士研究生的专业，拥有教职工123名（其中，中方教职工115名、外籍教师8名），在读中国学生775名（其中，博士研究生17名，研究生39名，本科生719名），招收管理全校留学生2 251人，留学生数量招生人数呈现出逐年递增趋势。此外，国际学院已经形成了特色办学、国际化发展的格局，在此基础上，强化国际办学理念，不断为广西更多高校的国际化办学模式贡献广西大学国际学院的智慧和办法，并利用得天独厚的地理、科研优势，不断加快一流学院建设的进程。与全球48个国家和地区的273所高校及学术机构签署了学术合作交流协议，与东盟十国90所高校及学术机构合作交流密切，并且设有一个国家级国际科技合作基地[1]。此外，国际学院作为中国-东盟区域发展省部共建协同创新中心人才培养基地的创新载体，不断吸收和学习协同创新中心的各项研究成果。在中国-东盟区域发展省部共建协同创新中心和中国-东盟大学智库联盟两大平台的支

---

[1] 广西大学. 广西大学学校概况[EB/OL]. [2024-03-28] https://www.gxu.edu.cn/xdgl1/xxgk1.htm.

持下，国际合作办学项目学生有机会优先于其他学生参与到两个研究平台的科研项目和国际科技合作项目中，每个参与项目的本科生都会有1名导师指导，实行本科生导师制。

二、广西大学教育国际化发展的现状

（一）观念与规划国际化

广西大学以培养新时代有社会责任感、有法治意识、有创新精神、有实践能力、有国际视野的"五有"领军型人才为目标，大力引进优质的国际教育资源，吸收国外先进教育理念，利用自身地理优势，与国外大学开展实质性合作办学，开设6个中外合作办学及校际交流项目，实现在广西大学学习阶段和在国外学习阶段的有机衔接，实施国际化的教学培养计划，共同培养具有国际视野的高素质复合型人才。广西大学的教育国际化从宏观层面看，体现在设置国际学院和国际化机构组织，全面负责全校国际合作项目以及留学生的招生管理、对外汉语教学等国际性教育事务；微观层面上则体现在学校领导者和管理者对教育国际化战略的认可，以国际化的办学视角来指导学校的教学、科研和社会服务的发展方向，高校教师了解本学科、本专业的世界发展前沿，以跨文化的、整体性的思想培养学生全球化观念。

（二）课程国际化

广西大学作为广西唯一一所"部区合建"高校，在课程国际化方面对区内其他高校起到了示范引领作用。广西大学在一些具有国际特征与国际性倾向的学科专业上起到示范作用，如"国际商务""国际贸易"等。学校课程的国际化主要表现在"双语课程"的设置与开发、师资队伍建设和学生的外语能力训练等方面[1]。近年来，广西大学加大开设双语课程的力度，拨出专项基金资助双语课程建设项目，鼓励具有国际特征与国际倾向的专业使用原版教材并开展双语教学。同时，由于广西毗邻东盟，靠近东南亚，除英语外，广西大学还积极探索并开设老挝语、越南语等与地缘优势相适应的小语种及文化课程供在校学生选修，以深层次地提升广西大学教育国际化水平。

（三）学生结构国际化

近年来，广西大学不断优化学生交流项目类型的组成结构，逐步形成较成熟的学分学历互认的学习制度，促进了广西大学留学生教育的稳步推进，留学生规模逐渐扩大。广西大学留学生约占在校生的5.8%，大多来源于东盟十国，其中以老挝、越南和泰国居多。同时，广西大学开展的中外合作办学项目与校级交流项目也促进了本土学生前往其他国家交流与学习，丰富了教育背景，做到了"引进来"和"走出去"相结合，进一步实现了学生结构国际化。广西大学留学生数量和参与中外交流项目学生数量逐渐增多，学生国际化趋势明显。同时，广西大学致力于提高专业学生、学历生在学校留学生中的占比，不断推进留学生层次的提升，有利于提升学校国际化人才的培养水平，在海内外形成较好口碑以吸引更多的来华留学生到校学习。

（四）教师结构国际化

教师结构国际化主要指外籍教师及留学归国人员在教师总数中所占的比例增多，主要

---

[1] 胡建华. 中国大学课程国际化发展分析 [J]. 中国高教研究，2007 (9)：69-71.

包括教师来源的多元化、学术背景的国际化、知识结构的综合化和学术水平的高端化。近年来，广西大学国际学院重视人才的培养与引进，具有留学或访学经历的教师总体数量不断增加，高层次人才呈现持续增长的态势，人才队伍的核心竞争力显著增强。广西大学大力支持教师参与国外访学和深造以丰富高校教师的学术背景，以促进学术结构的综合化。因此，广西大学各学院许多学科教师有一定的国外留学、访学和进修经历。学院教师国际化水平的不断提高，有利于实施国际化教学培养计划，共同培养具有专业优势、外语优势和全球视野的复合型国际化专业人才。

（五）合作办学国际化

广西大学国家合作办学模式有中外合作办学项目与校级交流项目两种类型。中外合作办学项目包括信息安全、金融数学、金融学和工商管理等四个专业。广西大学中外合作办学项目的办学层次为本科，合作院校为美国东密歇根大学，采用"3+1"培养模式，广西大学为达到毕业要求的学生颁发广西大学普通本科毕业证书和学士学位证书，同时，美国东密歇根大学为学习期满且成绩合格者授予美国东密歇根大学学士学位证书。另外，广西大学也与美国中田纳西州立大学合作举办本硕连读校际交流项目，采用"3+1+1"培养模式，目前在金融数学、金融学和工商管理三个专业招生，按规定圆满完成学业并达到两校毕业和学位要求、成绩合格的学生将在五年内获得广西大学普通本科毕业证书和学士学位证书，以及中田纳西州立大学的硕士学位证书。

（六）机构设置国际化

广西大学国际学院作为中国–东盟区域发展省部共建协同创新中心人才培养基地的创新载体，不断吸收和学习协同创新中心的各项研究成果。中国–东盟区域发展省部共建协同创新中心所产出的成果均具有重要的经济和社会效益，其下属的中国–东盟研究院设有越南、老挝、缅甸、柬埔寨、泰国、新加坡、印度尼西亚、马来西亚、文莱和菲律宾十个研究所，而中国–东盟研究院对广西大学国际合作办学项目学生参与国际科研项目和国际科技合作项目具有较大的帮助与支持作用。另外，广西大学国际学院内设有国际合作与交流处，负责开展全校国际交流工作与招生管理，包括教师与学生出入境、外专引智、孔子学院与汉语国际推广等国际教育事务。

三、广西大学教育国际化发展的挑战

（一）留学生教育层次偏低

目前，来广西大学攻读学位的留学生规模不断扩大。但总体而言，学历生群体在来华留学生总体中所占的比例始终低于非学历留学生，与发达国家和地区相比具有较大差距，致使广西大学留学生教育存在层次偏低的问题。

（二）外籍教师使用和管理混乱

学校忽视了开发外教在课堂上的其他潜能，将教学重点放在传授语言课上，并未合理地发挥外教资源的价值。在选择外教上，存在没有依据实际情况引进外教且质量没有保证的问题。这种现象出现的主要原因是学校方面片面追求外教数量，将外教数量视为建设高质量学校的重要指标，认为引进外教有利于扩大学校资源，打造学校名气和口碑，从而吸引更多优质生源。对自治区政府而言，属地高校积极引进外教，推进学校建设，扩大生源，有利于发挥集聚效应，促进自治区的发展，所以对广西大学盲目引进大量外教这一现象监督不够。因此，随着中外合作办学机构的迅速发展，外教往往供不应求，以至于一部分缺乏相应资格的外国人来做外教，使得广西大学外教使用出现混乱，国际化课程的教学质量不高[①]。

（三）国际学术交流形式单一

在高校教育国际化进程中，"人"的因素最根本，而学术交流是高校教育国际化最基本的形态。广西大学东南亚研究中心于过去的几年内在相关主题的专著及论文方面，成果颇为丰厚。因此，我国与东盟国家虽然已开展多次学术交流活动，但是其内容的深度却仍然有待提升，大部分仅仅在办学经验的层面上进行基础的交流，例如互换学者、短期往来等，合作项目少、举办会议少，仍处于交流探讨的初级阶段[②]，造成双方学术资源的浪费。互惠互利，合作共赢是高校之间展开学术交流的主要目的，双方通过交流与合作，互相借鉴对方学术研究的优点，沟通对方研究过程中遇到的难题，有利于取长补短，提高学术研究的质量和效率，从而创造出更多的研究成果。因此，停留于初级层面的国际学术交流显然不足以真正发挥国际学术交流的价值，仍需在探索中不断深入，使国际学术交流形式变得丰富起来，开展更具深度的交流合作，从而增强广西大学教育国际化的综合实力。

（四）留学生专业分布不均

广西大学留学生攻读的专业多数集中在文科专业，留学生专业分布不够均衡。来华留学生主要攻读文科类专业，其中又以文学类专业为主，其次为医科（中医），其他各专业比例均非常低，导致广西大学出国留学生和来桂留学生在专业上出现了极大的不平衡[③]。

四、广西大学教育国际化发展的制约因素

（一）中外合作办学质量保障机制亟待完善

在中外合作办学中，现有的合作模式仅仅引进国外高校的少量教师前来授课，而没有实质性地引进国外的教材和教学资源，也没有借鉴和学习国外高校的先进管理模式和治理经验。因此，广西大学中外合作办学项目的审批和评估机制，以及与这一机制相适应的支撑和管理体系的完善至关重要[④]。

（二）缺乏完善的顶层设计和落实机制

高校的教育国际化工作缺乏前瞻性、理论性和系统性指导。广西大学虽然有教育国际化发展规划，但对于自身教育国际化缺乏深入思考，并未体现相应的顶层设计，导致执行力度和深度不够，且缺乏完善和有效的管理和评估机制，国际化进程缓慢[⑤]。因此，广西大学有必要加深对国际理解教育这一理念的认识。观念的树立是一个潜移默化的过程，需要广西大学将国际意识渗透到学科教学当中，渗透到学生的思维意识当中。正所谓教学相

[①] 杨晓琴. 广西—东盟高等教育合作现状及对策研究 [D]. 桂林：广西师范大学，2011：29.
[②] 韦玫. 中国-东盟背景下广西高等教育国际化对策研究 [D]. 桂林：广西师范大学，2007：32-33.
[③] 马健生. 教育国际化政策及其实施效果的国际比较研究 [M]. 北京：北京师范大学出版社，2018：464-466.
[④] 马健生. 教育国际化政策及其实施效果的国际比较研究 [M]. 北京：北京师范大学出版社，2018：470-471.
[⑤] 于欣力. 高校国际化探索与实践 [M]. 青岛：中国海洋大学出版社，2008：3-65.

长,教师培养学生的过程,也是对自身国际意识进行强化的过程,进而整体提升学校国际化水平。例如,可以鼓励教师充分挖掘自身学科的国际化元素,以渗透国际理解教育;可以鼓励教师借助恰当的人文视角,提升国际化教育的人文价值;可以鼓励教师适当拓展知识面,提高学生对国际化的理解水平。

(三) 留学生培养趋同化

在留学生培养模式上,广西大学尚未形成对不同类型研究生的特色培养体系。虽然在当前招生的政策中,对于留学生的专业学位研究生教育与学术型研究生教育在培养方式、目标上大相径庭,但是由于师资及课程的限制,出现培养趋同化的现象,难以满足留学生的学习期望以及社会对高精尖人才的大量需求[①]。因此,广西大学应尽快调整各项政策,解决当前制约性的问题,提高自身的综合实力,摆脱留学生培养趋同化这一困境,注重研究生的特色培养。

(四) 高校内协作意识及执行力有待加强

广西大学在教育国际化上缺乏下属学院的响应和有效执行,主要表现为校方主导工作的开展,而二级学院、相关机构部门和教职员工没有积极地参与到过程中。广西大学校内国际交流部门与二级学院、研究生管理、教务管理等部门也未形成有效的协同机制,各自为政的情况较为普遍,导致学校有限的资源难以充分发挥作用。究其原因,一方面是因为高校内部各个二级学院之间存在竞争关系,在争夺教学资源过程中会出现博弈现象,各学院之间实现充分协同难度较大。另一方面则是因为高校本身是一个庞大的机构,内部之间层级较多,而校方资源有限,统筹工作较难。不过,这也是高校教育国际化中势必会出现的问题。总之,广西大学教育国际化需要加强各部门的协作意识,探索新型的统筹管理方式,促进各部门和学院间的紧密联系,共同贯彻执行,合力加速推进广西大学早日实现教育国际化。

第二节　广西民族大学教育国际化发展分析

一、广西民族大学概况

广西民族大学坐落于南宁市景色宜人的相思湖畔,具有鲜明的壮乡民族特色和浓厚的异域风情,文化融合的魅力在广西民族大学体现得淋漓尽致。广西民族大学是一座景色优美、历史悠久、底蕴深厚、开放包容并兼的大学。学校现有相思湖校区、思源湖校区和武鸣校区,占地总面积约3 600亩[②]。广西民族大学现建成22个本科教学学院,涵盖11个学科门类。学校与22个国家和地区建立了友好的合作交流关系,参与到合作交流的机构和高校数量达到182所。广西民族大学累计接收和培养来自83个国家和地区的留学生2.4万余人。

---

① 柴国生,张同学,王丽莉. 地方高校研究生教育国际化高质量发展策略研究[J]. 中原工学院学报,2020,31(4):88-94.

② 1亩≈667平方米。

广西民族大学秉承"厚德博学,和而不同"的校训精神,不断提高学校的核心竞争力和办学水平,凝练出"民族性、区域性、国际性"三性合一的鲜明办学特色,紧紧围绕服务国家大外交和"一带一路"倡议,贯彻落实国际性大学发展的相关战略。目前,广西民族大学下设的东盟学院、东南亚语言文化学院和国际教育学院都致力于向世界输出具有中国立场、国际视野的高素质专门人才。"十三五"期间,广西民族大学紧紧围绕人才培养、科学研究、社会服务、文化传承创新和国际交流合作五大职能,全面深化改革,加快推进内涵式发展,不断提升办学水平,为建成特色鲜明的高水平民族大学而不懈奋斗①。此外,广西民族大学下设的国际教育学院具有鲜明的国际性,国际化应用型人才培养取得显著成效,产生极大的社会影响力。广西民族大学国际教育学院积极打造国际合作教育品牌,设置国际化的课程体系,既开设国际通用的会计课程,也开设具有中国特色的经济类、管理类课程,学生不仅学习基础理论知识,而且接受会计方法和技巧方面的训练,为"一带一路"建设培养大量懂英文、熟悉国际规则的经济管理人才。同时,其核心课程采用原版英文教材,聘用国际上高水平的外教进行全英文课堂教学,大部分专业学位课程由英国斯泰福厦大学认可的专业教师采用全英语教学和考核。学生毕业时达到中英双方本科教学人才培养方案要求,即可获得中英双方颁发的学位证和毕业证书。

二、广西民族大学教育国际化发展的现状

(一)学术交流国际化

广西民族大学积极主办有影响力的国际学术会议,通过派遣教师出国访问、进修、科研合作、参加国际学术会议等提升教师的国际化视野,并开展实质性国际合作研究,不断提升学校综合实力和国际影响力。为推进学术交流与人才培养的国际化进程,广西民族大学积极加强与东南亚等国家高等院校、科研院所的合作,与新加坡国立大学,泰国清迈大学、朱拉隆功大学,越南东盟—中国研究中心,老挝国立大学,文莱大学,菲律宾大学,印度尼西亚阿赫玛达兰大学、巴查查兰大学,马来西亚大学、马来西亚新纪元大学,柬埔寨皇家科学院等建立了人才培养、学术交流与合作关系。广西民族大学主办、承办或协办了中国-东盟高等教育论坛、中国-东盟公共管理国际学术研讨会、澜湄"多国多园"合作交流研讨会、中国-东盟形势分析会、国际安全研究论坛及中国-东盟研究生论坛等多个具有国际影响力的国内外学术会议,为学生建立国际化思维模式奠定基础。

(二)教师结构国际化

高校教育国际化的推进与师资队伍的建设息息相关。作为广西民族大学国际化教学合作载体的国际教育学院现有教职员工87人(含外籍教师12人),具有高职称的教师12人,具有博士学位的教师有14人,具有海外背景的教师有47人,是广西民族大学教师国际化程度最高的学院②。与此同时,广西民族大学不断从国内外全职引进具有国际化视野的人才,引进外籍专家和教师等国外智力为学校所用,鼓励和资助中青年骨干教师以不同形式和渠道到国外高水平大学或科研机构进行学习和交流,是学校教职工出国(境)访学

---

① 广西民族大学. 广西民族大学简介[EB/OL].[2024-03-28].https://www.gxmzu.edu.cn/xxgk1/xxgk1.htm.
② 广西民族大学. 广西民族大学国际教育学院概况[EB/OL].[2024-03-28].https://gjjy.gxmzu.edu.cn/xygk/xygk.htm.

的重要渠道之一，为促进学校国际化办学，培养具有国际视野的高水平师资队伍提供了重要平台。通过有组织有规模地组织教师外派留学培养，大幅提升学校具有海外留学经历的教师在教师队伍中的比例，加快推进教师队伍的国际化进程，开阔中青年教师的国际视野，提升他们的创新能力和学术水平。

（三）合作办学国际化

国际教育学院作为广西民族大学国际化程度最高的学院，其办学具有鲜明的国际性特色，国际化应用型人才培养取得显著成效，产生良好的社会影响力。广西民族大学与22个国家和地区的182所高校和机构建立了实质性的交流与合作关系，与泰国玛哈沙拉坎大学、老挝国立大学、印尼丹戎布拉大学合作建立了孔子学院[①]。同时，广西民族大学国际教育学院积极打造国际合作教育品牌，与英国斯坦福厦大学共建的会计学本科（中英项目）是广西高校中最早获教育部审批的中外合作办学项目，大部分教职工具有海外留学背景，通过采用国外原版英文教材和聘请高水平外教全英文授课等措施，引进境外优质教育资源、先进教育教学理念和方法，让学生既能掌握国际前沿的专业课程基本理论和知识，又能提高英语听说读写译等能力。经过多年的办学经验积累和探索，项目已形成一套国际化特色人才培养体系和模式。应用型高职教育采用"2+2"培养模式，2年在国内高校学习、2年到国外合作院校学习。专科生入学成绩整体高于其他高职高专学校，毕业生质量展示了广西民族大学国际教育学院在培养国际化应用型人才方面的丰硕成果[②]。

（四）机构设置国际化

国际教育学院是广西民族大学国际教育的重要平台，主要承担来华留学生教育与管理、中外合作办学项目建设、项目学生的培养与管理、国际交换生培养等工作。汉语国际教育系、商务外语系、中英项目会计系等三个教学系，建有国际文化交流中心、多媒体会议室、教学实验室、图书资料阅览室等。现有汉语国际教育（留学生）、国际商务、中英项目会计学3个本科专业。截至目前，来华留学生在册780多人，来自28个不同的国家，分布在国际经济与贸易、汉语国际教育、民族学、国际商务、语言学与应用语言学等30多个专业。学院目前有在校生1 300多人。

三、广西民族大学教育国际化发展的挑战

（一）双语教学推广力度不够

高校在本科教育方面要广泛使用英语等外语教学，并提倡使用英文原版教材。这是在我国留学生留学于英美人数日益增多的背景下，我国高校必须采用的一项措施。随着双语教学在全国的普及，在广西，各高校为这种新兴的外语教学方式开展了大量的探讨活动，并取得了一定的成就，但广西民族大学仍有部分专业尚未成功地实施双语教学，这不仅直接导致了在语言教学方面远远低于全国的基本要求，而且限制了该校出国留学生的人数。综上所述，广西民族大学需要解决在双语教学方面的短板，大力推广双语教学，使其双语教学能力与全国水平持平，为推进教育国际化的实现贡献力量。

---

① 广西民族大学. 广西民族大学学校概况［EB/OL］.［2024-03-28］. http://www.gxun.edu.cn/xxgk1/xxgk1.htm.
② 广西民族大学. 广西民族大学学国际教育学院学院概况［EB/OL］.［2024-03-28］. https://gjjy.gxun.edu.cn/xygk/xygk.htm.

（二）留学生后勤基础设施薄弱

广西高校相对于其他东西部地区而言，跟东盟留学生教育合作起步较晚，规模也相对比较小，经验不够丰富。部分东盟留学生适应不了来华的学习与生活，并不是由于气候、地区等方面的差异，而大多由于校方专门为其生活、学习所需设立的相关基础设施有待加强。例如，当前广西民族大学为东盟国家留学生提供了专门的留学生公寓，但是由于文化、宗教信仰等各方面的差异，东盟国家的留学生还是不能很好地适应其环境。在大量的外来学生来华学习的背景下，学校应正视并解决当前的高校后勤基础设施建设薄弱的问题[①]。

（三）中外合作办学形式有待拓展

随着广西与东盟经贸合作往来的日益增多，教育、文化合作交流的频率也逐步增加，广西高校与东盟合作办学的项目呈递增趋势。尽管在国外合作办学项目上，在国家的帮助下，广西民族大学成功与东盟国家合作建立了孔子学院。但总的来说，境外合作项目方面形式较为单一，大多数以孔子学院的形式办学，对于东盟国家部分教育质量差的地区，没有充分地利用与广西相邻的得天独厚的地理位置和广西高校的资源优势开展合作办学，并且合作内容和合作形式缺乏创新性[②]。要突破能力培养的瓶颈，就必须在教学组织形式和课程管理模式上有所改革。

（四）教学模式陈旧

广西民族大学在培养区域性国际化人才的过程中，仍然停留在"以教师为中心，以教材为中心"的传统教学模式上，过于重视学生的整体性而忽视了个性，过于重视教师的主导作用而忽略了学生的主体地位，抑制了来桂留学生在教学活动中的主动性、积极性和创造性，导致学生素质与国际化人才要求相差甚远[③]。所以广西民族大学必须革新教学模式，转变教学理念，改变教学方式和组织形式。在教学理念上，从注重知识传授转向注重能力培养；在教学方式上，从注重教师主导转向注重学生自主；在教学组织形式上，从教师、学科相互独立转向合作联动。

四、广西民族大学教育国际化发展的制约因素

（一）国际化的资源未得到有效整合

目前，高校国际化办学在财力、人力、物力等方面的投入力度仍在加大。广西民族大学的教育国际化经费投入比重较大，体现了学校在国际化工作上的决心和重视程度，然而，国际化的资源并未得到有效整合，在经费的有效使用水平方面有待提高，重硬件设施建设、轻软件建设的现象有待改善[④]。教育国际化所涉及的各项工作内容环环相扣，若国际化资源未得到有效整合，就会在某些方面产生薄弱之处，从而影响整体的发展质量。此外，还需要发挥多方主体作用，在学校师资队伍、办学条件、外部资源环境等逐渐改善的同时，做好统筹工作，尽可能实现物尽其用，人尽其才。

---

① 杨晓琴. 广西—东盟高等教育合作现状及对策研究 [D]. 桂林：广西师范大学，2011：30.
② 韦玫. 中国-东盟背景下广西高等教育国际化对策研究 [D]. 桂林：广西师范大学，2007：31-32.
③ 黄勇荣. 西部少数民族地区人才培养区域性和谐发展研究 [M]. 南宁：广西人民出版社，2015：227-228.
④ 于欣力. 高校国际化探索与实践 [M]. 青岛：中国海洋大学出版社，2008：3-65.

（二）未形成规范化的国际化运作体系

目前广西民族大学的国际化运作体系还不够完善，国际化的目标、进度以及各教学、科研和管理部门对于推进国际化的职责不够明确，总体国际化程度有限，迫切需要将国际合作与交流活动从个体的、分散的活动逐步转变为有规划、有规范、有组织的活动。广西民族大学有必要完善国际化管理体系，构建国际化运作规范框架，引导国际化工作沿着科学轨道运行[1]。

（三）管理和评价机制不够健全

广西民族大学教育国际化在形式上由学校和学院两级进行管理，而在实际的运行过程中，在教学资源的整合和学科专业调整的过程中，两级管理机制没有发挥真正的效用，依旧存在管理不规范的问题，尤其是在学生的毕业论文、教学质量监督和管理等培养国际化人才的关键环节缺乏相应的管理和评价制度[2]。管理和评价制度的不健全，导致问题出现时无法立刻得到相应的反馈以进行有效的控制，无法保证国际化工作的顺利开展。为实现学生培养目标、体现国际化的办学特色，广西民族大学应该建立多元化的教学评价体系。力求每一名教职员工都是课程的开发者、实施者和评价者，每一名学生都是课程的参与者、受益者和评价者，同时需要建立规范的评价与改进机制。由学校层面通过专家指导与对学生进行问卷调查的方式，不断反思总结课程改革与开发过程中出现的各种问题，在评价课程时，有机结合对学生和教师的评价。通过广西民族大学多元评价体系的建立及学生、教师对学校国际化教育教学的反馈，不断优化管理和评价机制，提高教师与学生的综合素质。

（四）课程体系设置无特色

在课程体系的设置上，广西民族大学大多参考国内外其他学校设置，借鉴了教育国际化的课程表现形式，而未深入了解国际化课程设置的精神内核，未形成与当地经济社会发展相关的特色课程，存在部分课程设置不均衡、内容参差不齐、创新度有待提高等问题。国际化元素在课程中融入较少，国际化课程门类开设不多，考核方式仍然主要采用考试等传统方式，教育国际化课程设置的实践意义难以得到充分的体现[3]，不能充分激发留学生的学习热情。

第三节　广西师范大学教育国际化发展分析

一、广西师范大学概况

广西师范大学地处国际旅游胜地桂林，是教育部与广西壮族自治区人民政府共建高校、"中西部高校基础能力建设工程项目"高校、广西壮族自治区人民政府重点支持建设

---

[1] 于欣力. 高校国际化探索与实践 [M]. 青岛：中国海洋大学出版社，2008：3-65.
[2] 黄勇荣. 西部少数民族地区人才培养区域性和谐发展研究 [M]. 南宁：广西人民出版社，2015：228.
[3] 柴国生，张同学，王丽莉. 地方高校研究生教育国际化高质量发展策略研究 [J]. 中原工学院学报，2020，31（04）：88-94.

国内一流大学的3所高校之一。截止到2021年10月,学校共有在职教职员工2 500多人,全日制本科生近27 000人,硕士研究生7 000多人,博士研究生350多人,各类留学生近1 700人,成人教育学生26 000多人。目前,广西师范大学已发展成广西国际教育的"排头兵",正全力推进"双一流"建设和综合改革,努力实现建设国内一流、国际知名、教师教育特色鲜明的国内高水平大学的目标。此外,广西师范大学始终坚守教师教育的使命与担当,确立了"引领广西、打造品牌、服务基础、走向海外"的教师教育发展思路,形成了涵盖各级各类师资培养的"全覆盖"体系,为推动广西教育发展做出了贡献[①]。

广西师范大学下设的国际合作与交流处、港澳台事务办公室是学校执行涉外政策、协调对外交流与合作事务的职能部门和办事机构。其下设办公室、外事管事科、国际学生招生办公室、国际学生管理科、孔子学院办公室、海外项目合作科、外国语言文化系、汉语言文化系以及外国专家与国际学生服务中心等科室,主要承担国际合作与交流、港澳台交流和汉语国际推广三项工作。国际文化教育学院成立于2000年,并在2018年通过教育部来华留学质量认证。学院设汉语言文化系和外国语言文化系,有专任教师20人,其中有教授2人、副教授7人、博士和在读博士7人。汉语言文化系在20世纪90年代初便开始招收来自世界各地的留学生,至今已经形成涵盖语言进修、本科学习、研究生培养的综合人才培养体系;外国语言文化系旨在培养"英语+专业"能力结构的高级复合型人才,其师资以外教为主,引进国外先进的教学理念和教学方法。自20世纪80年代以来,广西师范大学先后接纳长短期留学生数千名,留学生规模达1 800多人(其中长期留学生900多人)。近10年共接收了来自80多个国家和地区的长、短期国际学生近16 000名。另外,广西师范大学为加强国际交流,积极开展国际文化节、国际文化讲座等国际活动,每年举办"国际文化节"作为学校国际文化教育学院的品牌项目,以多元的文化理念、创新的形式和更为新颖的内容开展多项形式不同、丰富多彩的中外系列文化活动[②]。

二、广西师范大学教育国际化发展的现状

(一) 合作办学国际化

广西师范大学下设的国际文化教育学院设有汉语言文化系和外国语言文化系。其汉语言文化系逐渐形成涵盖语言进修、本科学习、研究生培养的综合人才培养体系。其中,汉语言文化系的本科生培养主要采取与越南、泰国、印尼等国高校开展"2+2""3+1"中外合作联合培养的模式;研究生主要招收汉语国际教育硕士。另外,外国语言文化系主要承担"2+2"等模式的中外合作育人项目,旨在培养社会急需的"英语+专业"能力结构的高级复合型人才。目前,外国语言文化系有各语种专任教师10人、外专外教25人,师资力量较为雄厚,开展的项目有中英、中美、中法、中加等校际交流项目,分别开设学前教育(中英)、英语(中英)、英语(中美)、英语(中加)、视觉传达设计和环境设计(中英)等专业,有利于引进国外先进的教学理念和教学方法。

(二) 课程及专业的国际化

广西师范大学近几年来在国际观念指导下,在文化与旅游学院、文学院开设了泰语、

---

① 广西师范大学. 广西师范大学学校简介[EB/OL]. [2024-03-28]. https://www.gxnu.edu.cn/1365/list.htm.
② 广西师范大学. 广西师范大学国际文化教育学院单位简介[EB/OL]. [2024-03-28]. http://www.cice.gxnu.edu.cn/1106/list.htm.

越语及东南亚国家旅游方向的选修课,相继增开与东盟相关的国际化专业及课程,主动把国际的、跨文化的知识与观念融合到课程中来。在教材的选择方面,广西师范大学课程所使用的教材大多为国外引进教材以支持中英双语教学课程的开设,而东南亚方向的选修课使用的多为自编教材。同时,广西师范大学利用现代互联网技术的便利,致力于建设慕课等网络课程,与国外大学相互交流和合作,进行思想的交流和碰撞,促进知识的融合和资源的共享。

(三) 交流国际化

学校现与40多个国家和地区的355所高校及机构建立了全方位、多层次、实质性的合作交流关系,包括学术交流、学生交流、互派学者访学、学术资料和教材的交流以及信息往来等,并在海外分别于泰国宋卡王子大学、印尼玛琅国立大学和越南河内大学设有3所孔子学院,承担起积极推广汉语、稳步推进汉语教学活动、激发更多国外学生学习汉语的热情、扩大汉语国际影响力的责任,为国内外青年学生和学者搭建起一个互相学习交流、共同进步发展的重要平台。同时,广西师范大学是教育部来华留学示范基地和国务院侨务办公室华文教育基地,是教育部"中国政府奖学金"、国家汉办"孔子学院奖学金"和广西政府"东盟奖学金"国际学生接收单位。此外,广西师范大学王城校区和育才校区曾是越南学校的办学点,是目前国内接收和培养越南留学生最多的高校,也是全国唯一在越南建立孔子学院的高校,并于2018年成立了越南研究院,着力打造越南研究智库平台[1]。

(四) 机构设置国际化

广西师范大学国际化机构由国际合作与交流处、港澳台事务办公室和国际文化教育学院共同组成。国际合作与交流处、港澳台事务办公室是学校执行涉外政策、协调对外交流与合作事务的职能部门和办事机构,主要承担国际合作与交流、港澳台交流和汉语国际推广三项工作,包括但不仅限于拟定全校对外交流与合作的发展规划,拓展学校与海外高校和机构的合作项目,负责校际交流计划的统筹规划,管理全校各类外国留学生、港澳台学生和交换学生,教职工和学生出国出境申报审批,管理广西师范大学孔子学院日常事务等。国际文化教育学院设汉语言文化系和外国语言文化系。汉语言文化系的前身是外国留学生汉语培训中心,经过二十多年的发展,已经形成涵盖语言进修、本科学习以及研究生培养的综合人才培养体系。每年在汉语言文化系学习的各种类型的长期留学生有500~600名,参加短期项目汉语培训的学员有800~1 000名,并取得了较为丰富的科研成果。

三、广西师范大学教育国际化发展的挑战

(一) 东盟国家教师比例较小,以从事语言教学为主

教师结构的国际化是高校国际化的重要指标。在外籍教师这一层面,随着我国留学英美的留学生数量增多,广西高校为此特意招聘大量以英语为母语的外国专业语言教师。而广西靠近东盟这一特殊的地理位置使东盟来华留学生的数量远多于其他地区的高校留学生数量,也使赴东盟留学的学生数量多于其他国家。基于这一现实情况,广西的东盟国家非通用语的外教数量远低于现实需求,且外教绝大多数来自越南和泰国。当前,广西师范大

---

[1] 广西师范大学. 广西师范大学学校简介[EB/OL]. https://www.gxnu.edu.cn/1365/list.htm.

学各个专业虽然有专家开展短期的讲学和讲座,但是效果却明显不如长期开展好。因此,需要加大力度引进东盟国家的高水平师资力量,在语言教学和其他教学方面真正做到双管齐下,这样对广西各高校的经济、学科及教师国际化具有重要意义,而且会为广西未来的经济文化发展打下牢固的基础①。

(二) 东盟国家留学生人数逐年上升,但来源分布不均

高校国际化的一个重要指标是学生本身内部结构的国际化,其实质是增强学生的国际化意识。其一是为了该校学生能够拥有到国外学习、实习的机会;其二是为了借此招收来华留学生。虽然广西师范大学招收来自东南亚国家的学生人数每年都在稳步增长,但是其增长幅度小,分布不平衡。在这些学生当中,大部分留学生来自东盟国家,其中以越南留学生居多,就全国范围内而言该校是接收越南留学生最多的学校。广西师范大学留学生数量近几年稳步提升,但是从留学生来源国看,大部分仍旧是越南学生,马来西亚、印度尼西亚、新加坡的学生很少,这不利于广西师范大学与其他国家的交流合作②。因此,广西师范大学应大幅度增加招生的渠道,进而调整学校内不同国家和地区留学生所占比例。

(三) 合作办学质量的监管存在困难

目前,我国有关中外合作办学的相关规定有待完善,对其还缺少有效的管理机制。迄今对其相关项目及办学水平的审核,仍缺少一套全面且可操作性强的评估体系,导致广西师范大学与东盟学校在合作办学方面存在管理和监督困难③。这一困难的出现,使广西师范大学与中外合作办学模式形成恶性循环。中外合作办学得不到有效监管,合作办学质量也就不言而喻了;同时,由于得不到监管,便更加无法提高办学质量。

(四) 留学生管理人员素质参差不齐

近年来,广西师范大学东盟留学生数量逐渐增多,相关管理人员的数量和质量没有严格把关,存在一些不了解留学生来源国的文化、风俗习惯、宗教信仰,并且不会英语或东盟语言的管理人员管理留学生的现象。管理人员对英语或者东盟语言不熟悉,不能与留学生沟通和交流,以至于常引发一些本可以避免的问题,影响留学生的留学体验④。

四、广西师范大学教育国际化发展的制约因素

(一) 留学生来源渠道较少

近年来,广西留学生教育最突出的问题就是生源渠道较少。由于宣传途径单一、招生方式不够灵活,加之较于广西大学,广西师范大学的知名度不够,所以广西师范大学的留学生生源中通过与东盟国家院校校际交流而来的留学生所占的比例会低一些,而从其他渠道了解广西各院校并自动与广西各院校联系报名或由某些机构委托培养的留学生在东盟国家留学生总数中所占的比例并不高,留学生来源渠道较少。此外,留学生来源渠道少的另一原因在于校区不在广西首府南宁或沿海地区。这些原因导致了广西师范大学留学生来源渠道单一的局面,这样不仅影响了学校留学生结构的多样性,还对高校的国际化进程造成

---

①② 韦玫. 中国-东盟背景下广西高等教育国际化对策研究 [D]. 桂林:广西师范大学,2007:29-30.
③ 罗文洁. 广西高校与东盟高校合作办学的现状与启示 [J]. 学术论坛,2009,32 (1):194-197.
④ 杨晓琴. 广西—东盟高等教育合作现状及对策研究 [D]. 桂林:广西师范大学,2011:29.

了一定的阻碍。

(二) 现行留学生招生与管理体制的限制

现行的来华留学生招生与管理的规章制度和相关政策与当今时代的发展相符，致使广西师范大学的责任、权利和义务并不清晰。广西师范大学校内东盟留学生的教室、食堂和宿舍都集中在国际交流中心，与中国学生实行隔离式管理，造成东盟留学生与中国学生空间上交往的困难，无法结识中国学生以扩大社交圈，在日常接触中更加了解中国[1]。这不仅大大增加了学校的资源投入，进一步限制了院校接收更多留学生的能力，而且非常不利于留学生的融入，影响文化适应及留学体验[2]。

(三) 专业内涵建设薄弱

广西师范大学国际化专业内涵建设有待加强，院校内虽然部分专业课程冠以"国际化"的名称，但其课程内容、教学体系、实践环节都与传统专业相差无几。专业内涵性建设对高校国际化教育的可持续发展具有至关重要的意义，专业设置的内涵化是教育国际化发展的内在要求，是培养高质量且具有国际化视野学生的重要途径。目前，广西师范大学对国际化专业设置有一定的盲目性和随意性，没有突出学校的特色国际化专业，专业内涵建设的薄弱会逐渐使学校丧失对来桂留学生的吸引力，并在众多高校中失去独特的竞争优势，难以适应国际化人才培养的需求，专业设置与人才需求存在一定的结构性矛盾。

(四) 国际交流合作渠道不足

为全面推动教育国际化发展，广西师范大学在校内特意设立了国际交流部门，来保证全体学生的国际学术交流活动。但美中不足的是，对于国际会议、研学等活动，有资格参加的师生很少。广西师范大学与国外高校建立实质性交流的渠道较少，其交换项目大都是本科生项目，能入选国家建设高水平大学公派研究生项目的学生少之又少，且时间较短，积极性不高，削弱了国外交流项目对学生的吸引力[3]。国际交流合作渠道不足，使师生在参与教育国际化的过程中处于被动状态，无法从国际活动中汲取到更多的营养和知识。

第四节 桂林旅游学院教育国际化发展分析

一、桂林旅游学院概况

桂林旅游学院于1985年成立，是我国两所独立建制全日制公办旅游本科院校之一，校园总面积125.72万平方米，全日制在校生12 000多人。学校是中国-东盟旅游教育联盟（CATEA）发起院校及其秘书处所在地，也是中国-东盟旅游人才教育培训基地，贴合高

---

[1] 杨晓琴. 广西—东盟高等教育合作现状及对策研究[D]. 桂林：广西师范大学，2011：28-30.
[2] 马健生. 教育国际化政策及其实施效果的国际比较研究[M]. 北京：北京师范大学出版社，2018：467-468.
[3] 柴国生，张同学，王丽莉. 地方高校研究生教育国际化高质量发展策略研究[J]. 中原工学院报，2020，31（04）：88-94.

校应用型旅游本科的办学定位。目前，桂林旅游学院有专任教师582人，高级职称教师223人，具有博士、硕士学位教师485人，并长期聘请外籍专家、著名学者、行业精英到校任教、讲学，形成了浓厚的学术氛围，促进了学院专业的发展，符合学校国际化的办学理念。同时，桂林旅游学院构建了以文旅培训为主要品牌，以红色文化、乡村振兴、研学旅行、东盟教育为重要支撑，以定制化培训为延伸的"1+4+X"培训框架，先后为"一带一路"沿线国家举办了近30期旅游管理高端人才培训班。作为受中国-东盟中心委托的国内唯一高校，连续5年走遍东盟十国完成旅游从业人员培训。另外，桂林旅游学院为学生提供多种就业途径和平台，与国内外业界200多家知名企业建立了长期、稳定、深入的合作关系。近年来，桂林旅游学院已有1 000多名学生赴美国、阿联酋、加拿大、日本、法国等国家实习和就业，人才培养质量广受国内外认可，多次被评为广西高校毕业生就业先进单位[①]。

一带一路国际学院是桂林旅游学院为贯彻教育部《推进共建"一带一路"教育行动》和广西壮族自治区人民政府《广西教育提升三年行动计划（2018—2020年）》，在2017年以校企合作模式设立的二级专业学院。学院以立德树人为根本，着力培养适应现代旅游业和区域经济社会发展需要的高素质应用型国际旅游人才。一带一路国际学院主动融入"一带一路"，通过"海外校区"计划和跨国跨校园联合培养等形式创新来开展来华留学教育，共建旅游教育国际社区。学院主要负责海外留学生的招生和录取、留学生日常管理、海外校区及教学点管理，逐步提升学校留学生教育的经济效益和社会效益，进一步丰富学校国际化特色内涵，现有的海外校区包括印尼雅加达校区（中印尼旅游商学院）、哈萨克斯坦阿拉木图旅游教育中心。其以学院为依托设立海上丝绸之路旅游经济研究中心、北斗+旅游应用研究联合实验室等科研机构[②]。

二、桂林旅游学院教育国际化发展的现状

（一）人才培养理念国际化

桂林旅游学院国际教育交流学院以立德树人为根本，着力培养跨文化和全球胜任力较强，对中国的认识和理解较全面，基础理论扎实，富有社会责任感、创新创业精神和实践能力，适应现代旅游业和区域经济社会发展需要的高素质应用型国际旅游人才[③]。高校教育国际化的发展趋势要求其主动适应国际形势的发展需要，树立国际化的人才培养理念，不断加强国际交流与合作，不断改革课程体系，开设国际教育课程。先进的国际化人才培养理念，能够及时促使学校引进国外先进的教学理念和教学成果，是学校师资结构、课程设置国际化的前提与基础。在国际化的人才培养理念的基础上，营造国际化的育人环境和国际化的交流氛围，培养学生的创新能力和创新意识，打造国际化的交流平台。

（二）课程及专业国际化

桂林旅游学院包含13个学院，其中旅游管理学院、外国语学院、商学院、文化传播

---

① 桂林旅游学院. 桂林旅游学院学校简介[EB/OL]. https://www.gltu.edu.cn/xxgk/xxjs.
②③ 桂林旅游学院. 桂林旅游学院国际教育交流学院概况[EB/OL]. https://bris.gltu.edu.cn/gywm/xyjs.

学院、国际酒店管理学院以及休闲与健康学院皆与国外诸多大学建立交流机制，支持品学兼优的学生到国（境）外交流学习。此外，各学院为加快国际化进程，根据现实需要，结合专业特点，积极开设国际金融、国际服务营销、国际贸易、国际商法和国际饭店管理等国际化课程，为学生提供多种途径对所学知识点进行全面理解和掌握，充实国际化的内容。桂林旅游学院现有8个联合国世界旅游组织国际旅游质量教育认证的专业，能够与世界其他国家交流信息和能量，将学院的专业和课程展现出来，与其他国家的专业和课程进行沟通和对话，便于根据现实情况和需求进一步完善。同时，在这一过程中，学校通过学习和借鉴其他国家的先进课程改革理念或国际化的课程开发模式，以加快学校课程的国际化进程。

（三）合作办学国际化

桂林旅游学院与联合国世界旅游组织、亚太旅游协会等国际组织以及瑞士洛桑酒店管理学院、香港理工大学等20多所高校开展人才培养、师资培训等合作，是国内唯一与瑞士洛桑酒店管理学院开展中外合作办学的公办院校，也是获得瑞士洛桑酒店管理学院学术体系认证的全球8所院校之一。学校所成立的一带一路国际教育学院，在印尼、哈萨克斯坦、乌兹别克斯坦、泰国和柬埔寨设立了海外校区，与印度尼西亚特里沙克蒂旅游学院合作设立中印尼旅游商学院、中印尼旅游研究院，在哈萨克斯坦阿拉木图成立旅游文化教育中心。桂林旅游学院与菲律宾噢达沃国际旅游股份有限公司签订共建海外人才培养与实践基地协议，和印尼特里莎克蒂旅游学院、马来西亚泰莱大学签订共同培养硕士合作协议，和马来西亚城市大学签署了合办非独立法人中外合作办学机构的协议①，提升了桂林旅游学院的国际化办学程度。

（四）机构设置国际化

桂林旅游学院下设的一带一路国际学院通过"海外校区"计划和跨国跨校园联合培养等形式创新开展来华留学教育，共建旅游教育国际社区，主要负责海外留学生的招生和录取、留学生日常管理、与境外高校合作开展人才培养和师资培训、海外校区及教学点管理，逐步提升学校留学生教育的经济效益和社会效益，进一步丰富学校国际化特色内涵。同时，一带一路国际学院为广泛开展国际学术交流，分别在印尼、哈萨克斯坦、乌兹别克斯坦、泰国、柬埔寨设立了海外校区，与印度尼西亚特里沙克蒂旅游学院合作设立中印尼旅游商学院、中印尼旅游研究院，在哈萨克斯坦阿拉木图成立旅游文化教育中心，并以学院为依托设立海上丝绸之路旅游经济研究中心、北斗+旅游应用研究联合实验室等科研机构②。

三、桂林旅游学院教育国际化发展的挑战

（一）合作办学对象覆盖面窄、知名学校少

当前，广西高校和东盟学校合作办校的国家较集中，主要是泰国、越南等，其中越南的学校占绝大部分，并未包括全部的东盟国家。同时，在广西境内，桂林旅游学院作为合作办学的院校之一，其在国际上的知名度远远不够，尤其对广西境内的高校而言，能够与

---

① 桂林旅游学院. 桂林旅游学院学校简介[EB/OL].https://www.gltu.edu.cn/xxgk/xxjs.
② 桂林旅游学院. 桂林旅游学院国际教育交流学院概况[EB/OL].https://bris.gltu.edu.cn/gywm/xyjs.

其合作的东盟学校，都是名气不高的学校，其教学质量相对偏低[①]，无法与英美的顶尖大学合作办学，直接影响其合作办学的教学质量。其学生毕业走向社会后，也很难成为高精尖人才，进而影响高校合作办学的口碑。

（二）国际化办学层次较低

桂林旅游学院充分响应广西高校与东盟高校的合作办学理念，合作办学主要分为学历教育和非学历教育两类。但是，该学院的办学层次较低，导致其无法吸引更多的研究生。在广西，仅有广西师范大学、广西民族大学与越南高校初步探索开展了研究生层次的合作办学，桂林旅游学院尚未开展研究生层次的办学模式。在非学历教育中，桂林旅游学院只有语言、中医等知识学习。而且在国际合作办学方面，国际合作办学的层次不高，主要集中于经济和管理学方面，其他方面则浅尝辄止。同时，桂林旅游学院也存在合作办学的条件、资源以及办学质量不高的问题[①]。

（三）留学生培养缺乏特色

桂林旅游学院在国际化留学生人才培养方面，对国际化人才培养的定位不客观、不准确，特色不鲜明。目前，桂林旅游学院的留学生专业设置缺乏本校特色，学校所设置的专业以管理类和语言类专业为主，在培养模式和教学计划等方面也多一致，并未体现学校的人才培养特色[②]。教育的最高境界是实现人的全面发展。教育必须有"终极关怀"，要通过课程改革，变"教科书是学生的世界"为"世界是学生的教科书"。办教育要有"两个眼光"，一个是"世界眼光"，另一个是"历史眼光"。只有同时用"世界眼光"和"历史眼光"看教育，跳出自身的局限，用"世界眼光"看待学校和学校的发展，制定科学的发展目标，才善于处理全局性、战略性、前瞻性问题，抓住机遇，加快发展。

（四）国际化课程内容不充实

桂林旅游学院国际交流合作中，现行的专业结构和教学内容不够充实，在先进教育教学理念、课程体系和外文原版教材、教学管理经验等方面尚有许多不足之处，未能很好地将双语教学纳入学校办学思想和学校战略发展的计划之中，把提高对外汉语教学水平、重视国际区域研究学科的建设作为首要任务，未能较好地设置科学合理的、与国际接轨的课程体系和教学内容[③]。此外，桂林旅游学院尚未丰富拓展性课程体系的内容，也缺乏国际语言、国际文化、国际科技、国际活动等课程的建设，未形成双向输出的互惠格局。

四、桂林旅游学院教育国际化发展的制约因素

（一）高等教育整体水平不高

桂林旅游学院经过多年的努力，其整体水平相较于过去已有大幅提升，并且继续推动高等教育的发展。尽管如此，学校一些深层次、制约国际化教育发展的根本性问题仍然存在，依旧未得到妥善解决。例如，在其内部的布局结构、教育质量等方面的安排上存在一些亟待解决的问题。这一局面致使其整体实力大大低于国家平均水平，难以适应国际

---

① 罗文洁.广西高校与东盟高校合作办学的现状与启示［J］.学术论坛，2009，32（1）：194-197.
② 黄勇荣.西部少数民族地区人才培养区域性和谐发展研究［M］.南宁：广西人民出版社，2015：223-224.
③ 罗淑云，莫光政.广西高等教育国际化面临的机遇和挑战［J］.东南亚纵横，2006（2）：76-79.

竞争，阻碍其与高等教育国际的有效交流，难以充分贯彻实施教育国际化相关战略。

（二）未形成有效的国际教育合作机制

桂林旅游学院与东盟国家在中外合作办学方面已初具成效，但是在合作办学的管理和监管方面缺乏可参考的标准，导致合作办学的机制建立进程缓慢。另外，在合作机制方面还未建立稳固牢靠、系统科学的教育合作机制，大大影响了桂林旅游学院与东盟国家教育合作的深度和广度[①]。此外，学校并未打开国际教育格局，形成国内资源走出去、海外资源走进来的局面。与其他国家和地区友好学校的交流，是教师和学生开阔视野、增长见识、培养世界眼光的过程，也是在国际交流平台上与各国教育同行相互学习、借鉴的过程。在与这些世界一流学校交流的过程中，除了将国外的优秀教育理念和教学方法引入学校内，也将自身的办学成果展示给世界同行，扩大在国际上的影响力。

（三）留学生培养途径单一

当前，教育的生产性与社会性日益显著，教育的范围不仅局限于高校内，企业也逐渐成为人才培养的基地之一。而桂林旅游学院与企业、科研院所在共同培养（即产学研合作）人才方面仍处在初步发展阶段，产学研合作动力不足，合作模式单一，合作层次较低，阻碍了院校教育国际化的发展[②]。

（四）留学生教育质量呈现一定程度的下滑趋势

近年来，桂林旅游学院招收的外来学生来自东盟国家的外国留学生的所占比例在90%以上，其中来自越南的留学生数量占绝大部分。由于学生本身的基础较差，教育质量一直处于下滑趋势，加之越南的经济水平不高，该国的教育水平远远低于国内同等阶段的教育水平，从而出现越南来华留学生学习困难的现象。这也是越南学生出现逃课、偏科等情况的原因，影响到了我国留学生教育的整体质量[③]。说到底，桂林旅游学院本身的学校建设存在短板，学校资源相对缺乏，所以留学生招收渠道比较窄，不能吸引到更多更高质量的留学生生源。此外，学校对于留学生的管理显然也存在相应的问题，留学生管理模式未得到改进，需要借鉴与学习其他高校的成功经验，盘活仅有的留学生资源。

第五节　南宁职业技术学院教育国际化发展分析

一、南宁职业技术学院概况

南宁职业技术学院地处绿城南宁，是一所全日制综合性高等职业院校，占地1 800亩，下设12个二级学院、50多个专业，有全日制高职在校生19 000多人、成人继续教育学生3 000多人。2019年12月，教育部和财政部公布了中国特色高水平高职学校和专业建设计划（简称"双高计划"）建设名单，广西36所高职院校中有4所入选，其中南宁职业技

[①] 韦玫. 中国-东盟背景下广西高等教育国际化对策研究 [D]. 桂林：广西师范大学，2007：42-43.
[②] 黄勇荣. 西部少数民族地区人才培养区域性和谐发展研究 [M]. 南宁：广西人民出版社，2015：226-227.
[③] 刘志雄. 广西高校开展国际合作办学的教育质量保障机制研究 [J]. 教育教学论坛，2016（2）：211-212.

术学院入选高水平学校建设单位 C 档①，是广西唯一入选的高等职业院校。截至 2020 年年底，学校拥有教职工 920 多人，其中，专任教师有 770 多人。

南宁职业技术学院与桂林旅游学院联合举办旅游管理等产教融合应用型本科专业、与桂林电子科技大学开展高端应用型本科人才联合培养、与南宁师范大学联合开展县级中职学校教师定向培养本科教育，积极探索与本科院校联合开展本科层次职业教育。同时，与华为、富士康、阿里巴巴、迪士尼、万豪、希尔顿等世界知名企业和南宁龙头企业共同发展，入选教育部现代学徒制试点院校。南宁职业技术学院一直以来都坚持开放办学，不仅和东盟国家部分高校成功签订了校际合作协议，而且和区内一些同类院校形成了对口支援关系，与数百家企业建立良好的合作关系，大大提高了其学生的就业率。到目前为止，该学院已经源源不断地向社会提供了大量技术技能人才，为当地的经济和社会发展输送了大量的人才，为企业和行业的发展提供了可靠的智力支持。

南宁职业技术学院下设的国际学院历史悠久，文化底蕴丰富，长期注重内涵发展和质量为先，在全区率先开设东盟小语种专业、率先构建国际合作办学体系、率先开展国际化校企合作。学校多年施行跨国式工学结合人才培养模式，与世界各国开展教育文化交流，引进国际先进办学理念，为学生提供国际教育平台，实现国内外优质教育有效衔接，打造具有国家视野的"技能+外语"人才②。

二、南宁职业技术学院教育国际化发展的现状

（一）观念与规划国际化

学院秉承"办学理念国际化、教学模式国际化、师资队伍国际化、育人环境国际化、学生就业国际化"的办学目标，致力打造"5 个优"：优良师资、优质专业、优等课程、优越实训、优秀学生③。在此观念下，广泛开展国际化交流活动，例如与广西民族大学联合培养来华留学生，接待泰国萨拉萨教育集团万那普科技大学、帕那空皇家理工大学、春武里职业学院、素叻他尼技术学院等学校的交流访问队伍。同时，加拿大哈利法克斯语言学院南宁职业技术学院教育发展研究中心暨人才培养基地该发展研究中心的建成将进一步推动学校国际化人才培养，推进学校各学科的建设发展，加速学校在专业人才培养的产学研一体化发展，形成一个集教育教学、实践和科学研究于一体的综合实践平台。另外，南宁职业技术学院打造了 30 多个国内外实习实训基地，有利于培养学生国际视野和多重技能，国际化观念较为先进。

（二）机构设置国际化

目前，南宁职业技术学院下设国际学院、国际交流中心和桂港现代职业教育发展中心办公室。国际学院设有应用泰语、应用越南语、商务英语、国际商务（留学生）、学前教育和港口与航运管理专业，促使六个专业国际化水平持续提高，更好地支撑学院人才培养和专业建设。国际交流中心负责开展国际交流与合作、港澳台事务以及桂港现代职业教育

---

① 教育部 财政部. 关于公布中国特色高水平高职学校和专业建设计划建设单位名单的通知[EB/OL]. http://www.moe.gov.cv/srcsite/A07/moe_737/s3876_qt/201912/t20191213_411947.html.

②③ 南宁职业技术学院. 南宁职业技术学院国际学院学院简介[EB/OL].https://www.gltu.edu.cn/xxgk/xxjs.

发展中心建设和管理工作，制订学校对外交流计划，为国际化办学提供信息和联系服务，以及外事接待和翻译工作，学校留学生（交换生）涉外事项的管理等。桂港中心（港澳台交流中心）是目前香港职业训练局与内地职业教育机构的最大合作项目。到2020年，"中心"将建成为"立足广西、辐射西南中南、面向东盟"的职业教育合作平台、青少年文化交流平台、高水平的国际化教育平台，建成中国西南、中南及东盟国家行业企业人才培训基地。

（三）合作办学国际化

南宁职业技术学院为深入推进与国外其他学院合作共建国际化专业、联合开发国际化课程资源，推进两校"2+1"学历教育联合培养项目，进一步深化国际的合作内容，更好地落实所达成的全面合作共识，促进合作项目落到实处，贯彻执行。目前，南宁职业技术学院的境外合作项目较少，尚未与国外大学联合设立孔子学院，这样一来，对东盟国家部分相对教育水平高的国家而言影响较小，对东盟部分教育水平不高的国家而言，又很难利用靠近广西地缘优势积极开展合作办学，便失去了提高本国教育水平的机会。另外，在合作方面，也仅限于语言项目，部分项目仅是一些学生去他国进行基础探讨或者是教师前往，进行基础的教育方面的经验交流，其合作的方方面面都有待加强。学院通过对国际化人才素质的分析、对实现教育目的和学校发展现状的思考及结合学校教育教学改革与实践的研究，在国际视野的规划与引领下，在使学生对本民族文化传统有充分认识和肯定的基础上，培养学生对不同文化的认同、理解、包容和接纳能力，接受国际理解教育，最终使其成长为具有国际竞争力的人才。

（四）学生结构国际化

南宁职业技术学院所开展的交流合作项目为学生们提供了去国外和其他学校学习的机会，丰富了学生的国际化背景。同时，与国外联合开展的交流合作项目也为国外留学生来华学习提供了渠道，促进了学生结构的国际化。南宁职业技术学院现有在校生近2 000人，其中留学生有300余人，是区内同类院校中外籍生最多的二级教学单位。

三、南宁职业技术学院教育国际化发展的挑战

（一）国际合作深度不够

南宁职业技术学院的学校和专业建设特色明显，职业教育国际合作交流平台数量逐年上升，国际合作办学实力也有了大幅度的提升，但与"双高计划"提出的"参与制定职业教育国际标准，开发国际通用的专业标准和课程体系，推出一批具有国际影响的高质量专业标准、课程标准、教学资源"相比，仍然存在一定的差距。南宁职业技术学院教育国际化形式以短期培训、师生互派为主，课程开发、教学资源及人才培养标准等合作内容设计较少，加之学历留学生数量较少，无法真正实现专业上的国际合作[①]。学校发展与国外教育的交流融合能够促进双方教育的优势互补，是学校办学质量提升的关键因素。我国基础教育的优势是学生的基础知识、基本技能扎实，善于归纳所学知识；弱势是学生在学习的自主性、发散思维、质疑精神、创新意识和实践能力等方面较为欠缺。国外教育注重启发、长于体验，学生具有动手能力强但基础知识不够扎实的特点。双方教育只有取长补

---

① 吴建军．"双高计划"背景下广西高职教育国际化合作发展策略[J]．高教论坛，2020（4）：94-96．

短，实现优势互补，才能实现共同发展。

（二）国际化师资力量不足

南宁职业技术学院的国际学院拥有教师中具有海外留学及企业工作背景的占44%，在一定程度上丰富和增强了师资队伍的国际化内涵和力量。但是，南宁职业技术学院中有部分年轻教师精通外语方面的知识，却缺乏实际教学经验，导致授课成效不明显。同时，部分专业骨干教师具有较为丰富的实践经验，但是外语水平不足以教导学生，迫切需要加强专业方面的进修，因此短时间内无法进行有效的双语教学。总之，南宁职业技术学院严重匮乏既专业水平高、英语底子厚，又有实际教学经验的双语教师。为了尽快解决以上问题，南宁职业技术学院最近几年来派遣了大量骨干教师前往国外开展培训和交流，并取得了一定的成果。但就整体而言，参与短期培训或学习的教师占比较低，南宁职业技术学院仍有大部分的教师未有机会参加国外的交流培训，致使学校整体的英语水平仍未得到大幅度的提高。由于学校师资国际化的水平不高，学生在课堂上无法学习到国际化的相关内容，也限制了教师更好地向学生实施国际化的人才培养计划[1]，成为阻碍南宁职业技术学院教育国际化发展的瓶颈。

（三）师生参与国际化的积极性和主动性有待提高

先进的教育理念是指导教师实施教育的灯塔，是教师不断开拓创新、走向成功、成为专家型教师的必备素质。在当前教育国际化的背景下，教师只有充分了解国外先进的教育理念和教育思想，取长补短、为我所用，才能紧跟世界的步伐，才能教育出优秀的学生。而学生们也必须拓宽自己的国际视野，丰富自己的知识内涵，才能具备更强的就业竞争力。南宁职业技术学院教育的国际化受认知、环境及氛围等因素影响，大部分教师和学生对学校教育国际化的参与程度不高。由于政策、制度以及家庭收入的保障等因素的影响，部分想要"走出去"的师生在时间、精力与金钱方面仍然有许多顾虑。从学校层面出发，缺乏对中青年骨干教师以丰富的形式和渠道赴海外学习交流的鼓励和资助，校方不能最大限度地调动师生参与国际化的积极性和主动性，大大限制了他们参与学校教育国际化的程度[2]。

（四）国际化的课程设置涉及范围较窄

目前，南宁职业技术学院下设的国际学院设有的六个专业的课程已经达到不同程度国际化，包括商务英语、应用泰语、应用越南语、港口与航运管理、学前教育，以及一门专为留学生开设的国际商务专业。由此可见，南宁职业技术学院国际化课程数量相对匮乏，涉及范围也比较狭窄。而学校其他学院和专业的课程国际化程度较低，课程中很少涉及国际性的教育课程，不能帮助学生了解世界各国之间的联系，无法为研究国际热点问题、深刻理解国际文化提供相应的教学环境与资源。这反过来又抑制了学校的国际化建设进程，这也是学校师生参与国际化的积极性和主动性缺乏的一个原因。因此，合理利用校方资源，积极引进和开设更多国际化专业和课程，拓宽国际化涉及范围，推进国际化建设深度，已经成为南宁职业技术学院国际化发展亟待解决的问题。

---

[1] 吴建军."双高计划"背景下广西高职教育国际化合作发展策略［J］．高教论坛，2020（4）：94-96.
[2] 于欣力．高校国际化探索与实践［M］．青岛：中国海洋大学出版社，2008：11.

四、南宁职业技术学院教育国际化发展的制约因素

(一) 师资力量紧缺

随着高校的发展，在校学生规模迅速扩张，师资队伍的人员数量却增长缓慢，这导致师资力量紧张，无法对学生展开更好的教学。此外，高水平教师的引进效果不佳，专任教师普遍紧缺，教师内部结构失调，高校对教师的引进也遇到了一些问题，缺乏高校外语教师，特别是具有双语教学能力的教师。南宁职业技术学院的学院发展和学科建设皆存在人才紧缺的问题，这一问题成为阻碍学校教育国际化的重要原因之一[①]。

(二) 高职院校知名度不高

就全国而言，广西高校的知名度不高，这一点成为制约广西高校教育国际化发展的瓶颈。当然，受地理和气候条件的制约，人口分布极不平衡，这一客观原因也不容忽视。西南地区人口相对东边密度低得多。以黑龙江的瑷珲（今黑河市南）到云南腾冲之间画一条直线，东边占了43%的面积，留住了90%以上的人，而西边占了57%的面积，留住的人口却不到10%。公共管理学科中的规模效益概念指出，人口稠密的地方，较小范围就能服务更多的人，因此具有显著的规模效益。同理，人口稠密的地方可以享受到的公共服务和资源，都要显著多于人口密度相对稀薄的西南地区。因此，人们自然更加关注发达地区的高校，即便是在同一地区，也会自然更加关注和重视名气更高的学校。可见，南宁职业技术学院作为一所广西高职院校，相比于区内的广西大学、广西民族大学和广西师范大学而言，知名度较低，也缺少独特的竞争优势。在特色专业和学科综合实力方面，南宁职业技术学院也没有突出的竞争力，大大影响了高职院校在留学生招生中的吸引力，影响了南宁职业技术学院留学生的质量和数量，制约了学校的教育国际化进程。

(三) 双语（全英）课程的实际教学效果较差

国际化人才的培养必然要学生重视双语（全英）教学课程的实际学习效果，但是目前南宁职业技术学院的该课程存在许多问题。第一，双语（全英）教学课程教师的教学水平较低，无法深刻理解所授内容，故难以对其专业知识进行深入全面的解释。即使有一些专业教师精通其全英教学课程的内容，但是不能将其用流利的语言精确地表达出来，这不仅直接影响全体学生的对课程内容和专业知识的理解与听课质量，也导致教学的实际收益较小。第二，真正导致教育收益微乎其微的原因是学生本身的外语水平低下，难以跟上双语课程的进度，致使学生出现厌学等不良的学习态度。当前，我国大多数全英课程的实际教学效果偏差，导致教育国际化不能顺利进行[②]，所以提高南宁职业技术学院教师的外语实际应用能力迫在眉睫。外语是一种实质的交流与应用工具，在各项领域都起根本性和基础性的作用，因此高校教师的外语水平对国际交流和课程教学起到了至关重要的作用，提升学校教师外语水平有助于加快学校的国际化进程。这就要求南宁职业技术学院建立起长效机制，加大对教师培训的力度，来提升教师的外语水平，促进教育国际化目标的实现。

---

① 罗淑云. 广西高等教育国际化及对策研究 [D]. 武汉：华中农业大学，2006：32.
② 师奇，胡伟华. 西安高校在国际化人才培养进程中面临的挑战 [J]. 当代教育实践与教学研究，2017（6）：40-41.

（四）留学生就业工作不到位

东盟国家学生选择来华留学，最终目的是增强就业竞争力，实质上如今的教育竞争最本质的痛点也就是提高就业竞争力。莘莘学子，尤其是留学生们，不远万里奔赴他乡潜心学习，无非是为了将来能在社会上更好地立足。南宁职业技术学院的教学水平和留学生的学术素养都有待提升，忽视了对东盟学生的就业指导，未能提供更加丰富的就业资源和渠道。为此，南宁职业技术学院应提供及时、有效的招聘消息，提供可靠的就业保障等，提高留学生的就业水平和满意度，以发挥禀赋效应，扩大留学影响力，以吸引更多优质的留学生生源，以促进学校的国际化建设。

第六节　广西国际商务职业技术学院教育国际化发展分析

一、广西国际商务职业技术学院概况

广西国际商务职业技术学院是一所以培养适应现代商务事业发展需要的国际化应用人才为宗旨的国家公办全日制高等院校，隶属于广西壮族自治区商务厅。学校紧紧围绕高素质国际化应用人才培养体系和现代职业教育体系，一直坚持立足广西，面向全国，辐射东南亚，培养德才兼备、具有较强技术技能、适应现代商务事业发展需要的高素质国际化应用人才，为繁荣广西现代商务事业、中国-东盟自由贸易区建设发展服务[①]。广西国际商务职业技术学院下设7个系，分别为国际贸易系、应用外语系、会计系、市场流通系、旅游管理系、信息工程系、金融系；2个教学部，分别为公共基础教学部、思想政治理论课教学部（社会科学教学部）；47个专业（含方向）。学院围绕现代商务应用人才培养特色，建设了一系列以"中国-东盟商务文化"为主题的文化体验基地、文化设施和活动项目，并常年聘请数名外籍教师及一批来自企业的高水平专家和有丰富实践经验的专业技术人员担任兼职教师，注重产学研合作，积极为"中国-东盟博览会"和"中国-东盟投资峰会"提供翻译、志愿者服务，多项科研成果服务广西对外经贸行业发展，为政府和企业的决策提供了智力支持。

国际交流处是在学院党委领导下，由主管副院长负责，在学院党政统一领导下，负责管理、组织、协调、指导学院的国际交流工作，主持学院日常涉外事务和港澳台事务的归口管理工作的职能部门。同时，国际交流处贯彻实行国家对外方针政策、涉外法规以及上级外事机关和学院党政机关关于外事工作的批示和决定，通过对外交往渠道，促进学院与国外（境外）的文化教育、学术等方面的交流，为提高教育质量、科研水平和办学效益服务。

二、广西国际商务职业技术学院教育国际化发展的现状

（一）学生结构国际化

广西国际商务职业技术学院国际交流处的国际学生大多来自加纳、乌兹别克斯坦、印

[①] 广西国际商务职业技术学院.广西国际商务职业技术学院学院简介[EB/OL].http://www.gxibvc.net/xxgk1/xyjj1.htm.

度尼西亚、马来西亚等国家。学校引进了大量的外来学生，开拓了招生渠道，不仅有利于调节学生内部结构，还有利于促进学生国际沟通能力，加强学生对留学生生源国国家和民族文化的理解能力、对世界热点问题的思考和解决能力，以及在全球化和科技迅速发展的时代背景下的国际适应能力与生存能力，促进学生结构的国际化和多样化，更能促进中外文化相结合。

（二）课程国际化

广西国际商务职业技术学院以培养德才兼备、具有较强技术技能、适应现代商务事业发展需要的高素质国际化应用人才为目标，开设了国际贸易等特色国际化课程，逐步深化与国际贸易相关的课程国际化程度，在已有的课程中增加国际化的内容，营造了一种多元文化的校园氛围，不仅开阔了学生的国家视野，还增加了其国际知识与技能，提供了一定的发展平台，为日后更好地融入国际社会的发展创造了机会，为培养具有国际竞争力的高素质人才奠定了良好的基础。

（三）交流合作国际化

广西国际商务职业技术学院先后与越南、泰国、柬埔寨、马来西亚、菲律宾、英国、美国、加拿大、俄罗斯等国家和地区30余所高校建立了长期交流合作关系。自2007年以来，出访80批次共341人次，接待来访286人次；向国外派出交流学习教师128人次，派出1 162名学生到英国、越南、泰国、柬埔寨、马来西亚、菲律宾留学。该学院开设特色中短期培训项目，为师生们搭建国际学术交流平台，提高了师生员工的国际化意识和水平，并获得自治区职业教育国际交流改革试点称号[1]。同时，广西国际商务职业技术学院在国际交流方面积极响应国家"一带一路"教育行动升级版计划，与德国管理应用技术大学、柏林媒体设计学院等大学就中外合作办学、课程引进、开发课程标准等项目进行了深入洽谈，扩大了学校与国外院校的广泛交流与合作，有利于推进国际化办学体制机制，提升了学院在人才培养、科学研究、社会服务等方面的国际化水平。

（四）机构设置国际化

国际交流处是在学院党委领导下，由主管副院长负责，其职能是主持学院日常涉外事务和港澳台事务的归口管理工作的职能部门，通过对外交往渠道，促进学院与国外（境外）的文化教育、学术等方面的交流和深入探讨，来提高教育质量、科研水平和办学效益服务。国际交流主要负责管理、组织、协调、指导学院的国际交流工作、国际学生的招收、学籍管理、日常管理、对外汉语教学管理，以及外籍教师的聘请计划、接待和有关生活管理工作，并协助申报及管理中外合作办学项目[2]。

三、广西国际商务职业技术学院教育国际化发展的挑战

（一）单向的国际化思维

教育国际化是一个双向并重的发展过程。当前学院在单一的国际化思维的指导下，教

---

[1] 广西国际商务职业技术学院．广西国际商务职业技术学院简介[EB/OL]．http://www.gxibvc.net/xxgk1/xyjj1.htm.

[2] 广西国际商务职业技术学院．广西国际商务职业技术学院简介[EB/OL]．http://www.gxibvc.net/gjc/gywm/bmjj.htm.

育国际化呈现出"输入"与"输出"不对等的局面，过于重视对西方国家的单向的而非双向的教育交流。在教师的国际化方面，更多的是聘请外籍教师而不是本地教师"走出去"。在留学生教育方面，长期以来派出的留学生远远超过接收的留学生，形成不对称性。在课程国际化方面，广西国际商务职业技术学院为提高课程的国际性，大多直接引入先进的教材和课程体系，以双语课程的形式进行灌输式教学。在单向思维指导下的不对称的教育国际化活动，会失去教育国际化的意义，不利于教育国际化的健康发展。诚然，在教书育人方面，世界各国的教育工作者都有许多好办法、好经验，这是人类的共同财富，只有加强对话、增进了解，才能相互学习、互惠共赢。但也不能片面追求吸收西方国家的优秀经验，还必须意识到自身的主体地位。国际化交流的最终目的是促进学校的发展，同时在这个过程中扩大学校的国际影响力。与国际学校的友好交往必须重视，但不能丧失主动性，学校应该要制定切合实际、步骤详尽的交流计划，确定相互交流的模式，其中"相互"二字需要引起重视。

（二）国际合作发展进度缓慢

学院接收留学生的学历生生源远远不够，且留学生来源国范围较为局限，在一定程度上反映出广西高职院校国际合作发展较为缓慢，无法促进学院国际化的进一步发展。泰国"桂海商学院"作为广西国际商务职业技术学院在海外建立的首个分校，是中泰校—政—企共同推动的国际合作项目。而在此之前的国际合作交流活动大多局限于国际性的访问、会议交流等活动，对外合作办学项目的开展和具体实施缺乏规划和安排，学校教育国际化发展速度落后于时代发展，且不能从国际合作办学中吸收优质教育资源，并获取更广阔的发展空间、更高的教育质量和更强的办学活力，阻碍了高校国际化发展的深度和速度。

（三）教育国际化理念和认知有待加强

正确的教育理念是学校管理与发展的基本前提和保证，是对教育的基本看法和价值判断。教育国际化体现在实践层面上，便是学校国际化发展的办学思路。先进的教育国际化理念是推动学校国际化的强大动力。广西国际商务职业技术学院教育国际化的总体理念滞后，学校各部门对学校国际化发展的意识薄弱，对全球化背景下教育国际化的必要性和发展趋势缺乏全面和深入的认识，很难吸收消化国际先进教育理念和教学方法以提高学校教育国际化质量。另外，学校对国际化建设及其对学校发展的重要性认识不足，在国际化工作的实施方面仍然存在欠缺能贯彻落地的实施方案和具体措施的问题，无法向社会输出适应经济和社会发展的复合型、应用型、具有国际视野的技术技能人才。这无疑会导致广西国际商务职业技术学院不能深入推进国际化办学以提升学校国际化人才培养水平，大大阻碍了学校国际化的办学进程。

（四）缺乏国际化学习氛围与环境

首先，广西国际商务职业技术学院大多只是组织教师和学生开展短期的交流访问，极少开展中外合作项目，限制了来华留学生和出国留学生的学习和深造，阻碍了高校教育国际化进程。同时，广西国际商务职业技术学院尚未充分利用自身的教学和科研优势，尚未建立校内的、校外的、校企间的等多种形式的课题合作，尚未充分引导学生广泛参与到课题研究中。学校仍需帮助学生了解国际化的理念与学术前沿相关动态，在校内形成浓厚的国际化氛围。其次，校园内缺乏局部国际化的学习环境和课外活动，并且没有开展各式各样的研讨交流活动，比如，邀请众多外国相关专家或者有学术交流活动经验的教师举办为期时间长、高质量的讲座活动,接收更多国内或国外学术研讨活动的最新资讯等。学校要通过这种有效的讲座类活动,激发学生参与国际化学术交流的热情和兴趣。

四、广西国际商务职业技术学院教育国际化发展的制约因素

(一)留学教育基础薄弱

广西国际商务职业技术学院是广西高职院校中较突出的院校,但学院与泰国、越南、老挝、缅甸等东盟国家的教育合作起步较晚、发展速度较慢,导致留学生教育基础较差。在全球化已经成为世界经济发展最重要趋势的21世纪,对于各层次各领域国际专业人才的需求也随之剧烈增长,与之相适应,各国高等教育人才培养体系也就越来越多地融入国际化管理理念。在这样的背景下,经济利益会直接推动国际化进程,同时国际化进程的推进也能使学校获取到更多来自政府的经费投入和其他教育资源,形成良性循环。然而,广西国际商务职业技术学院的国际化发展受到掣肘,学校资源相比其他高校明显不足,吸引留学生生源的渠道较窄,因此留学生质量相对较差。

(二)课程体系设置滞后

由于高职院校自身实力的限制,一些与时代联系紧密的前沿课程和综合性课程往往无法开设。特别是在培养区域性国际化人才过程中,相关国际化课程开设程度远远不够,如东盟国家语言类课程,以及国际关系、国际比较教育、东盟区域文化、国际经济形势等课程。课程设置缺乏先进性,远远跟不上区域经济一体化和国际化发展的步伐[1]。这体现出广西国际商务职业技术学院的国际化课程体系亟须改革。广西国际商务职业技术学院需要确定改革目标与整体框架,开发丰富多元的课程来满足学生个性化发展的需求,借鉴世界前沿的课程改革经验,构建具有时代性、创新性、开放性等特点的多元化课程体系,构建适应社会时代发展需求、满足学生多元发展需求、促进创新思维和能力培养、具有国际化开放视野的课程体系。

(三)留学生招生工作启动资金不足

广西国际商务职业技术学院对东盟国家的留学生重视程度不够高,低估了招收外国留学生来提升其在国际学校中知名度的作用,因此投入的招收留学生启动资金并不充足。在制定相关规划时,对外国留学生的教育规划方面考虑较少,直接导致外国留学生后续管理出现制度与措施不够完善的问题。例如,由于没有充足的资金来进行留学生招生工作,学校缺少专业招收外国留学生的负责人员。同时,招收留学生的相关网站作为学校招生宣传的名片之一,由于资金不足,广西国际商务职业技术学院网站的运营与维护方面也有待改善,不仅存在网站只有中文版、缺少外语版翻译的问题,而且学校关于国际会议的内容推送也不够详尽。

(四)师资力量和水平受限

广西国际商务职业技术学院受限于师资力量和水平,存在教师所掌握的知识落后、不能及时掌握新兴学科与前沿学科动态以更新知识结构的问题。对教师资源的开发与整合不够重视,特别是缺乏对青年教师的语言、信息技术运用和资源整合能力的鼓励与引导。学

---

[1] 黄勇荣,西部少数民族地区人才培养区域性和谐发展研究[M].南宁:广西人民出版社,2015:225-226.

校给青年教师提供的国际交流活动较少，教师们缺少在国际交流平台上与更多国际教育专家及教师、校长们进行对话和交流，分享课程经验，讨论未来教育趋势的机会。因此，任课教师无法提高课程教学质量，对留学生的吸引力降低，难以实现留学生教育与国际接轨，教学方法、理念、师资等方面难以向国际化先进水平看齐，教学内容缺乏时代性，阻碍了从教育内容到教育形式的全方位国际化进程。教师发展是学校发展永恒的主题，是推动学校发展的决定性力量。广西国际商务职业技术学院需要树立"以教师为本"的理念，实施"科研兴师"方略，帮助教师规划职业生涯，为教师专业化、国际化成长服务，提升教师综合素质，促进教师队伍发展。例如，建立教师国际化培训平台，为教师提供更多国际交流、考察和学习的机会。同时，在国际部建立校内国际化培训平台，拓宽教师国际视野，提升教师素养，使其与国际教育接轨，教育教学水平达到国际水准，从而推动学校国际化学生培养目标的实现。

第六章 国内外高校教育国际化的经验与借鉴

第一节 我国高校教育国际化前沿探索

一、广东高校教育国际化进程

（一）广东高校教育国际化发展历程[①]

广东省历史悠久，地理位置优越，地处中国南方沿海，位于重要航运枢纽位置。在清代，广东的广州是全国唯一的对外通商口岸。1840年鸦片战争后，广东由于战败被迫"对外开放"，成为开放的前线阵地，与此同时高等教育国际化进程也开始被推动。由于广东最早"被迫开放"，因此与西方思想接触得比较早，高等教育国际化发展有较早、较成熟的思想基础。1978年之后，我国开始进入改革开放时期，改革春风吹进门，广东省借着这股"春风"率先实行对外开放，同时开始积极推进高等教育国际化发展工作。

按照时间顺序和发展程度及水平，1978年改革开放之后广东省高校教育国际化进程可以分为以下三个阶段。

第一个阶段，高校教育国际化复苏时期（1978—1999年）。这一阶段，广东省奋力推进新时期高校教育国际化复苏进程，不仅大力恢复正常教育秩序，而且在改革开放这条路上先行冲锋，率先破除教育领域时弊，借鉴发达国家经验，率先实行对外开放。其表现为教育国际化理念方面、学生国际化方面、教师资源国际化方面、办学制度体制方面的复苏。

第二个阶段，高校教育国际化快速发展时期（2000—2010年）。21世纪初，中国发展进入一个新时期。2001年，中国正式成为世界贸易组织（简称WTO）的一员，加入WTO之后国内经济增长速度明显提升，同时对外开放，中国开始走向世界，教育国际化迈入大发展时期。广东省教育厅对于推动教育国际化发展的重视程度很高，在各项出台的政策文件中都明确了国际化高水平发展方向。在理念、学生、教师、办学、国际交流等方面都注入了国际化元素。

第三个阶段，高校教育国际化高水平发展时期（2011年至今）。广东省高校教育国际

---

① 王娜. 英国高等教育的国际化及对中国的启示[J]. 河北企业, 2016, (12): 237-238.

化在"十二五"期间，步入了一个较高水平的发展阶段。在广东省政府、教育厅及各方力量协同推动下，高校教育国际化水平有了质的飞跃，办学理念、办学模式、办学人员、教育课程、项目及研究都实现了综合的、全面的国际化。

（二）广东高校教育国际化的主要措施

1. 加强顶层设计，完善发展规划，明确发展目标

广东高校根据"一带一路"建设特点和身处"21世纪海上丝绸之路"独特优势，拿出可行的发展举措[①]。广东高校借鉴在这方面做得好的国家和地区的发展经验，结合本地发展经验，利用自身地理优势条件（地处南部沿海、毗邻港澳、隔望海南），抓住大好机遇（"一带一路"倡议和粤港澳大湾区建设），把握外部有利环境，在合理规划发展路线基础之上推动高校教育国际化进程，从人、财、物三方面着手，以实现广东高等教育国际化水平与世界高等教育国际化接轨的目标[②]，从而提高广东高校教育国际化水平。

2. 增加政府奖学金，优化留学生奖学金分配规则

广东高校设置政府奖学金，吸引优秀人才，以此推进高校教育国际化发展。另外，高校可基于"一带一路"倡议和粤港澳大湾区建设增设相关项目留学生政府奖学金，加大留学生的培养力度，特别是对"一带一路"沿线国家和港澳地区学生的培养力度。

3. 加强国际学术合作交流，提升高校实力

广东高校加强与国际优秀高校的合作交流，在交流合作之中不断提升自身实力，在推进高水平大学建设的同时提升国际交流合作水平、提升引进国外优质教育资源的能力、提升国内和国际高等教育竞争力。

4. 树立教育国际化理念，扩大留学生规模

广东各大高校应树立教育国际化的观念，大力推动高校教育国际化，加大对外宣传力度，提高本土高校在国际上的声望与知名度，通过与国外留学中介合作进行招生宣传，吸引更多留学生。

5. 结合高校特色，制定差异化人才吸引策略

"一带一路"沿线有欧、亚、非区域的多个国家，区域分布广泛，各沿线国家之间的高等教育发展水平存在明显的差距。广东高校应结合自身发展特征，充分挖掘、发挥自身的优势，找到准确的定位，集中财力、物力、人力，整合现有的教育资源，走符合自身发展特点、实践的教育国际化发展道路。

6. 借力粤港澳大湾区，构筑国际化高等教育中心

粤港澳大湾区是我国经济发展和对外开放水平最高的地区，具有重要的战略地位，是全球四大湾区之一。加强粤港澳大湾区高等教育联盟，提高我国高等教育的国际竞争力，搭建世界区域性高等教育中心，是我国高等教育国际化的必然需求。

7. 共建职业教育联盟，打造"一带一路"特色品牌

"一带一路"倡议的提出，为我国高等教育，特别是对高职教育国际化，带来了新的

[①] 邹智，范琪. "一带一路"背景下广东高等教育国际化路径研究 [J]. 高等建筑教育，2020，29（3）：39-47.
[②] 欧泳怡. 粤沪高等教育国际化发展比较研究 [J]. 高等建筑教育，2020，29（3）：33-38.

机遇与挑战。广东以"21世纪海上丝绸之路"沿线国家为目标，积极推进广东职教"走出去"，打造广东品牌和广东特色。

（三）广东高校教育国际化的特点和效果

1. 先天条件优越，国际化起步早

广东省位于重要航运枢纽位置，且最早对外开放，较早接触到西方先进教育思想理念。地理优势加上较长的开放历史为广东省教育国际化发展奠定了基础。广东省教育国际化进程总体形势向好，为广东省教育国际化的发展奠定了坚实的基础，为其开创新的高水平发展起到了无可取代的作用。

2. 主动学习借鉴先进国家教育模式

广东是我国早接触西方先进教育思想理念的省份。从清朝到改革开放初期，广东省主动学习借鉴其他国家先进的教育模式和方法，因此广东教育国际化发展具有"借鉴中创新"的特点。从这一特点可以看出，广东省借鉴中求创新，对其学习其他国家先进教育思想、理论及具体做法有很大帮助，同时加快了其与世界教育体系融合的速度与进程。

3. 突破以往束缚，挖掘广东特色

改革开放之初，广东省通过下放办学权和破除旧的教育体制束缚来放开权力，集中多方力量协同办学，接受港澳及海外华人投资办学，开始向国际先进教育体系靠拢。这个时期广东省教育发展态势良好，挖掘自身特色，并且凸显出经济发展服务的特色。

4. 国际交流与合作迈向纵深

21世纪后，广东国际交流与合作的对象范围愈加广泛，同时，也更重视建立友好校际关系，特别是与国际知名学校的关系建立。在广东国际交流合作迈向纵深的同时，广东开始注重培养适合社会发展的高等教育人才。

5. 教育国际化发展战略地位凸显

广东不管是政府层面，还是高校层面，对于教育国际化发展都高度重视。在改革开放之后，广东省为推动教育国际化又快又好又稳发展，出台了各种政策、方针加以辅助。各高校在大的战略方向之下，极度重视教育国际化发展，积极加强国际交流与合作，为推动国家教育国际化发展助力。

6. 提升教育国际化水平与层次

广东地理位置优越，是粤港澳大湾区建设及"一带一路"倡议的重要枢纽。在教育国际化发展"重质"发展新时期，广东省更加重视和主动对接与之有关的需求，把握政策利好，提出各项提升教育国际化水平的策略及目标[1]。

7. 地方高校国际化发展较为突出

作为我国重点发展省份之一，国家在政治、经济、文化、生态等方面都给予广东政策倾斜。加上得天独厚的优越地理位置，广东省属高校充分利用这一"天时地利"，在国内交流合作、国际合作交流方面，同国内其他省市（港澳台除外）所属院校相比，广东省属

---

[1] 刘婷，宁培淋，高月勤.改革开放四十年来广东省高等教育国际化历程与阶段特征研究[J].广东交通职业技术学院学报，2019，18（3）：107-110+114.

院校资源多，平时都较为活跃[①]。

（四）案例分析

汕头大学[②]，1981年批准成立，是一所由广东省人民政府创办的广东省属综合性大学，是教育部、广东省人民政府、李嘉诚基金会三方共建的省部共建大学。汕头大学成立之后，积极探索教育国际化之路，主动学习国内外先进大学的经验，积极整合国内外优质资源，在教育管理等方面大胆改革，形成了具有汕头大学特色的办学经验，主要表现在以下几个方面。

一是积极深化国内国际合作交流。截止到2021年6月，汕头大学已与加拿大、爱尔兰、法国、俄罗斯等26个国家和地区100所高校建立了合作关系，同时邀请国内外一流大学的学者到校访问，为师生开设课程、讲座。汕头大学为深化国际交流，吸收先进国家经验，先后聘请多位海外高级专家到校工作，改进学校资源配置，提升资源效益，深化合作交流。

二是积极探索高校服务学习的教育模式和体系。为培养全方位发展的国际化学生，汕头大学建立起一套以国际化的科研管理体系、以国际化要求为目标的制度，以期用制度建设推动科研管理和服务。除此之外，汕头大学全力打造产学研合作平台，取得了明显成效。

实践证明，汕头大学在教育国际化方面采取了很多措施，积极开展国际交流与合作，缩短了与百年老校教育国际化的差距，取得了丰富的成果，硕果累累的同时在走向更深的教育国际化之路中也遇到了一些值得思考的新问题。

一是在进行国际合作与交流的过程中，如何保持国家的民族性和自身特色的问题。西方发达国家教育思想开始较早，比较成熟先进。在与西方的国际交流与合作过程中，西方社会的价值观念、思维方式和行为方式多多少少会影响高校师生。在一定程度上来说，其会对我国的传统造成一定的冲击，多少会对我国高校的办学方向、民族文化和教育传统的继承产生一定的影响。所以，在进行交流与合作的过程中，如何保持初心不变且具有本土特色，是汕头大学在走深教育国际化之路上需要思考的新问题。

二是在国际化的管理体制下，如何使改革、发展与稳定相互协调的问题。归根结底，中西方文化存在着较大差异，在选择、引入和输出实践国际化的管理思想、理念的过程中，遇到一些与中国国情、中华传统文化认知相悖的情况也是在所难免的。因此，如何在这个过程中保持发展协调，是我国在走深教育国际化之路上需要思考的新问题。

三是外聘人才的管理问题。虽然说西方发达国家先进的教育理念值得我们学习借鉴，但从实际来看，有些国外专家对于中国问题的看法，确实比不上一个中国资深的专家学者。高薪之下引进的人才待遇与原来的教师待遇天差地别，对原来的教师队伍也会产生不利影响。因此，如何在这个过程中引进有用的人才、发挥本土人才优势、平衡好二者之间的关系，是汕头大学在走深教育国际化之路上需要思考的新问题。

四是国际交流受益覆盖面有待拓宽的问题。教育国际化发展阶段的各大中国高校，无不对国际交流提出了规划。国际合作交流不能仅停留在政府、高校层面，落到学生层面也

[①] 王璐，曹云亮. 广东高等教育国际化发展的特点及问题分析［J］. 高教探索，2006（2）：48-51.
[②] 汕头大学. 汕头大学教育国际化的实践与思考［J］. 世界教育信息，2011（7）：68-71.

不可忽视。因此，在学生参与教育国际化过程中如何找准定位，参与项目如何持续发展，是汕头大学在走深教育国际化之路上需要思考的新问题。

综上所述，汕头大学在教育国际化发展进程方面硕果累累，在开展国际交流与合作方面具有自身特色、切实可行的方向思路，明确了自身的定位和发展战略，也提出了一些教育国际化需要思考的问题。

二、江苏高校教育国际化进程

（一）江苏高校教育国际化发展历程

江苏是高等教育大省，拥有众多高等院校，既有国内一流、有国际影响力的高等院校，也有面向地方需要、注重实用技能的一般性院校。建设江苏高等教育强省，一个重要的机遇和方向就是积极推进高等教育国际化[①]。

按照时间顺序和发展程度及水平，1978年改革开放之后江苏高校教育国际化进程可以分为以下三个阶段。

第一个阶段，高校教育国际化探索萌芽阶段（1988—2000年）。这个阶段我国相关法律法规不完善，境外办学目的主要是获得经济收益。当时我国关于境外办学的相关法律法规基本上是空白的，外国留学生教育中的一种形式就是境外办学（这时候的境外办学还没有独立出来）。江苏省高校教育国际化开始进入探索萌芽阶段，主要是以境外办学这一种补充形式存在，并且当时境外办学的最大动力主要是为了获得经济收益。

第二个阶段，高校教育国际化起步发展阶段（2001—2010年）。中国在2001年正式加入世界贸易组织，进入新发展时期，中国加入世界贸易组织也成为一个标志，正式开始全方位对外开放，其中也包括高等教育体制。江苏省高等教育开始由"重量"向"重质"转变，江苏省各高校开始更加注重内涵式发展，加强高校内涵建设，同时境外办学能力也有所提升，海外办学竞争力有所加强。

第三个阶段，高校教育国际化快速增长阶段（2011年至今）。这一阶段规模迅速增长，在各个本科高校教育国际化迅速发展的同时高职院校实现了突破，首次实现境外办学。输出专业也实现突破，由以前的"有什么资源办什么专业"转变为"需要什么专业办什么专业"，简单来说就是由"资源导向"转变为"需求导向"，在规模迅速增长的同时办学层次也不断提高。2011年成立的老挝苏州大学，是我国首次在境外设立的高等教育机构，是我国第一个独立设立境外办学机构。这标志着中国高等教育国际化在境外办学方面取得了突破性进展，进入了发展的全新阶段[②]。

（二）江苏高校教育国际化的主要措施

1. 以人才战略引领国际化战略

中国加入WTO之后开始全面对外开放，江苏作为中国沿海发达城市，经济开始走向国际化，与之对应，江苏开始呼唤人才的国际化，致力于高等教育国际化人才培养。首先，利用各个高校资源，以大学为平台，陆续引进高级人才、专家学者、海外专家、国际化人才等；其次，立足市场导向，根据江苏发展的现实需要，为了推动江苏发展，大力引

[①] 葛建一. 江苏高等教育国际化战略研究［M］. 苏州：苏州大学出版社，2006.
[②] 施蕴玉. 高校境外办学：江苏的现状、形势与对策［J］. 扬州大学学报（高教研究版），2013（6）：80-82.

进领军型学术人才；再次，研究制订新的人才政策，设置丰厚的薪资待遇、完善的配套福利体系，以此来吸住、留住海外人才、留学人员，进而用好这些人才为江苏发展添砖加瓦；最后，做好江苏发展的长远规划，鼓励多方力量协同，加强高校、企业、政府之间的合作交流，为同一个目标而努力奋斗。

2. 完善高校教育国际化政策法规

随着高校教育国际化的快速发展，各种法律法规、政策也要跟上。江苏省为完善相关法律法规和政策，为加快政策法规制订速度，为提高政策法规制订效率，积极主动联合立法机构和有关部门，多方考量协同发力，在加入WTO这一背景下，尽力使这些法规政策适应于、服务于WTO服务贸易规则。

3. 推进高校教育国际化研究、咨询和决策服务工作

在高校教育国际化快速发展的同时，监测、反馈体系也要跟上。江苏高校建立一支专家队伍，专门来研究、挖掘、监测、反馈高校教育国际化问题，及时总结归纳教育国际化发展状况、追踪国内外、省内外发展趋势，根据监测反馈，及时调整具体内容，例如课程设置、教学目标、人才培养方案等，以适应新的发展变化，使江苏省高等教育更好更快地适应国际化的发展趋势。

4. 大力发展留学生教育，积极开发留学生资源

江苏省作为呼吁人才国际化的领跑省份，非常注重高等教育的境外宣传。江苏省不仅大力发展留学生教育，在全世界设立学术交流中心分支派驻机构，而且积极开发留学生资源，发挥留学生作用，完善留学生教育研究会管理，积极开发管理新模式，旨在探索出一条既符合江苏省实际发展情况又符合留学生教育发展趋势的路径。

5. 提高合作办学的层次和质量

江苏高等教育以政府为主导，为实现国际优秀教育资源的本土化而不懈努力；引入优质的国际教育资源、一流的教育资源，提高项目的教学和研究水平；以"211工程"高校为试点，从"需求导向"出发，培养国家和江苏省急需、紧缺的国际化人才；提供优厚待遇和倾斜政策，以吸引世界著名教育组织落户江苏，利用各方力量，加强各方协同，为完成全球性和区域性重大教育科学研究项目共同奋斗。

6. 建立与国际接轨的高等教育评价和质量认证制度

江苏省高校通过构建与国际标准接轨的高等教育质量评估和认证体系，提高了高校教育国际化的质量，提升了国际化水平。江苏省高校严把"入口"关，主动学习借鉴西方发达国家模式，引进做得好的国家和地区的先进经验，制定统一的、符合自身实际情况的高等教育国际化评价标准，强化质量监督、质量评价，切实推动江苏省高校教育国际化稳步健康发展。

（三）江苏高校教育的特点和效果

1. 教育国际化战略理念创新

江苏高等教育改革发展经过20多年的探索以后，其规模和质量在原有的基础上取得了长足的进步，逐步形成了高等教育大众化、现代化和国际化的发展战略。江苏省成立了

三个高校教育国际化示范区(南京、苏州和徐州)。它们以集聚为先导,以扩散为目标,实现从区域教育资源空间分布的不均衡到区域教育资源空间分布的相对均衡,即实现从集聚效应到扩散效应的转变,具有"结构有序、功能互补、整体优化、共建共享"的特点,实现了高校教育国际化结构性创新。

2. 教育国际化发展理念创新

江苏省明确高校发展战略定位和高等教育国际化发展战略,突破江苏高校的先导教育,强化江苏高校的国际化方向,积极有序地推进江苏高等教育国际化进程,打造高校的综合竞争力和核心竞争力,并在此基础上进行高校的形象设计和推广,最终达到使江苏高校不断增强办学能力和可持续发展的目的。

3. 教育国际化发展方向创新

江苏高等教育始终明确跳跃式创新的方向。江苏高校在推进高校教育国际化技术创新进程中,不仅为学生注入一根木,更为学生点上一把火。竞争成功的关键在于重要变量,谁掌握了关键技术,谁就是最后的胜利者。关键技术领先者通常就是最后的赢家。研究生国际化培养的扩大和深化就属于此种创新。技术领先所带来的竞争优势是十分明显的,给领先者带来的利益也十分可观。

4. 教育国际化人才培养目标创新

以人为本是高校教育国际化的一个基本要求。江苏省高校深知人才创新是"创新之王",高校教育国际化战略创新也是一种人才创新。江苏高校尊重个体需要的多样性、独特性,关注个体的潜能发展,在国际更大的空间体现教育对个人成长与发展的培养,适应人类教育消费需求层次日益丰富化和多元化的趋势。

(四)案例分析

在中国高校教育国际化之路走深走远的背景之下,江苏科技大学于1933年创办(当时为上海市私立大公职业学校),是江苏省重点建设高校之一。其环境与化学工程学院在教育国际化方面取得良好效果,在保持江苏特色、结合学院实际办学情况基础之上,开展教育国际化的理论创新研究与实践创新研究。

1. 加强顶层设计与规划

江苏科技大学一直以来高度重视教育国际化。国际化工作不仅是其重点工作,也是教育教学工作的重点环节。该大学环境与化学工程学院立足海洋强国战略,以高校教育国际化发展为目标,以人才需求为牵引,通过研究自身与其他知名院校之间存在的制度差异,及时归纳调整,不断提高自身教育国际化的理论研究水平,分析并且解决在本校教育国际化推进过程中存在的问题。

2. 革新教育理念,提升国际化素养

当前江苏科技大学环境与化学工程学院的化学化工学科仍有发展空间,尚需继续完善,同时在学生培养工作、跨文化交流能力方面,和国际上一些知名院校相比仍有欠缺。这就需要江苏科技大学革新教育理念,提升学生国际化素养,要求教师在教学过程中起到引导作用,在课堂教授中言传身教,拓宽学生国际视野,走进化学化工国际化领域,提升

3. 打造国际化师资队伍

高校教育国际化之路离不开优秀师资队伍。江苏科技大学环境与化学工程学院化工化学教育走向国际化，自然也离不开优质师资队伍。因此，打造一支优秀的国际化师资队伍是当务之急。打造国际化师资队伍，能够更好地实现化学化工学科国际化知识学习的良性发展，这就需要江苏科技大学相关管理者邀请知名专家与教授、学者到中国各大高等院校开展专家讲坛或交流座谈会，还可以利用人才引进政策吸引国际化人才落户高校。

4. 招推结合共建学生国际班

为促进化工化学国际化可持续性发展，江苏科技大学推出公开招生、高校推荐结合共建学生的国际班级。除此之外，学校设立专门的适用于学生国际班的学习政策，用于资助学生短期出国访学，选拔国内优秀本科生与海外名校、国际知名院校进行联合培养，或者推荐其赴海外进行学术沟通交流。

5. 策划国际化课堂，改进教育教学模式

江苏科技大学引入国外先进的优质教育资源，与国际合作院校联合拟定人才培养方案，对接课程大纲、探讨教授形式；引进国外先进学习工具，江苏科技大学还与国际合作院校共同制定培训方案，课程实践与课程学习相结合，与国际国内化学学科优势院校搭建网络共享课程；与国际院校合作，引进国外原版教材、课件等第一手资料，由其提供第一手教育资源，建设英文授课精品课程。

三、北京高校教育国际化进程

（一）北京高校教育国际化发展历程

北京市是中国的首都，也是中国四个直辖市之一。北京市历史文化底蕴深厚，是中国经济政治中心，同时也是国际交往中心。截至2021年，北京市有92所高等院校，其中，有67所本科院校（北京市属本科高校21所），专科院校25所。世界一流大学建设高校有8所，世界一流学科建设高校有26所，教育与文化资源丰富。[①] 高等教育国际化和大学文化建设是国家对"双一流"大学的战略引领，北京的34所"双一流"建设大学在北京高等教育国际化方面处于领先位置。

按照时间顺序和发展程度及水平，1978年改革开放之后的北京高等教育国际化进程可以分为以下三个阶段。

第一个阶段，高等教育国际化的觉醒时期（1978—1991年）。改革开放之后，国家高度重视教育发展，1978年年底我国派遣3 000人赴美访学，高等教育国际化之路开始觉醒，这标志着高等教育开始自觉地向国际化迈进。北京高校率先投入高等教育国家化进程之中，尤其是1983年教育"三个面向"的提出，让北京高等教育国际化进入了觉醒时期。

第二个阶段，高等教育国际化的探索时期（1992—1999年）。1992年中国共产党第十四次全国代表大会提出建立社会主义市场经济体制，1993年实施了《中国教育改革和发展纲要》，1995年颁布了《中外合作办学的暂行规定》。自此，北京高校主动大胆学习和

---

① 何芳，都宁. 跨文化视角下北京高等教育国际化发展研究［J］. 高教发展与评估，2021，37（6）：34-41+120-121.

借鉴世界各国在高等教育国际化方面做得好的国家、地区、高校的先进经验，在办学体制、教学形式和人才培养等方面进行了一系列改革。

第三个阶段，高等教育国际化的实践时期（2000年至今）。在北京大学百年校庆活动上，江泽民同志提出要建设世界一流大学。1999年，我国实施振兴教育第一世纪行动计划。在2001年正式加入WTO后，中国的高等教育国际化进入了一个新发展阶段。北京作为"教育现代化实验城市"，也是中国高等教育的先行者，其有责任率先研究高等教育国际化，这是首都实现新一轮高等教育发展的重要契机[1]。

加强对来京留学生教育的研究和提高中国教育和服务质量，是促进北京高等教育国际化、提高中国高等教育国际竞争力的重要政治参考[2]。然而，在新的发展阶段，新的全球地缘政治格局使我国高等教育国际化仍然面临着新的挑战、新的困难、新的问题，我国高校正处在复杂境遇之中[3]。

（二）北京高校教育国际化的主要措施

毫无疑问，高校教育国际化已经成为北京战略发展规划乃至国家战略发展规划中的重要部分。北京高校把握时代机遇，从教育国际化的角度出发，不断扩大国际学校数量、管理资源、规模和空间，进一步提高改善国际信息交流与合作水平，共享全球优质教育资源，提高教育国际化水平。主要包括以下五个方面。

1. 强化战略意识，打造北京高等教育品牌

北京是我国的中心城市，其配备的资源都是顶级的，在教育规模、教育质量方面，名校云集，有两所世界著名高校（即清华大学和北京大学）。北京高校充分发挥自身优势，找准自身定位，在教育战略发展上，高度重视、挖掘、引进和培育优质高等教育资源，深化战略意识，打造北京高等教育品牌。

2. 营造良好政策环境，制定高校教育国际化战略

在北京高校教育国际化进程中，不断出台关于需求驱动方面的政策，面对当前"资源导向"转变为"需求导向"的大方向，以政府为主导，协同社会各方力量，规划高等教育的总体国际化战略，提高境外办学、跨境高等教育的能力。

3. 突破以往思想束缚，深化办学体制和办学模式改革

北京接触先进思想比较早，现代化程度比较高，在教育国际化之路中突破以往思想束缚，深化办学体制改革。一是主动与世界知名高校合作办学。借鉴中国香港的国际化办学经验，主动吸引世界国际名校分校落户北京，或者是鼓励支持世界高水平大学与北京高校协同办学。二是加大资金投入构建国际学校。在学习中国香港科技大学和日本筑波大学的经验后，在政府出资主导下严格按照国际化标准创建国际化高校，在实行现代大学制度的前提下，探索具有中国特色的中国国际化教育制度、体系，深化中国高校教育国际化的办学改革之路。

---

[1] 刘永武. 国际化战略：新一轮首都高等教育发展的战略选择 [J]. 北京教育：高教版，2009（3）：7-9.

[2] 于颖，李显扬，刘广青. 提升来华留学生教育水平推进北京市高等教育国际化 [J]. 北京教育（高教版），2013（12）：31-33.

[3] 文雯，崔亚楠. 新全球化背景下我国高校国际化发展的认知，实施与评价 [J]. 高等教育研究，2020（7）：21-35.

4. 格局打开，招聘全球优秀人才

北京高校教育国际化要持续走远，需要瞄准世界市场，寻找全球优秀人才、顶尖人才。在金融危机期间，北京高校看清局势，打开格局，加强海外人才尤其是中国优秀的学术精英和高水平留学生的部署，使外籍教师比例和师资队伍的国际化水平得到显著提升。

5. 树立精英意识，打造国际化人才培养中心

总之，国际竞争其实就是人才的竞争，谁拥有了人才，谁就拥有了核心知识武器。北京高校在高等教育普及化阶段的发展过程中，不仅重视教育的公平性，又致力于推动教育惠及所有人，同时非常重视人才培养，特别是精英人才的培养。北京高校积极进行人才培养模式及制度改革，优化教育国际化的课程体系，寻求国际政府的资助，增加对外国学生的资助[1]。

在全球范围内，高等教育国际化的步伐越来越快，其所涵盖的要素也要逐步增加。文化育人意味着高校既是文化传承的载体，也是思想文化创新的源头。北京高校充分发挥中国传统文化的优势，通过建立中国文化的教育体系，向西方国家讲述中国故事。

（三）北京高校教育国际化的特点和效果

1. 比较完备的高校教育体系，输送不同层次的人才

北京各高校结合北京战略规划，分析当地的人才需求，制定相应的培养策略，为各个行业和领域输送不同层次的人才。北京许多高校办学历史悠久，但都有不同的历史、发展方向和特点，基本上形成了相对完整的高校教育体系，以支持和服务于北京的经济社会发展。

2. 积极开展国际化活动，探索符合自身发展需要的国际化路径

北京出台了一系列政策措施，用以加强国际交流与合作，促进北京各高校国际化发展，培养国际化人才。在认识到学校优势和特点、把握学校未来发展方向的基础上，积极摸索适宜的教育国际化方式，从人才培养、学科和专业建设这两个角度出发，培养具有国际思维、洞悉国际规则、有志向参与国际事务的国际化人才。

3. 国际化面临的挑战和不足

虽然北京高校教育体系已经比较完备，国际化水平也不断提高，但由于全球视野不够开阔，其服务能力仍然有很大的提升空间，特别是对国家及北京市战略发展的服务能力、国际影响力还不够大。国际化经费短缺是很普遍的一个现象，由于经费的监督管理非常严格，在国际化经费方面，经费是限制高校国际交流合作、压制自主活力的一个重要原因[2]。

（四）案例分析

北京化工大学自 1958 年成立以来，一直坚持"全球化发展"战略，坚持国际化办学。该校国际化办学管理一直走在国内高校前列，其国际化办学具有示范性。具体国际化办学路径如下。

1. 请进来，引进国际化人才

北京化工大学是较早走出国门的大学之一。早在 2006 年，北京化工大学便提出对外

---

[1] 刘永武. 国际化战略：新一轮首都高等教育发展的战略选择 [J]. 北京教育：高教版, 2009 (3)：7-9.
[2] 何芳, 刘凤. 北京市属高校国际化发展路径研究 [J]. 北京航空航天大学学报：社会科学版, 34 (1)：6.

开放，积极主动加强国际交流与合作。为推动高校教育国际化稳步发展进程，北京化工大学成立了专门的高层次人才引进机构，坚持以"高精尖缺"人才引进为重点，开展"高端外国专家项目""海外名师项目"等，引进高层次国际化人才。

2. 走出去，推动师生国际交流工作

北京化工大学在2012年就开始深入推动学生海外留学工作，为实现这一目标，与19个国家和地区的60余所高校开展逾80项的学生赴海外学习项目，同时继续推进"北化—世界百强高校本硕博精英计划"，由国家留学基金委资助优秀学生赴境外攻读博士学位。北京化工大学鼓励高校教师赴国外进行学习交流、留学访问，掌握国际前沿动态，学习最新理念，增加教师国际交流与合作。

3. 构建国际学术平台

北京化工大学实施了与顶级国际高校建立联合研究中心的计划，坚持"长期、平等、互利、实质"的国际合作模式，建立合作基地。这对于在科学研究和研究生教育之间建立长期和实质性的伙伴关系非常重要。浓厚学术氛围和多元文化视角的建立直接影响学院的国际影响力，国际影响力不断提高。

4. 开展国际交流项目

国际交流项目对于各学校是必要的，特别是对国际学校，同时它是国际化办学的延伸。基于学校合作办学，北京化工大学与美国、英国、法国、德国、意大利、俄罗斯、澳大利亚等一百多个国家合作办学，与世界知名大学开展了一系列合作交流项目。

四、浙江高校教育国际化进程

（一）浙江高校教育国际化发展历程

改革开放以来，特别是进入21世纪以来，浙江高等教育国际交流与合作呈现出蓬勃发展的势头，主要表现为高校的国际化趋势不断增强、国际交流与合作成绩斐然、高校国际化合作更近一步。进入21世纪以来，浙江高等教育实现了跨越式发展，办学规模持续扩大，办学形式多样化，办学条件持续改善，教学改革不断深入，人才培养质量逐步提高。浙江普通高等学校已发展到80所（含筹1所），高等教育毛入学率已超过45%。进入大众化阶段的浙江高等教育为社会培养了大量各类人才，比较好地满足了经济社会和人民群众对高等教育发展的需要。

按照时间顺序和发展程度及水平，1978年改革开放之后的浙江高等教育国际化进程可以分为以下三个阶段。

第一个阶段，高等教育国际化缓慢启动阶段（1978—1994年）。浙江省大力调整了专业结构，积极实施了众多的高等教育办学形式，在1978年恢复了大学的统一招生和考试制度。1985年，《中共中央关于教育体制改革的决定》正式公布，浙江教育进入深刻的改革开放新时期。1992年，为促进高校的国际合作，进一步推动浙江省高等教育的发展，浙江省委、省政府提出了科教兴省战略。通过实施中外办学等多元化的方式发展高等教育，当地的高校呈现出新的活力。

第二个阶段，高等教育国际化快速发展阶段（1995年至今）。1995年3月颁布的《中华人民共和国教育法》和原国家教委于1995年1月颁布的《中外合作办学暂行规定》从法律层面为中外合作办学提供保障。政策形式的确定规范了中外合作办学的模式。特别是《浙江省高等教育国际化发展规划（2010—2020年）》的颁布，提高了浙江省中外合作办学规划化、标准化的水平。浙江省高等教育中外合作办学进入了一个新的发展时期。

（二）浙江高校教育国际化的主要措施

自1995年以来，浙江省出台了若干政策，旨在引导、加强和规范浙江省中外合作办学的健康发展，如《浙江省高等教育改革和发展规划（2000—2020年）》《浙江省教育厅关于开展示范性中外合作办学项目建设的通知》等。这些文件都表明浙江省对教育国际化的重视，都标志着浙江省对本省高校中外合作办学给予了大力支持。

高等教育是一个多层次的运行系统，浙江省高校教育国际化也应呈现出鲜明的结构性与多样性。确定浙江省高校教育国际化目标，科学地制定浙江省高校教育国际化发展战略，可以有效地推动浙江省高校教育国际化发展进程。

1. 高校"强强联手"，以点带面，全面增强浙江高校教育国际化实力

浙江研究型高校如浙江大学的国际化发展目标就是要通过发展国际化水平的科研院校，加强浙江对国际一流科技人才和发达国家优秀学生的吸引力和凝聚力，发挥人力资源战略，提高浙江高校教育的国际水平，具体应对措施如下。

（1）加强与英国、美国等国家知名高校之间的交流与合作。浙江高校发挥现有学科和专业优势，加强与国际知名一流高校的合作和交流，迸发出自身学科活力，积极参与、主导探索国际前沿的学术问题，促使当地研究型大学与国际接轨。

（2）持续更新国际化合作形式，加强国际合作，促进国际交流，提升国际化水平。浙江高校充分利用学科和区位优势，进一步创新浙江高校教育的国际化合作方式，比如，建立跨学科的国际研究中心、与世界一流高校共同成立国际合作实验室，为浙江地区高校的老师和学生直接参与高水平科研拓宽渠道。浙江高校加强与在浙江投资的国际著名企业的交流和合作，设立产学研基地，推进高层次校企合作，加速高校科研成果转化。

（3）从经费、政策等方面对研究型高校国际化办学提供有力的支撑，发挥研究型高校的主导作用。通过个别高校国际化水平的提高，总结国际化教育理念和办学经验，促进浙江高校教育整体国际化水平的提高。

2. 引导教学型高校走"与地方经济相适应"之路，发挥引领作用，加快浙江高校教育的国际化进程

到2020年为止，浙江省有60所本科院校，其中36所为公办普通本科院校，20所为民办普通本科和独立学院，2所为中外合作办学院校，2所为本科层次职业大学。这些院校充分发挥自身的优势和特色，为浙江的经济和社会发展提供国际化人才，为浙江高校教育国际化进程提供助力，具体措施如下。

（1）对浙江省所处的经济水平进行分析，提炼当地国际人才需求，并就人才需求开展国际化合作与交流。浙江本科院校结合国际化人才需求，以加强国际经济、管理和其他大企业建设为核心，加快金融、管理、国际法律等领域的国际化人才的培育，以点带面地带动其他专业和领域的国际化人才的培养。

（2）浙江各高校找准自身定位、明确自身办学优势特色，选择最合适的国际化形式，

全力推进浙江高校教育国际化进程。根据浙江省本科院校实际办学情况，各高校抓住机遇，根据学校已有的教学特色，适当地融入国际化教学模式，例如开设相应学科专业的国际化课程，与国外大学合作开设国际课程，或者直接设立国际大学，实施跨国人才联合培养项目等。

（3）加强留学生工作，促进浙江高校教育国际化双向交流。目前，浙江高校教育国际化以"引进和输出"为主，应发挥留学生教育的重要作用，逐步达成"输入"与"输出"二者的平衡，首先，尽快建立符合国际标准的移民学生社会服务和管理体系；其次，根据外国学生的需要为外国学生提供不同的培训方案。

3. 高职院校走"南北合作"之路、"南南合作"之路

从制度层面进行创新，探索具有自身特色的教育国际化道路，充分依托政府力量，在浙江省本科院校挖掘出的国际化办学优势的基础上，逐步找准浙江特色，构建具有特色的高职教育国际化发展之路，具体措施如下。

（1）加强政府的主导作用。一是政府要充分发挥自身主导作用、引领作用、带头作用，为高职院校走"南北合作"之路、"南南合作"之路牵线搭桥，助力高职院校与境外职业院校、企业合作交流，为其提供信息资源和平台；二是政府要加强统筹协调，实现项目共同开发；三是要树立典型，重点培育具有特色的高职类院校国际化办学示范院校，通过示范性院校的办学、管理，逐步推动其他非示范性高职院校的国际化进程。

（2）通过本科院校资源深化高职院校"南北合作"路线。浙江省高职院校可以充分利用本地区本科院校的国际化办学资源，助力其提高自身国际化水平。比如，高职院校可以加入本科院校与国外高校合作，完善相应的学分互认制度，推动专升本、升硕的实现，或者参与到本科院校的跨国公司项目，共同为项目输送国际技术人才。

（3）探索并拓宽"南南合作"路径，努力实现"进口与出口"二者之间的平衡。加强浙江高等职业教育与发展中国家高等职业教育的合作交流，充分找准定位，利用浙江的优势特色学科专业和优越的地理区位，积极推进"南南合作"教育项目，扩大扩宽"南南合作"途径，将浙江省职业教育向外"输出"①。

（三）浙江高校教育国际化的特点和效果

1. 开放程度及较高经济水平是中外合作办学的基本前提

浙江省坚持对外开放，中外合作办学的历史源远流长。坚持可持续发展路线，社会稳定和谐，为浙江开展国际交流与教育合作提供了良好的社会基础。当前高等教育已经不能满足已有的经济规模和浙江省人民的期望，因而对浙江高校教育的国际化转型提出了更高的要求。经济基础、社会基础是浙江省开展中外合作办学的前提，人民的期望是浙江省开展中外合作办学的动力。

2. 政府的重视与配合是中外合作办学发展的基本保障

2018年8月浙江省委颁布《关于全面实施高等教育强省战略的意见》，进一步明确了深化改革开放的治校原则、办学原则，明确了大力吸收国外优质大学教育资源的必要性，也表明了浙江省政府对改善和发展浙江对外合作的重视，为中外合作办学提供新的政治

---

① 袁星星. 浙江省高等学校国际化人才培养政策研究 [D]. 金华：浙江师范大学，2020：45-46.

3. 提质保量、突出特点、示范引领是中外合作办学发展可持续的必然要求

浙江省中外合作办学的一大特色是双重建设,既强调办学规范,也注重示范作用,在增加中外合作办学数量的同时也保障办学质量。浙江省教育厅先后颁布了《浙江省教育厅关于开展示范性中外合作办学项目建设的通知》等文件,强调中外合作办学的规范性、示范性建设。

4. 进一步完善中外合作办学是提升高校教育质量的重要举措

发展与完善中外合作办学是提高高校教育质量的重要举措之一。浙江省对外合作办学也是人文交流的重要方式,是促进民族国家教育合作和交流的强大动力,对建设人类命运共同体具有重要的积极作用。

(四)案例分析

以浙江省宁波市为例,高校教育的国际化与高等教育的普及化和本土化相互影响、相互促进。高校教育国际化是普及化的重要途径和手段之一,对本土化进程有显著的正向作用。与此同时,高等教育的本土化和普及化也促进了区域高校教育国际化的蓬勃发展。

1. 教师国际化

浙江省宁波市本科院校和大学积极鼓励教师出国深造或者攻读学位提升自我。在各类型高校中,留(访)学大于等于3个月的专任教师所占比例分别为30%、18%和6%。鼓励教师"走出去"的同时,宁波市高校也大力吸引国外文教专家扎根宁波,到宁波任教。

2. 学生国际化

2011年,宁波市发布了《宁波市来华留学生政府奖学金管理办法(试行)》。以宁波市接收留学生最多的高校宁波大学为例,2010年宁波大学留学生人数仅为204人,数量在浙江高校内排名第10名;到2019年,宁波大学留学生数量达到2 497人,在浙江高校中的排名上升到第三名,这两千多名留学生来自全球一百多个国家和地区,学生的国际化水平得到了显著提高。

3. 课程设置国际化

为使课程能跟国际接轨,宁波市各高校采取并实施了一些常用的方法:一是单独拨款建设双语课程,使国际办学学校通过双语课程建设渗透到所有办学单位;二是开设一些国际专业,根据国际趋势前瞻性规划专业内容。随着学校管理自主权的扩大和市场经济体制的引入,地方高校在高等教育国际化中的作用日益明显。宁波高校教育国际化人才培养项目具有五个特点。

(1)项目招生侧重于金融、物流、国际会计和旅游管理等专业。传统留学生侧重历史、语言和文化等专业内容,而当前重视的这些国际化项目如金融专业一般采用全成本收费,有利于减少政府和高校的投资,高等教育的经济性质显著。

(2)突出学校自身的核心或特色专业,吸引国外优质资源共同办学。现有的国际合作项目包括学分互认、交换生、学术合作、学士硕士学位和联合硕士学位培训等多种形式。

(3)充分运用国外大学高水平优势学科,推出"学术衔接"项目。与国外大学合作开设"本升硕"项目和硕士项目,不仅提高了其学校的国际化水平,还为有意向的人才提供深造平台,以便接受更高水平的教学。

（4）与本科院校以理论学习为主导的培养模式不同，宁波市高职院校结合自身情况，将培养重点放在学生国际化项目的技能操作表现上，大力引进发达国家、地区的相关技能操作课程，力求培养符合国际标准的人才，与国际接轨。

（5）引入国际化评估认证体系，确保人才培养符合国际要求。国际化项目为学生提供了更多接受高水平教育服务的机会，中国高校教育国际化也在提高高等教育普及化的程度。宁波市高校持续扩招，刺激更多学校寻求更好、更优质的教育服务。

教育国际化政策推动区域高等教育向国际化、多样化和多中心靠拢。宁波市为海外学校创建领先机构、分支机构、研究机构和实验基地，发布联合培养的教育计划、在线教育和培训，有效促进学生流动，规范教育国际化项目和机构的流动[①]。

第二节　国外高校教育国际化经验借鉴

一、美国高校教育国际化经验

（一）美国高校教育国际化发展历程及现状

美国高等教育在世界上有着良好的声誉，经过多年的发展，取得了许多令人瞩目的成就和有益的经验。"二战"后，美国开始实施高等教育的国际化政策，将高等教育模式从输入变为输出，通过联邦政府发布的一系列法案，不难发现其全球化步伐的总体趋势。按照时间顺序和发展程度及水平，美国高校教育国际化进程可以划分为以下三个阶段。

第一阶段，从促进交流到重视国际竞争（20世纪40—50年代）。美国于1946年设立了专项基金，资助美国和世界各国的教师、学者和研究人员进行国际学术研究和交流。基金的支持帮助美国快速成为世界各地学者、研究人员的聚集地和国际教育中心。1948年发布的《美国信息与教育交流法案》也提出"为了促进美国、全人类之间更好地相互理解"，应该建立教育交流服务机构中心，分享教育、艺术和科学方面的成就，使国际教育实践取得新进展。

第二阶段，从基金支持到相关立法（20世纪60—80年代）。1961年，通过颁布《共同教育和文化交流法案》和《富布赖特—海斯法案》，美国进一步资助国际事务研究和交流项目，旨在通过援助来培育受援国的亲美意识，并将国际教育恢复为正式外交关系的一个领域。

第三阶段，从培养世界公民到提升全球竞争力（20世纪90年代至今）。1991年，美国联邦政府颁布了《国家安全教育法》，提出了新的国际教育计划，例如为本科及本科以上更高学历层次的学生提供海外学习机会、研究奖学金，并为高校提供资金，用以加强其与其他大学的国际交流与合作等。20世纪90年代末，美国国际教育开始转向全球公民教育和全球社会保障，特别是"9·11"事件暴露文明冲突这一全球性社会问题，导致美国国际教育向全球教育的转变[②]。

[①] 晏成步. 区域高等教育国际化现状分析与发展建议：以宁波市为例 [J]. 浙江纺织服装职业技术学院学报，2018，17（3）：75-80.

[②] 蔡宗模. 美国高等教育全球化的政策与实践 [J]. 比较教育研究，2013，35（7）：97-102.

美国是世界上接收留学生最多的国家,许多学院和大学通过其独特的优势和开放的政策吸引许多优秀的海外学生,为美国带来了巨大的经济效益与人力资源。

(二) 美国高校教育国际化发展的质量保障和监管机制

随着国际化的全面、深入发展,美国高校势必开始寻求国际化发展资源,建立强大的国际化组织结构,为高等教育的基本职能服务。

1. 有效的保障措施

首先,实施制度支持。美国加大对高校教育国际化的制度支持力度,可以以不同的方式表示。其次,实施资金援助。为了促进高校教育的国际化发展,美国政府高度重视资金资助,并充分考虑其是否可以获得额外资金,以此来促进高校的国际化发展,并将其作为衡量高校教育国际化的重要指标。

2. 有效的实施策略

为了促进高校教育的国际化发展、提高高校教育国际化的效力,美国政府及其教育机构采取了许多策略,分别从学生和教师角度实施策略。首先,采取多种方式培养学生的国际视野。其次,积极推进教师的专业发展,进一步提高教师的专业素质,使其更好地适应国际化的需要[①]。

3. 整合和高效配置国际化全面发展资源是高校组织变革的战略资源保障

高校全面国际化战略的实施落地,必然会涉及不同利益关系的调整,有效的资源协调和分配机制能够较好地协调不同学校各利益相关者之间的关系。全面国际化必须通过"标准化再教育"策略改变人们对国际化的态度和价值观,不仅要有效利用国际化资源,而且要积极拓展全面国际化资源,使国际化成为一种新常态,融入高校的基本职能之中。

4. 高校全面国际化战略是组织变革政策与制度资源的重要保障

高校的全面国际化发展和实践需要战略指导。战略规划的制定必须基于学校的主要使命、价值观和发展愿景,脱离制度价值和基本精神,战略规划不仅难以将国际化融入学校发展,而且通过国际化促进和改善教学、研究和社会服务功能的目标也难以实现。

(三) 美国高校教育国际化的特征

1. 以"提高国际意识"为核心

美国以"提高国际意识"为核心,从组织发展理论出发,关注高校如何实践学校理念和使命的国际化,以及其他层面的学校建设,营造国际化校园氛围,提高国际和跨文化意识。

2. 以"推动国际融合"为核心

美国"推动国际融合"的实践需要多方配合,它致力于通过一系列活动、政策和程序,将国际化融入全校教学、研究和服务,致力于国际化的可持续发展。

3. 以"提升全员能力"为核心

该路径强调,美国高校应采取各种行动措施,帮助提高职工、教师和学生的国际化能

---

① 马嵘,程晋宽. 美国高校的全面国际化:基于组织变革的视角 [J]. 高等教育研究,2019,40 (4):104-109.

力。这条道路的重点是高校如何传播和教授知识，帮助校园内职工、教师或学生获得国际知识，并获得不同文化间交流的能力。21世纪以来，美国高校更加关注如何满足劳动力市场对具有国际化视野的人才的需求，以及如何帮助学生在全球化环境中获得生活与工作的能力[1]。

（四）美国高校教育国际化对我国高校教育国际化的启示

1. 高校教育国际化战略应该服务于国家

从美国高校教育国际化的角度来看，美国高校教育国际化的战略目标十分明确。我国高校教育国际化要为国家发展和国家发展战略服务。

2. 大力培养国际化人才，维护国家利益

美国可以为我国提供三方面的借鉴。第一，加大课程国际化的力度，以不断拓展学生的全球视野；第二，增加对多语种外语人才的培养，培养多语种人才；第三，大力推动海外留学工作，增加赴外留学生数量。

3. 吸引全球顶尖人才，为提升国家实力提供人力资源

美国在这个方面能给我们带来启示。一是采取各种措施，吸引世界各地的优秀人才到中国学习；二是提升对国际一流教师的待遇，为其提供优异的教学与研究环境，吸引国际学者到中国任教。

4. 输出我国价值观念，扩大全球文化影响

本国价值观念是否被其他国家认同，是提高一个国家全球影响力的关键因素。美国可以给我们带来两个经验：一是吸引他国留学生、学者来中国学习，借学习之机，传播我国价值观念到世界各地；二是提供教育援助给发展中国家，培育发展中国家的"精英人才"，使中国价值观借此传播出去，从而使中国文化的影响力得到扩展。

5. 发展在线教育，提升我国网络空间影响力

互联网可以实现跨国家交流，发展在线教育是推动高校教育国际化的重要举措之一。在线教育已是美国维系国际霸主地位的一项重要措施，我们要加强中国的在线教育，重视其发展，扩大中国在互联网领域的影响，尤其是我们要加大开放课程平台的建设力度，用其他语言翻译优秀课程，通过在线教育的方式，在传播知识的同时，进一步提升我国网络空间影响力，并让大家了解中国。

6. 资助基础研究，吸引顶尖研究成果

美国的两个经验值得我们借鉴，以更好地服务于国家发展战略。一方面，要加大对基础科研经费的投入，加大对基础科研的支持。在我国，基础科研投入总额与总投入比例较小，而在国际上比例偏低，这对整体实力的提升十分不利，需在这方面加以改进。另一方面，我国国内顶尖期刊很少有可以吸引国外知名学者的论文，而且在国内的基础研究中，其贡献比例相对较低。所以，我国应加强对国内顶尖刊物的管理力度，鼓励他们将国外优秀的科研成果引进国内，同时，大力支持他们在国内期刊上发表[2]。

---

[1] 马嵘，程晋宽. 美国高校的全面国际化：基于组织变革的视角[J]. 高等教育研究，2019，40（4）：104-109.
[2] 薛博文. 日本推进高等教育国际化新战略："全球顶级大学创建计划"的进展、案例和启示[J]. 高等教育研究学报，2021，44（1）：65-74.

二、日本高校教育国际化经验

(一) 日本高校教育国际化发展历程及现状

日本在20世纪70年代步入发达国家队伍行列，经济发达，国际地位提升，其对高等教育的需求开始增大。日本开始提出"国际化"口号，走上高等教育国际化发展之路。按照时间顺序和发展程度及水平，日本高校教育国际化进程可以划分为以下三个阶段。

第一阶段，萌芽发展阶段（20世纪70—80年代）。1974年，日本在发表的《咨询报告》中提出，培养国际社会需求的日本人才是教育重点课题，这是日本高校教育国际化的开端。1984年日本设立了临时教育审议会，同年由其提交的《关于教育改革的第一次咨询报告》中提出了国际化的教育思想，并指出为顺应国际化需要，必须把格局打开，转向国际开放，不仅是要为日本培养社会所需的人才，更要为全世界培养日本人才。1986年后，日本国际化稳步发展。在发布的各项文件中可以看到，日本临时教育审议会对于高校教育国际化的规划与发展提出了很多针对性措施。

第二阶段，快速发展阶段（20世纪90年代—21世纪初）。如果说20世纪七八十年代日本高校教育国际化处于萌芽发展阶段，那么20世纪90年代日本高校教育国际化则进入了快速发展阶段。1995年颁布的《教育白皮书》明确指出了加强教育交流与合作的重要性，并提供了具体的方针和政策，例如加快大学改革，进一步丰富研究生院合作交流形式，促进国际学术交流与发展，实现高校教育国际化。

第三阶段，成熟发展阶段（21世纪初至今）。21世纪后，日本高校教育国际化进程加快，探索了一条新的道路，并实施了一系列高校教育国际化计划。日本国内大学进行全面的教育改革后，国际影响力提高，对日本高校教育的发展起到了积极的推动作用，也使日本成为高校教育国际化程度最高的国家之一[①]。

(二) 日本高校教育国际化发展的质量保障和监管机制

日本政府制定多项推动高校教育国际化稳健发展的政策，并将其落到实处。以下四个方面是日本一直坚持并持续推进高校教育国际化发展事业的措施。

1. 大力发展留学生教育事业

留学是日本高等教育的一个重要部分，留学生教育已是其提升国际影响力、竞争力的重要方式。日本高等教育是后现代性的，其教育模式是模仿欧美国家的，而在其国际化的过程中，则是以将留学生送到国外学习这一形式为主。2019年，在中高等教育机构中，日本留学生数量占在日留学生总量达70%，可以看出日本在国际化进程中十分重视留学生教育。

2. 创办国际性大学

21世纪以来，为增强国际竞争力、提升高等教育质量，日本政府制定了一系列针对性计划，有计划地加快日本大学向国际一流大学迈进的步伐。日本高等教育在国际上的适应性、竞争力和影响力，支持具有发展潜力的学科，建设世界一流的科研机构，加强与国外优秀大学的合作。经过日本数年努力，创一流大学计划已初见成效，在2020英国大学Quacquarelli Symonds公布的全球大学排行榜上，日本有5所大学上榜。

3. 强化外国语教育

强化外国语教育有助于国际交流。为发展外国语教育，高校实行弹性政策，历来是日本高校教育国际化思想理念的重要内容。为培育能在国际社会中生存的日本人，许多日本大学成立了与国际事务相关的院部、系部和学科。在外国语教学上，日本加大了对外国语言的教学，并开设多语种课程，以前可能重点学习英语，但现在对其他外国语投入了更多关注①。

（三）日本高校教育国际化的特征

1. 强调国际交流合作的过程导向

与中国的"双一流"建设计划将国际交流与合作列为改革任务不同，日本的"全球顶级大学计划"将"国际化"定位为领导所有其他重大改革的起点，即在建设国际校园的背景下规划和实施所有改革措施，并及时评估这些改革措施的有效性和效益，重视"过程导向"。

2. 改革教育教学组织模式

在日本高等教育国际化建设规划中，国际化概念贯穿于综合改革过程中。从教育教学组织的角度看，构建新型的高校教育教学体系，包括自2014年起实施面向本科生的全球学习计划，创设"四学期制"（学季制）的学年模式并匹配相应的课程计划，毕业会考制度，大力发展全英文专业等。

3. 创新国际交流合作范式

首先，建立战略伙伴关系，建立学术共同体。与世界一流大学建立战略伙伴关系是日本全面教育的关键目标。这些伙伴关系将被用作全球扩张的重要基础，建立在当前最先进的研究基础上，促进国际学生和教师的流动，吸引合格和有才华的国际学生。其次，围绕教学和科研两大方向，以国际科研合作项目为动力，打造交流合作新模式。最后，成立海外办事处。东京大学在入选"全球顶级大学计划"之前，就已经在海外设立了43个办事处，主要分布于亚洲、北美和欧洲。

4. 变革管理组织架构

变革管理组织架构主要分为两个阶段。第一个阶段是从2014年至2023年，总体目标是建立一个"指挥塔"，以加速国际化发展，并为建立真正的国际化教育教学体系奠定坚实基础。第二个阶段是到2024年，设立一个"全球化发展事务局"，其由教学部门、科研机构和行政部门组成。

5. 促进教师与学生的国际理解能力提升

在学生方面，实施"走向全球"项目和"创新与领导力全球教育"项目。这两个项目的目标都是培育学生的全球胜任力，包括增强国际理解，提升日本学生适应异质文化环境的能力、跨文化沟通交流和写作能力，以及增强学生的全球道德责任感等②。

（四）日本高校教育国际化对我国高校教育国际化的启示

1. 政府的积极推动是高校教育国际化发展的重要保障

促进高校教育国际化交流与合作，需要政府发挥引导作用，政府、高校、社会三方协

---

①② 郑淳，杨帆，江楠．"全球顶级大学计划"背景下日本顶尖高校国际化战略的特征与启示［J］．教育评论，2020（11）：149-156．

同。当前，日本教育在数量和质量上均居世界前列，这一重大成果的取得离不开政府对教育事业的重视。日本高校教育国际化的发展得益于日本政府的引导、推动。我国也应取其精华，政府要注意高校教育国际化战略的及时制定、调整和更新。

2. 充分发挥高校在教育国际化发展中的主体作用

高校是我国高等教育国际化发展的主要推动力。借鉴日本高校教育国际化的成功经验后，我国应更大力度赋予高校办学自主权，发挥高校教育核心主体作用，充分调动其积极性。高校在管理体制、课程建设、人才培养、科研交流等方面，应不断深化教育体制改革，开展国际交流和合作。

3. 强化以项目为载体的国际间交流与合作

虽然我国中外合作办学项目增多、领域拓宽，但从整体上看，我国以项目为依托的国际高校交流合作力度不够，仍要加强与国际高校的项目合作。稳步发展国际教育，强化以项目为载体的国际交流与合作，可以提高我国教育国际化水平，增强我国影响力[①]。

三、英国高校教育国际化经验

（一）英国高校教育国际化发展历程及现状

英国是最早开始工业革命的国家之一，资本主义起步较早，发展速度较快，发展质量较高。按照时间顺序和发展程度及水平，英国高校教育国际化进程可以分为以下三个阶段。

第一阶段，萌芽发展阶段（17世纪—18世纪）。在此阶段，英国开始工业革命，走上资本主义道路。在此期间，英国高等教育在世界各地得到了广泛推广。在此时，高等教育的交流呈现出单向教育输出、留学生数量稀少的特点。18世纪后，随着各国间交流与合作范围、形式逐渐扩大，欧洲各国的教育交流和合作也逐渐频繁起来，这也推动了高等教育的国际化发展。

第二阶段，衰退阶段（18世纪—20世纪70年代）。在两次世界大战中的失败降低了英国的政治和经济地位，英国为了提高其国际地位，将发展高等教育作为重要的战略工具。20世纪70年代，随着英国经济的持续衰退，英国政府削减了许多公共教育资金，以克服经济危机和高等教育的金融危机。英国政府还调整了其留学生政策，要求欧盟以外的学生支付全额费用，很多人无法出国留学，英国高等教育的国际化程度也有所下降。

第三阶段，恢复和发展阶段（20世纪80年代至今）。在此阶段，英国政府高度重视市场机制的作用，开始在高校管理中引入企业管理的概念，不仅关注内部市场，而且关注国际高等教育市场[①]。

（二）英国高校教育国际化发展的质量保障和监管机制

英国有严格的质量保证制度，并于1997年建立了高等教育质量保障署，其目的是通过评估确保高等教育质量得到加强和改善。从2001年开始，英国境内和境外开展的合作办学项目在执行前都要通过质量保证署的检验并达标。英国政府对各高校的教学和学术研究质量进行定期评估，确保英国高校教学质量，以便海外学生选择适合的学校，并通过网

---

① 王娜. 英国高等教育的国际化及对中国的启示［J］. 河北企业，2016（12）：237-238.

站和出版物公布结果。为保证英国大学的海外教育质量和培养其在国外的自信心,美国高等教育质量保障署也对英国大学在国外的合作院校的教学进行监督。英国高校内部也建立了有效的质量管理机制,这也是英国大学创建专业质量评估和管理的重要基础。一些新闻机构和非政府组织、一些工商企业和专业团体等,经常根据自身利益和社会利益对高校的教育教学质量进行监督和评估,而新闻媒体的评估是最具影响力的[①]。

当前,英国的大学都有自己的质量保证制度,大部分高校在逐步建立和完善其内部的质量保证制度,以适应高等教育质量保障机构的评价标准和自身的特点。在校级和系一级,各学院都有专门的学术委员会,以保证教学的品质。各高校在学校的经营和策略规划文件和报告中,清楚地提出了不断提高教育质量的目标和方案。外部质量保障的工作就是要确保内部质量保障体系的有效性。英国大学的高质量保证制度使英国大学的教学与科研水平得到了极大的提升[①]。

(三)英国高校教育国际化的特征

1. 广泛的理念认同

英国政府与教育部门普遍认为,国际化是现代大学和国际一流大学不可或缺的要素。英国政府在高校教育国际化过程中起着举足轻重的作用,无论是在政策上还是在法律上。

2. 全面深入的国际合作

英国高校教育的国际交流是丰富多彩的。它不仅包括学生、教师和科研人员之间的国际交往,也包括专业课程、网上学习平台、各种学习工具、教育观念的分享,师生角色互换、学者与学者互访、国际合作办学、学学互认等互为补充的高等教育体系。

3. 开放灵活的合作机制

在合作办学机制上,英国高校根据国际经济社会发展的需要和国际人才培养的要求,增加国际课程,实行课程内容和课程改革,以满足外国留学生的需求。英国大学在制定国际课程的同时,也强化了语言教学。在教学制度上,英国高校实行学分互认,为境内外学生出国留学创造了良好的环境,也为本国高校教育国际化发展提供了思路。

(四)英国高校教育国际化对我国高校教育国际化的启示

1. 增设国际教育课程,注重国际知识教育

国际教育课程是一种跨民族、跨文化的教育,中国的重点大学应该把大学生培养成具有国际知识、视野的综合型人才。重点院校应当尽快开设国际理解教育、多元文化教育、和平教育等课程。

2. 加强高校国际交流机构的建设和国际交流人才的培养

高校国家交流组织的建立与发展对于促进我国科学研究的发展起着举足轻重的作用。21世纪,随着高等教育的国际交流日益学术化,交流的内容、范围及速度越来越多、广、快,这就需要我国高等院校的国家交流机构开始转变,从以前的统一管理体制过渡到一种连接管理层和学术界的综合方式。中国要培养具备国际知识、国际视野、国际沟通能力,学术和管理相结合的复合型人才。

---

① 聂名华. 英国高等教育国际化发展特征与启示 [J]. 学术论坛, 2011, 34 (11): 210-214.

3. 加强对外汉语教育，培养双语人才

加强英语及其他语言教学，使高校学生能够熟练掌握双语，成为双语人才，能在国际交往中使用母语或其他外语，从而促进各国间文化沟通与交流。此外，还可与国外高校（特别是"汉语热"兴起、华侨多的国家高校）开展合作办学。

4. 进一步扩大和提高对外留学生的招生、管理和教学工作

随着来华留学生人数的日渐增加，中国高校要不断地进行学习内容的更新，不断改善传统的学习方法，采用先进的学习技术，提高各级教育的质量。在管理外籍学生方面，中国高校应注重教育，逐步实现法制化和规范化[①]。

四、德国高校教育国际化经验

（一）德国高校教育国际化发展历程及现状

1999年，为增强欧洲高校的国际竞争力，29个欧洲国家于意大利城市博洛尼亚达成协议，所有国家将共同努力在2010年建立一个统一的高等教育区。这不仅为国际化打造了制度平台，还加快了欧洲各大学的国际化进程。

德国是《博洛尼亚宣言》首批签署国之一，作为发起国，德国大力实施高等教育改革，并迅速提高其国际化水平和国际影响力。

（1）德国以实施《博洛尼亚宣言》为契机，在学位、学制、学分等领域进行了系统改革，为实现高校教育国际化打下了良好基础。系统改革包括：建立国际承认的学士、硕士、博士三级学位体制；实行本科三年、硕士两年、博士三至五年的与国际接轨的新学制；实行新的学分体系；促进终身教育。

（2）创建德国学术交流服务中心（DAAD），制定服务高校教育国际化战略。DAAD是由200多所学校和机构组成的协会，在海外设立了15个办事处和65个联络点（在中国也有1个办事处和3个联络点）。DAAD主要提供两项服务：一是为德国学生和研究人员提供海外留学奖学金；二是为来德国的留学生和科研人员提供奖学金。

（3）高校大力推进动教育国际化。德国各大高校，特别是综合性大学，对国际化都很重视，都有专门的国际合作机构和一名负责该机构的副校长。除此之外，每所高校都有一套自己的国际化战略[②]。

（二）德国高校教育国际化发展的质量保障和监管机制

1. DAAD与国际化

德国学术交流服务中心是一家把德国大学与政府联系起来的中间机构。从1996年至今，DAAD已连续推出四项国际教育行动方案，针对高校教育的吸引力、国际化和教育质量，实施了一系列国际化战略，从而推动大学的对外交流。2001年，DAAD与德国高校校长联合会成立了"德国之门"，利用该协会的全球网络，从目标市场国家获得有关学生的资料，并举办各种活动宣传推广，以吸引留学生到德国深造。

---

① 王娜. 英国高等教育的国际化及对中国的启示 [J]. 河北企业，2016（12）：237-238.
② 孙国权. 德国高等教育国际化及其启示 [J]. 民族高等教育研究，2016，000（001）：15-18.

2. 德国政府与国际化

（1）高校教育体制改革。德国政府改革了"学位的国际相容性"，重新修订全国高校总法，同意高校开设本科、研究生课程，也减短了修学时间。另外，"欧洲学分转换系统"也已正式推行，以制定学生所修课程需要的模块和测试的量化指标，并采取课程学分和课时制度。

（2）加大财政教育投入。德国联邦及各州都坚决增加对教育的投资，甚至在2008年的金融危机期间，也一致同意把10%的国内总产值用于教育和科研。2015年，德国联邦、各州和市镇的教育投入总计1 237亿欧元，较2008年增加了80%。德国联邦政府在2011—2020年筹集到20亿欧元，得到拨款的大学能用这些资金来推动无法承担的改革项目，从而确保高校教育的教学质量。

（3）完善留学法律制度。德国于2005年颁布了一部新《移民法》，旨在为外国学生在德国的生活提供便利；德国于2012年修订《居留法》，将留学生的工作时间和毕业求职期限延长，且在德国工作满两年可以申请定居。

3. 高等教育机构与国际化

（1）大力发展海外跨国高等教育。自2001年起，德国高校和很多发展中国家成立了"德国支持性大学"。该大学的学生要在德国进修一年，学校为他们提供高质量的学术支持，并开设国际课程，其中大部分人准备在德国继续深造。2014年，德国与海外高校进行了超3万项国际合作，吸引了大批学生赴德进修。

（2）完善奖助学金体系。德国高校除积极参加德国政府奖学金外，还鼓励民间捐助，并建立了一个区域奖学金网络，为有才能的大学生提供资助。德国大学为中国学生设立了多种奖学金。同时，德国高校开设了一些偏僻冷门专业和致力于环保事业的奖学金项目，也是吸引留学生来德学习的特色。

（3）完善留学教育服务体系。德国高校出售"套装服务"，为留学生提供包含住宿、社交、文化活动、旅游、健康保险等服务；为残疾学生设立专门咨询点，提供无障碍宿舍等，以此便利留学生生活。

4. 欧洲社会和国际化

德国高校教育的国际化是建立在欧洲发展制度基础上的。德国在其国内的高等教育系统和欧洲国家间的合作方面，一直都是非常活跃的。签署《博洛尼亚宣言》，德国无疑为其自身教育制度的改革与发展做出了贡献，推动了欧洲的社会和教育融合。

（三）德国高校教育国际化的特征

1. 国别策略有所调整

默克尔执政后对德国高等教育国际化战略进行了调整。第一，继续强调德国在欧洲的地位，但要在教育中取得领先地位，必须优先考虑欧盟内部的高校教育交流与合作。第二，从现实利益出发，积极加强与发展中国家的合作，包括中国。同时，联邦政府也要为促进与这些国家开展双边及多边合作提供大量资金推动。

2. 更加关注职业教育领域的国际化

德国高校教育的重点在于其独有的教育体制——在双元制中促进职业教育。联邦政府表示，职业教育的国际化对于国家利益是非常重要的。默克尔执政以来，将德国高校教育国际化战略重点放在了职业教育,并推广双元制职业教育实践经验和运作模式。

3. 第三方机构作用凸显

德国在高校教育国际化的过程中,既充分发挥政府和大学的力量,又重视第三方机构作用。第三方机构已然是德国高校教育国际化不可缺少的力量。德国最重要的第三方机构,就是德国学术交流中心。第三方机构在国际化过程中扮演了一个联合政府和大学的角色。一方面,它服务高校;另一方面,它作为政府咨询机构,提供建议。

4. 更加注重教育输出和输入的双向度发展

19世纪起德国高校教育就走在了世界的前列。德国传统的高校教育交流与合作呈现出一种"外向性"的特征,即积极地进行输出、宣传,接收外国学生,传播德国优秀的教育理念和教育实践。它注重"走出去",把自己的优秀文化传播到世界各地;并注重"引进来",吸收外国优秀文化成果。

5. 加强难民对高等教育的融入

自从默克尔执政后,德国积极地参与到国际社会的危机治理中。自从欧洲难民危机于2014年爆发并成为社会热点后,默克尔政府就积极地从国内和欧盟的角度寻找难民危机的解决办法。在德国,高校教育是难民融入社会的重要阵地。德国坚定地支持通过向难民提供高校教育的国际施政。与世界各国比较,德国高校教育的国际化策略中,强化难民融入德国高校教育已经是一个很有特色的问题①。

(四)德国高校教育国际化对我国高校教育国际化的启示

1. 完善国家高校教育国际化的法律与政策

中国对外实行合作办学是中国当前高校教育国际化的一个重要标志,相关部门也出台了相应的政策,以规范中外合作办学,推动中国高校教育的国际化。从当前中外合作办学现状来看,最大的制度障碍是营利性问题。高等教育不能以营利为目的,中外合作认证、审批、聘请外教制度需要完善。

2. 加强国际间的交流与合作

将高校教育融入国际转型,中国高校要加强国际交流和合作,以推动高校教育国际化。一方面,加强师生之间的国际交往;同时,加强留学生的国际交流,让中国大学生尽可能积累经验,培养国际人才。另一方面,要建立中国高校与世界名校合作平台。政府应该给予大力支持和鼓励有机会在海外创立教育事业的高校,让中国"走出去"。

3. 开发国际课程,营造国际化培养环境

为了促进德国高校教育国际化,同时促进国际课程的开发和发展,德国大学努力促进英语教学,提高吸引力。为了提高我国高校教育在国际上的吸引力,我们应该积极开发符合学生需要的国际化课程。在教学上,有实力的大学应该积极推动留学生的双语教学。

4. 加强汉语推广,提高汉语的国际影响力

随着汉语在世界范围内的学习者数量逐年增加,高校要加强对外国学生的汉语教育。在我国经济发展和国际地位提升的今天,我们可以充分利用已在多个国家和地区批准建立

---

① 孙国权. 德国高等教育国际化及其启示[J]. 民族高等教育研究,2016(001):15-18.

的孔子学院，弘扬中国文化，扩大汉语国际影响力，这对促进中国高校教育国际化具有重要意义。

5. 大力发展留学生教育

衡量高校教育国际化水平的重要标准之一是留学生教育与发展规模。中国高校要积极开拓国际市场，以推动高校教育国际化。为吸引更多留学生到中国学习，我国高校可适当增加奖学金的比例并且加大宣传力度。但发展留学教育，光"引进来"是不够的，还要鼓励中国学生"走出去"。我国高校应支持和鼓励我国学生为国外留学资助名额而努力，获得出国留学机会，促进中国高校教育国际化①。

---

① 许青云. 德国高等教育国际化推动的动力、举措及其对我国的启示 [J]. 中外企业家, 2015 (25)：280-282.

第七章 广西高校教育国际化发展的思路与策略

基于广西高校目前面临的挑战与机遇,广西政府及高校要深刻认识到,广西高校处在我国高校教育国际化发展的教育生态系统中。一方面,广西高校教育国际化的发展要依托中国高校教育国际化的整体发展,广西高校要充分借鉴世界及国内一流高校教育国际化的成功经验;另一方面,广西高校需要转变自身的办学与教育理念,探寻新的思路,落实切实可行的国际化发展策略,充分激发广西高校教育国际化发展的内驱力,实现广西高校教育国际化的内涵式发展。因此,广西政府相关部门及广西高校需要确立提升广西高校教育国际化发展的思路,着力推进广西高校教育国际化发展相关工作。

第一节 确立提升广西高校教育国际化发展的思路设计

一、确立提升广西高校教育国际化发展的指导思想

百年大计,教育为本。加拿大教授简·奈特(Jane Knight)认为,教育国际化的本质是将教育内容中具有国际的、跨文化的及全球层面的要素与高等教育目的、职能或教学实施全过程进行融合[1],这个定义也可以解释为"教育全球化是一个国家、一个教育系统、一个教育机构对当今全球化趋势在教育领域的回应及采取的具体政策或举措[2]"。广西壮族自治区作为面向东盟国家开放的重要省份,也是"一带一路"必经之路。广西高校教育国际化要充分发挥其应有之义,要突破地区或者国界的限制,不断运用国际化的眼光和国际化的视野来审视自身,不断汲取国外优秀的教育工作理念与教育工作实践,为响应国家提出的"双一流"大学与学科建设的号召,不断增强广西高校的科研实力与综合影响力,为中国高校整体水平的提升做出贡献,确立提升广西高校教育国际化发展的指导思想。

(一)坚持广西高校教育国际化服务社会的基本理念

习近平总书记在十九届五中全会指出:"当前我国处于新发展的关键时代,就要立足新发展阶段、贯彻新发展理念、构建新发展格局。"在党的二十大报告中又强调:"必须深入实施科教兴国战略、人才强国战略、创新驱动发展战略。""十四五"时期以及未来很

---

[1] 简·奈特. 激流中的高等教育:国际化变革与发展[M]. 刘东风,陈巧云,译. 北京:北京大学出版社,2011:48.
[2] 周南照. 教育国际化要"化"什么[J]. 上海教育,2012(2):10.

长一段时期的发展对高校教育国际化创新人才的需求更加迫切。现在，我国经济社会发展和高等教育比过去任何时候更加需要推进国际化发展，更加需要国际化人才这一创新动力。教育强国的实现是中华民族伟大复兴的重要保障，高等教育发展占有重要地位，必须加快推进高等教育现代化，充分释放高等教育创新能力，振兴中西部高等教育。在高等教育进一步发展的新征程中，我国必须围绕以习近平同志为核心的党中央领导，充分发挥党在高等教育中的总揽全局、协调各方的领导核心作用，持续推进新时代中国特色社会主义高校教育国际化进程。因此，广西高校要全面贯彻党的十九大精神，以习近平新时代中国特色社会主义思想为指导，按照全面建设社会主义现代化教育大国、教育强国的重要战略部署，培养好国际化人才，满足人民群众日益增长的物质需求与对优质国际化教育人才的强烈渴求，在广西高校教育国际化发展过程中培养高质量国际化人才，让更多的高质量国际化人才面向全国、走向世界，为广西及全国经济社会发展提供智力支持与创造力来源，从而推动社会经济实现高质量绿色协调发展。

当今整个世界正经历百年未有之大变局，我国高校教育国际化发展面临着复杂的国内外环境。广西壮族自治区是中国唯一毗邻东南亚国家的自治区，需要肩负起推动高等教育资源布局更加协调、教育资源持续扩大开放的新发展格局，需要利用广西高校国际化人才资源推动广西及周边省区的经济社会发展，形成以人才带动经济发展的支撑与引领能力，持续提升广西高校教育为社会服务的本领与能力。

首先，广西政府需要坚持优先发展教育事业，全面贯彻党的高等教育方针，深化高等教育改革，破解高等教育发展不平衡与不充分的问题，不断满足人民群众对日益增长的优质国际化高等教育资源需要，努力为社会培养德智体美全面发展的社会主义建设者，为持续营造"三大生态"、加快实现"两个建成"目标发挥重要支撑作用[①]。同时，广西高校要贯彻落实《广西教育提升三年行动计划（2018—2020年）》文件的相关内容，高举中国高等教育特色社会主义伟大旗帜，坚定不移走高等教育全面对外开放、高校教育国际化的发展道路。广西高校要以面向东盟国家全方位开放、多领域合作与发展为新契机，充分利用广西壮族自治区多民族文化融合的优势以及毗邻东盟国家的区位优势，贯彻落实广西高校教育国际化发展新理念；以改革教育政策为导向，以提质、增效及有效评估为目标，不断更新高校课程内容，重视师资队伍教育国际化发展理念，积极学习与借鉴发达国家的先进高校教育国际化成功经验，充分发挥来广西留学生资源的作用，不断提升广西高校教育的国内外影响力与竞争优势，为广西高校教育国际化发展培养一大批"知桂、友桂、爱桂"的国际化人才，满足广西对国际化人才的强烈渴求，更好地为广西及全国经济社会发展服务。

（二）坚持广西高校教育国际化对外开放的重要理念

中华民族伟大复兴的目标离不开全方位的开放发展，这要求高校教育国际化必须坚持全方位对外开放。《教育部等八部门关于加快和扩大新时代教育对外开放的意见》明确指出，教育对外开放是高等教育现代化的鲜明特征和重要推动力。教育部门及教育机构要坚持以习近平新时代中国特色社会主义思想为指导，坚持高等教育对外开放不动摇，主动加

[①] 广西壮族自治区人民政府办公厅. 广西壮族自治区人民政府关于印发广西教育提升三年行动计划（2018—2020年）的通知（桂政发［2018］5号）［EB/OL］.（2018-01-18）［2024-03-23］.http://www.gxzf.gov.cn/zwgk/zfwj/zzqrmzfwj/20180118-676878.shtml.

强同世界各国的互鉴、互容、互通,形成更全方位、更宽领域、更多层次、更加主动的教育对外开放格局①。在新的伟大征程上,面对世界高校教育国际化持续推进,面对国家及地区对高校教育国际化人才的深切盼望,广西高校要大力推进教育国际化发展,把握高校教育国际化发展的主旋律,正视当前存在的困难与挑战。

因此,广西高校必须树立教育全球开放的重要理念,在学习世界一流高校的成功经验的同时,坚定全球高等教育命运共同体的立场,将广西高校教育国际化发展与高等教育全球化发展内化于心、外化于行,协调好国家、民族与世界的关系,兼顾好面向世界与本土教育发展、占领高等教育强国制高点的竞争与应对人类高等教育全球化共同挑战的合作、建构中国高等教育话语体系与促进不同国家高等教育发展的对话之间的关系②。面对新形势,广西高校教育国际化需要站在国家立场的基础上,以高等教育共同发展的价值理念为指引,为全球高等教育国际化治理贡献中国方案和广西观点,持续倡导高等教育全球对话与互鉴,推动形成广西高校面向东盟、走向世界的科学研究与文化共建、共享的文化环境,持续扩大广西高校教育国际公共产品的供给,积极分享广西高校教育的线上学习经验、贡献广西高校在"停课不停学"方面的经验,向东盟国家,甚至"一带一路"沿线国家贡献广西力量,借助"一带一路"沿线国家的优势,积极打造"留学广西"品牌,持续打造广西高校教育精品课程与重点项目,积极推进实施新型广西高校教育国际化,贯彻广西高校教育全面开放的重要理念,共建人类高等教育国际化发展共同体。

(三)遵循广西高校教育国际化发展的基本规律

唯物辩证法指出,规律是事物本身所固有的、本质的、必然的、稳定的联系,是发展的必然趋势。高校教育国际化发展的规律必须与当时经济社会发展规律相适应,要使高等教育与经济增长之间呈现出较高的耦合协调状态③,高校教育国际化发展要服务于经济社会发展。著名学者潘懋元先生曾指出,高等教育发展要遵循外部关系适度发展与内部关系协调发展这两个客观规律④。高校教育国际化发展是高等教育全球化整体发展的重要一环,高校教育国际化发展也必须遵循外部关系适度与内部关系协调这一规律。

因此,一方面,广西高校教育国际化发展必须遵循高等教育外部关系发展适度这一客观规律,通过政府、高校、社会之间的互动充分发挥其能动性,将广西之外的"双一流"高校作为努力发展的目标与参照物,不断调整广西高校教育国际化发展步伐,使之与广西经济社会发展规模、速度与质量等相适应,协调好广西高校教育国际化发展内部的结构、类型与目的等各要素之间的关系,提升广西高校教育国际化发展的效率与质量。在遵循高校教育国际化发展由小范围拓展到全世界的规律基础上,广西高校充分借鉴世界一流高校与世界一流学科发展的客观规律与经验总结,根据广西高校教育国际化自身的定位与现实基础,因势利导,充分促进广西高校教育国际化发展。另一方面,任何事物发展的决定性因素往往在内部因素上,广西高校教育国际化要得到发展,就要关注广西高校内部的关系

---

① 教育部.教育部等八部门印发意见加快和扩大新时代教育对外开放[EB/OL].(2020-06-23)[2024-03-24]. http://www.moe.gov.cn/jyb_xwfb/s5147/202006/t20200623_467784.html

② 吴寒天,阎光才.大学与人类命运共同体的建构:中国大学的时代使命与自我革新[J].探索与争鸣,2019(9):149-157+199-200+2.

③ 赵华兰,孙晓.我国高等教育与经济增长耦合协调发展研究[J].黑河学院学报,2020,11(2):98-101.

④ 刘林杰.云南省高等教育国际化发展战略研究[D].武汉:武汉理工大学,2013.

协调规律，注重广西高校之间、广西高校内部的师生关系与师师关系、各教育主管部门之间相互作用的规律，更要注重不同关系内部的协调发展性。

（四）坚定广西高校教育国际化的文化自觉与文化自信

党的十九大报告指出，要坚定文化自信，推动社会主义文化繁荣兴盛。高等教育文化是社会主义文化的一个重要组成部分，要坚定文化自觉与文化自信。文化自觉是指中华儿女对中华优秀传统文化看清晰的自我认识，取其精华，去其糟粕；同时，广大中华儿女也要了解和认识其他文化，处理好本土文化与外来文化的关系。文化自觉的主体既可以是个人，也可以是共同体，如民族、国家、政党、团体等。文化自信是指广大中华儿女对中华优秀传统文化的认同、肯定和坚守。文化自觉是文化自信的前提，文化自信是建立在文化自觉的基础上的。没有深刻的文化自觉，就不可能有坚定的文化自信。

高校教育国际化发展过程中难免遇到文化的交流与碰撞，高校教育国际化也体现着一国高等教育的文化自觉与文化自信。回顾近现代历史，西方国家高校教育国际化程度在世界高等教育发展中占有重要地位，长期以来以西方国家为主导的高校教育文化输出从未止步，西方发达国家近百年来一直站在高等教育国际化发展的制高点上。同时，西方发达国家高校教育国际化发展的成功经验一直是中国进行高等教育改革、推动中国高校教育国际化发展的重要借鉴。中国高校教育国际化发展不仅仅取决于中国经济社会发展的水平，还受到西方发达国家推进高校教育国际化发展的重要影响。

广西高校在开展教育国际化发展过程中要充分坚定文化自觉与文化自信，充分考虑到因政治问题或者西方不正当言论对广西高校教育国际化发展带来的不良影响。广西高校教育国际化发展过程中要遵循教育部发布的《关于当前中外合作办学若干问题的意见》，坚持广西高校教育国际化发展的公益性原则，充分学习西方发达国家的成功经验，结合广西高校教育发展的目的，以谦虚的心态去学习西方发达国家的高校教育国际化发展经验，本着互利共赢的目的推动广西高校教育国际化发展。广西教育主管部门必须统筹高校教育国际化发展战略大局和百年未有的高校教育国际化迅速发展之大变局，借助"一带一路"倡议，增强广西高校国际化发展的文化自觉与文化自信，坚决维护我国经由实践证明的中国特色社会主义高等教育国际化实践；必须大力弘扬爱国主义精神，树立高度的民族自尊心和民族自信心，铸牢广西高校教育国际化协同发展的意识，紧紧依靠广西教育主管部门、广西高校及广西高校内师生的共同努力，坚持推进广西高校教育国际化发展战略布局，广泛凝聚来自政府、高校及师生等方面的智慧和力量，形成广西高校教育国际化发展万众一心、共建拥有文化自觉与文化自信的广西高校教育国际化特色发展的生动局面；必须坚持高校教育国际化全球发展的理念，构建高校教育国际化发展命运共同体，完善高校教育国际化发展治理体系，积极推进同世界各国高校教育国际化发展的互联互通，做世界高校教育国际化发展的建设者、贡献者与维护者，努力为全球高校教育发展做出新的更大贡献。

（五）坚持广西高校教育国际化与民族性平衡发展的重要理念

高校教育国际化发展与民族性发展并不是相互冲突的，二者是互为补充、相互促进、相辅相成的关系。一方面，高校教育国际化发展中面临的民族性包括在中华文化背景下的中华各民族文化发展所显现的民族性特征。高校教育国际化的民族性特征指的是在进行高校教育国际化发展的过程中，葆有中华文化大背景下各民族文化本身的特色与风采，包括对高等教育所处地区的经济社会发展状况、思想与民族文化、民俗文化、生活习俗、饮食文化等方面的保持与发扬。另一方面，高校教育国际化发展过程中的民族性也包含着中华民族文化与其他国家民族文化交流与碰撞所产生的民族性文化特征。

广西有壮族、苗族、瑶族等多个少数民族，广西的少数民族文化特色在广西高校国际化建设中应该成为其发展的特色。因此，广西高校发展高校教育国际化的过程中应该立足广西少数民族文化特色，保持对广西各少数民族文化的传承与发展，充分运用辩证法的思想来看待广西高校教育国际化发展中国际化与民族化发展的关系。一方面，广西要充分发掘广西少数民族的文化特色与文化产业，对其背后的文化价值进行重现与传承，将广西各少数民族文化资源调动起来，重视并保护好广西少数民族文化资源，加大对少数民族地区的高等教育政策扶持与优惠力度，给予少数民族聚居地更多的资金支持，鼓励广西各少数民族形成资源丰富的少数民族文化特色；要加大对广西少数民族文化的推广与宣传，不断吸引海外留学生来广西留学深造，以推动广西高校教育国际化发展。另一方面，广西高校教育国际化发展面临中华民族文化背景下的广西各民族文化与留学生所承载的不同文化之间的交流与碰撞问题。广西高校要在坚持对自身民族文化的自觉与自信的同时，本着求同存异、共同发展的原则，充分尊重留学生的文化，做到兼容并包，平衡好广西高校教育国际化发展与不同国家民族文化交流之间的关系。

二、确立提升广西高校教育国际化发展的工作方针

广西高校教育国际化要想实现正向发展，离不开推动广西高校教育国际化发展的工作方针。高校教育国际化的正向发展有利于广西高校取长补短，引进优质的国际化教育资源，不断提升师资力量、获取先进的教育理念与成功的教育经验，以及更新人才的培养模式，不断提升高校的核心竞争力[①]。

（一）要树立明确的发展目标

明确的教育目标就像是大海中的指南针，是整体推进地方高校教育国际化水平提升的关键。如果没有清晰可行的目标，广西高校教育发展将如同迷失在大海中的轮船，找不到自身的定位与前进的方向，甚至在纷繁复杂的状况中丢掉自身的特色与优势。广西高校教育国际化的目标定位离不开广西高校对自身地理区位优势、自身的经济发展状况以及目前与其他一流高校之间存在差距的深刻认识，也离不开社会、文化等相关因素的影响。因此，广西高校教育国际化发展需要结合广西的经济、社会、文化等相关因素，同时考虑到国家整体发展的大格局，服务于国家提出的"科教兴国、人才强国以及创新驱动发展"等相关战略目标。在人才培养目标中，广西高校注重培养一大批面向东盟国家、具有国际视野、通晓国际规则并且能够参与国际化竞争的高级专门人才；注重培养具有文化自觉与文化自信，能够传播中华优秀文化，能够做到求同存异、尊重别国文化、与其他国家与民族友好往来的高级人才。广西高校的发展目标是培养利于推动教学改革与创新、在科学研究领域不断取得创新与突破的高质量人才，推动广西高校教育国际化发展，提升广西高校的国际知名度与影响力。

---

① 于欣力. 高校国际化探索与实践 [M]. 青岛：中国海洋大学出版社，2018.10.

（二）要坚持错位发展

广西高校教育国际化发展的目标，本质上是广西高校教育未来的一个总体方向，这个总体方向需要通过凸显不同高校的特色将广西高校教育国际化发展落到实处。

首先，广西教育主管部门及广西高校要深刻认识到，广西高校教育国际化发展的目标不可能一蹴而就。在广西高校教育国际化发展过程中，要持续体现广西高校教育国际化阶段性与总体性的统一、重点性与全面性的统一、求实性与创新性的统一，这样有利于广西高校在实践过程中及时发现问题并解决问题。广西高校教育国际化要实现错位发展，就离不开短期、中期和长期教育战略的制定。广西高校教育国际化发展短期战略的制定一般以年度为单位，中期发展战略一般以五年为一个节点，而长期发展战略是对广西高校教育国际化未来几十年发展的一个定位。在整个战略发展的过程中，短期、中期及长期目标都需要广西政府相关部门针对不同定位的广西高校给予指导与帮助，切实贯彻因校而异的原则，实行分级管理，切实保障对高校教育国际化发展的教育投入及经费支持。同时，在建设国际化师资队伍、提升学生国际化整体水平、建设国家化课程及培养国际化人才等方面，大力增加广西高校教师与学生进行国际化合作与交流的机会，不断引进海外优质国际教育资源与人才，积极参与国际化教育会议与相关合作论坛，着力提升广西高校教师与学生的国际化视野与国际化思维，为广西高校培养优质的教师队伍及国际人才。广西高校教育国际化发展战略的实施要坚持教育相关部门积极参与，形成全方位、多领域的沟通与协调，既使工作内容充实，也结合实际情况，让广西高校教育国际化推进工作具备可达成性。战略制定的阶段性目标高度要切合实际，要实现目标的可达性，切忌大谈空话、脱离实际。

其次，广西高校教育国际化发展与人才培养、教学与科研与师资力量等建设息息相关。广西高校教育国际化的实现需要充分调动高校内各学院的力量，积极参与广西高校教育国际化的建设，遵循"特色定位，错位发展"的原则，在开展工作中分阶段、分步骤地开展工作。对开展教育国际化工作顺利的二级学院，广西教育相关部门及高校都应该进行重点支持和引导，鼓励二级学院参与制定与国际一流大学和一流学科要求相协调和接轨的发展目标；对开展广西高校教育国际化工作较困难的二级学院，广西高校内部更应该引起重视，应该对二级学院进行一对一的帮扶工作，鼓励开展教育国际化顺利的学院分享经验，积极引导各学院到教育国际化工作顺利开展的学院进行交流与学习，在高校内部形成二级学院协同并进的大好态势。同时，针对广西高校教育国际化战略推进状况，广西高校内部要制定并认真落实二级学院领导负责制，对二级学院的教育国际化推进工作定期进行审视、督查和评估，确保按质按量在规定时间内完成规定的任务；完善对二级学院的考核与奖惩制度，对完成效果好的二级学院进行相应的奖励，不断激发二级学院推进高校教育国际化工作的积极性和主动性。

最后，广西高校教育国际化的发展重点是要明确广西高校中研究型大学、综合型大学、应用型大学及广西高职院校对国际化人才培养的目标和定位，从根本上重视广西高校学生的质量发展与内涵建设，处理好学科定位与专业发展、广西高等职业教育发展与研究型教育发展以及广西高校、广西政府与广西经济社会发展的关系；持续优化国际化专业结构和课程体系、创新高校教育国际化培养方式和教学手段；不断引导和鼓励民办高等学校打造优质教育国际化学科、培育面向国际化发展的专业、更新课程和充足国际师资力量，整体提升管理水平和教学质量，建成一批高水平有特色的国际化民办高校，满足高等教育普及化阶段对学习者多样化的学习需求。

（三）要坚持统筹规划

统筹规划是提升广西高校教育国际化发展水平的必要保障。广西政府及其相关部门要做好提升广西高校教育国际化发展的长远规划，要有计划、分步骤地提升广西高校教育国际化进程，制定相关的教育国际化发展规划与战略。规划的制定要与广西的教育、经济、文化以及社会发展水平相结合，不能盲目进行。规划要站在全局的高度，避免出现不同高校之间政策以及物质保障倾斜过多的现象，协调好广西高校教育国际化与经济、贸易等领域国际化发展的关系，避免出现不同领域相互提防、难以协调的现象。广西高校教育国际化发展规划，要坚持定性与定量相结合的原则。一方面，广西高校教育国际化要取得发展，量化的测量与分析必不可少，并且定量测量可以更加直观地观察到高校教育国际化的标准化、系统化与可测性；另一方面，由于高校系统的特殊性以及复杂性，定量分析原则难以像解释自然现象一样去解释高校教育国际化这一变化过程，而定性原则有利于深入理解广西高校教育国际化发展的进程，以及对广西高校教育国际化进程进行归纳与总结。广西高校要根据自身的优势与定位，因地制宜，制定符合广西高校的教育国际化发展整体统筹规划，统筹广西高校内部及广西高校教育国际化与其他领域国际化的关系，加强国际合作与交流，提高对外教育交流的层次，拓宽国际合作的渠道，畅通国际学历学位互认机制，不断提升高校自身的教育国际化水平。

（四）要坚持改革创新

实现中华民族伟大复兴的伟大理想要求和鼓励各行各业以创新为魂，驱动发展。高校教育国际化发展更要不断改革现有的体制机制，坚持政府的宏观指导，坚持提质增效，切实落实高校教育国际化的改革，持续创新，以学校为主体，以教师与学生为根本，创新高校国际化发展管理体制，改革教学方式，创新课程互动形式和人才培养模式。广西鼓励高校自主制定相关的教育国际化发展目标与规划，拓宽国际交流的形式与途径，紧密联系市场，鼓励校企合作，共同参与国际交流服务，不断探索高校教育国际化发展的新方法。

自党的十八大以来，广西高等教育基本实现从"重数量轻质量"向"数量与质量并重"的发展转变，推动广西高校教育国际化实现跨越式发展。广西高校教育国际化发展也在广西高等教育整体发展中实现自身的改革创新。一是对广西高校教育国际化发展的资助制度进行创新。依据《国家公派出国留学选派办法》及广西整体经济的具体状况，广西政府有意识地支持更多广西高校教师公派出国留学；充分发挥广西政府实施相关奖学金制度的激励作用，进一步巩固与东盟各国之间青年学生之间的学术交流与文化探讨，欢迎更多的东盟国家学生到广西留学，做中国与东盟国家友谊的传播者、中国与东盟国家友谊的传承者。共青团广西区委、广西青联于2011年设立"东盟在桂留学生奖学金"，截至2019年11月，共有215位东盟国家留学生获得此殊荣[1]。二是不断进行科研创新，广西申请的

---

[1] 广西新闻网.40名东盟在桂留学生获2019年奖学金[EB/OL].（2019-11-15）[2024-03-24]. http://www.gxgqt.org.cn/staticpages/20191115/gxgqt5dce8a5d-50486.shtml.

国家社科基金立项数逐年提升，广西高校获得专利授权数量不断提升，广西高校通过不懈努力，有5个学科领域进入ESI（基本科学指标数据库）国际学科排名全球前1%行列；三是持续深化广西高校教育教学改革。为了适应广西经济社会发展的需求，对外，广西高校充分运用"互联网+教育"的优势，向其他区域和国家展现广西高校自身的特色课程与特色学科；对内，广西高校对学科布局进行调整，不断优化学科结构，集中力量资源、聚集特色优势办学，完善广西高校国际化课程、学科发展与教学管理等方面的管理与评价制度，尝试建立区域性国际化高校教育交流合作论坛与中外合作办学新模式，积极对接与洽谈中外合作示范项目，为广西高校教育国际化发展注入力量。

（五）要坚持提质增效

无论是哪一个国家和民族，对教育发展的质量都十分重视。我国高等教育已进入普及化发展阶段，高校教育国际化的高质量发展是实现高等教育现代化的必由之路。现代高等教育要以新发展理念为引领，加快建设高等教育国际化。高校教育国际化实现高质量发展，是全面实现中华民族伟大复兴的必然要求。对于人才的培养，归根到底是对人才质量的把控与培养。提高人才培养的质量有利于不断提升广西高校教育国际化水平。那么，如何正确处理广西高校国际交流与合作的质量与数量之间的关系，如何避免广西高校出现过度重视数量而忽略质量的陷阱，是广西政府及高校必须考虑的问题。因此，广西政府及高校要开展高水平的国际合作与交流项目，有条件地引进优质的国际化教育资源与合作项目，不断提升广西高校教育国际化的水平，改革广西高校内的教育教学体制与机制，围绕质量第一的原则，以人才质量考核为标准，不断提升人才培养的质量。同时，人才培养的关键在教师，教师师资队伍的国际化对培养国际化人才具有关键性的作用。因此，要不断完善教师培养制度，有意识地输送在学术与教学上有突出成果的青年教师出国交流与学习，不断提升教师队伍的整体国际化水平，为人才培养、提升办学质量储备优秀的国际化师资队伍。

第二节 促进广西高校教育国际化发展的主要策略

我国高校办学与政府的大力支持休戚相关。高校的发展战略离不开政府的宏观指导，政府需要高校为其培养专门的高级人才。广西政府要坚持以习近平新时代中国特色社会主义思想为指导，落实党中央、国务院决策部署，立足广西高校教育国际化新发展阶段，贯彻广西高校教育国际化新发展理念，构建广西高校教育新发展格局，推动广西高校教育高质量发展，持续增强广西高校教育国际化发展内生动力，服务于国家西部大开发战略新布局。因此，广西高校教育国际化发展离不开广西政府中观层面的政策支持与物质保障，离不开广西高校主体地位的发挥，也离不开社会力量的共同参与。

一、政府层面

在社会主义市场经济背景下，我国高校教育国际化发展的自主权范围在不断扩大，高校对自身事务在大多数情况下可以自主进行布局谋篇。但是，高校教育国际化发展是以中国特色社会主义蓬勃发展为前提的，高校任何一项决策的制定与执行，必须同中央政府及地方各级政府的政策紧密相连。因此，从政府层面来看，广西高校教育国际化发展应遵循以下几个重要发展理念与工作方针。

（一）确立广西高校教育国际化发展的重要理念

高校教育国际化的发展在很大程度上仍然受传统政府治理理念的禁锢。广西政府及相关教育部门在对待和处理广西高校教育国际化的事务时，需要改变陈旧保守的观念，在广西高校教育国际化治理中努力做到"去行政化"，树立服务观念；认识到广西高校教育国际化是全球化的必然结果，树立服务型政府下的"高校本位"观念，进一步提升服务意识，为广西高校教育国际化发展创造一个良好的外部环境[①]。广西高等教育主管部门要重塑角色，做好顶层规划，明确广西高等教育主管部门与广西高校之间的权责关系，做到"舍得放手，敢于放手"，构建新型广西高等教育主管部门—高校关系。因此，广西高等教育主管部门要确立广西高校教育国际化发展的重要理念，从思想上避免保守的思想，鼓励广西高校开展多种形式的国际化交流活动，确立新时代要求的高校教育国际化发展观念，解决人民日益增长的物质需要与对高质量的高校教育国际化发展期望之间不平衡、不充分的矛盾。因此，广西政府高等教育主管部门需要从以下几个方面着手。

第一，广西高等教育主管部门要落实以生为本的人才培养目标。习总书记曾说要实现"两个一百年"的伟大目标离不开国人整体教育文化水平的提升。2020年，我国高等教育毛入学率达到54.4%，已经进入高等教育普及化阶段。新时代的高校教育国际化，归根到底是以培养具有创新意识、民族自信，拥有国际视野与格局，具有国际竞争力的高质量人才为目标。高校发展得好不好，最终应落实到人才培养的质量上。只有确立了国际化、高质量的人才培养目标，才能推动广西高校教育国际化战略的实施与人才培养目标的实现。在经济全球化与教育国际化发展的背景下，学生的整体素质与人生观等显得格外重要。高校教育国际化是在培养学生全面发展的基础上，不断扩大学生的格局与视野，使学生站在更高的起点上看待问题，能够理解多元文化的存在，能够在科技、文化交流中充分尊重不同文化的思想并且进行充分的沟通，始终牢记立德树人的根本任务，落实以生为本的人才培养目标，努力培育时代发展所需要的时代新人，更好地回应社会对广西高校的期盼。

第二，广西高等教育主管部门要明确广西高校教育国际化与经济发展相互促进的重要理念。广西高校国际化人才的培养最终要走向社会。而互联网时代对人才的要求越来越高，这是经济全球化对中国的挑战，同时也是一个难得的机遇。广西高校教育国际化的发展，一方面，来自不同国家的留学生跨境流动增多，推动广西高校教育跨国办学逐渐成为热潮，为广西经济发展带来新机遇；另一方面，众多国际学生来到广西留学，促进广西高校教育国际化程度不断加深，国际化人才对经济的促进作用得以充分发挥，广西高校本土人才可以拥有更多的国际交流机会，可以充分发挥人力资本的作用。

第三，要坚持广西高校教育国际化对外开放的发展理念。中国全方位、多领域深化改

---

① 辛婷婷．政府高等教育治理优化研究 [D]．郑州：郑州大学，2020．

革开放，于2016年制定了《关于做好新时期教育对外开放工作的若干意见》以及《推进共建"一带一路"教育行动》等文件。广西高校应秉承全方位、多领域开放的发展观念，在高等教育全球化市场中贡献力量。广西高校作为广西高等教育对外开放的主要载体之一，应持续对外开放，发挥其培养人才、促进产教融合的优势，为实施国家发展战略、发展地方经济与提升区域社会整体发展做出贡献。

（二）推动广西高校教育国际化运行体制机制创新

广西高校需要提升教育国际化发展进程，就离不开运行机制与体制的创新。不断完善广西高校宏观制度建设，广西政府应着力将新理念、新政策及相关制度不断转化为发展效能，引导广西高校建立行之有效的教育国际化运行机制，成立专门机构、制定专门制度并采取行之有效的改革措施。教育部、财政部、国家发展改革委联合印发《关于高等学校加快"双一流"建设的指导意见》的通知明确强调，高校的体制机制需要不断创新，需要充分激发各类人才的积极性、主动性、创造性和高校内生动力，加快构建更有活力、更有效率、更加开放、动态竞争的体制机制[1]。

第一，广西政府要不断健全广西高校教育国际化发展相关的法律与规章制度，从不同维度思考和设计广西高校国际化发展的制度体系，力求织成相对完备的法律法规及相关制度网络，从根本上防止因制度缺失而产生重大风险的可能性。同时，广西政府要以长远的眼光从环境变化中把握制度建设的动态特征，不断优化广西高校教育国际化制度。制度的动态性能够要求广西高校在复杂的国内外形势下识变、应变及求变。

第二，广西政府要出台相关政策为广西高校教育国际化的相关改革举措和持续发展提供保障，不断完善高校相关人员的管理细则。

第三，广西政府要不断完善广西高校教育国际化的质量监管制度。如何以制约和监督权力为中心制定并有效执行制度，使决策权、执行权和监督权既相互协调又相互制衡，也是新时代高校落实全面从严治党、加强党风廉政建设必须深入思考的问题。广西高校教育国际化相关制度实施的关键在于制约。围绕广西高校权力运行全过程，查找权力运行关键环节的廉政风险点，制定相应的制约措施，形成相互协调又相互制衡的机制，让关键步骤流程化、制约化，措施具体化，形成可操作的制约制度。制约制度的实施首先是宏观制度体系设计层面的权力制约。从内部控制、权力制衡的角度，制度大体分成三类：决策、执行、监督。决策类制度重在决策程序、议事规则；执行类制度重在流程规范；监督类制度重在监督重点环节或岗位，履职问责。决策部分重在实施管理的体制机制，包括组织机构、职责、议事规则和程序；执行部分重在实施管理的程序、流程，保障每一个节点都有相应规则；监督部分重在主动监督、被动监督的内容和方式。广西高校教育国际化发展的监督体制要体现权力正确行使的时序、程序、层级、岗位和部门制约监督关系，体现决策权、执行权、监督权既相对分离又有效制衡的原则，使制度体系更加完善、科学，使权力运行过程可视、可查、可控。这就要求广西高校要持续构建和不断完善分类、分学科评估

---

[1] 中华人民共和国教育部.教育部 财政部 国家发展改革委印发《关于高等学校加快"双一流"建设的指导意见》的通知.[EB/OL].（2018-08-20）[2024-03-23]. http://www.moe.gov.cn/srcsite/A22/moe_843/201808/t20180823_345987.html.

的评估体系和方案①。在广西高校教育国际化规模不断扩大和国际化人才质量保障的实践与平衡过程中，广西充分借鉴我国其他高校成熟教育教学评价及教育质量保证制约与监督体系，从而更好地推动广西高校教育国际化运行体制机制的创新。

（三）规范广西高校教育国际化经费管理机制

高等教育也是支撑一个国家长远发展的基础性和战略性投资。强大的资金保障与支持是广西高校教育国际化发展始终保持稳步运行和发展态势的基础和物质保障。世界上大多数国家越来越重视对高校教育国际化发展的持续投入。截至2019年，我国教育经费总投入为50 178.12亿元，连续8年占GDP 4%以上。我国高校发展的主要经费来源是国家财政经费，高等教育发展对国家财政经费支持的依赖程度较高，高等教育经费中用于建设高等教育国际化发展的数额因校而异，具体实际投入尚不清楚。政府应该根据各地区高等教育发展水平的具体概况和发展趋势，保障高校财政性资金来源的可持续性，增加政府财政性高校教育国际化教育经费占GDP的比重，制定和出台一系列保障高校教育国际化稳固发展的财政性战略政策，持续完善高校教育国际化经费投入和管理机制，不断健全高校教育国际化财政投入机制，保证高校教育用于国际化建设的经费实现稳定增长，更好地顺应和满足当今经济社会面向世界、面向国际化发展的现实要求，为实现我国建设高等教育强国奠定坚实的经济基础。

研究表明，我国高等教育发展进入普及化阶段，但仍存在省际差异。因此，省级政府对高校教育国际化的支持与统筹能力仍是区域高等教育实现整体化发展的重要决定因素②。2018年全国教育经费总投入46 135亿，比上年增长8.39%。其中，全国高等教育经费总投入为12 013亿元，比上年增长8.15%；普通高职高专院校教育经费总投入为2 150亿元，比上年增长6.16%③。2018年高等教育经费投入占到全国教育经费总投入的26.04%，其中广西高校教育经费投入也逐年增长。广西高校教育国际化的经费来源主要分为政府经费支持和社会经费的支持，其中主要来源是政府的财政支持（见表7-1）。

"十三五"时期，是全面建成小康社会的决胜期，也是广西贯彻"四个全面"战略布局、落实"三大定位"新使命、营造"三大生态"、实现"两个建成"目标的关键期。广西是中国面向东盟合作与发展的国际大通道，是西南及中南地区面向世界开放发展新的战略支点，更是21世纪新丝绸之路经济带有机衔接的重要门户，"三大定位"的新使命促使广西加快经济发展的步伐，进一步调整经济结构，加快产业转型升级，人才市场的关系也就从供给驱动变为需求驱动。广西政府应该根据国家的宏观指导政策，结合自身经济社会发展实际需求和财力状况，建立与广西高校教育国际化实际情况相协调的高等教育经费投入长效机制。

从表7-1中可以看出，目前，广西高校教育经费投入来源主要包括财政拨款、专项支持和减免税收等相关手段与方式，"十三五"规划期间，广西高校教育的经费主要源于国家财政性教育经费投入。然而，对比我国其他省份在高校教育上的投入，广西高等教育投

---

① 钟秉林，王新凤. 迈入普及化的中国高等教育：机遇、挑战与展望[J]. 中国高教研究，2019（8）：7-13.
② 刘国瑞. 我国高等教育空间布局的演进特征与发展趋势[J]. 高等教育研究，2019，40（9）：1-9.
③ 中华人民共和国教育部. 2018年全国教育经费总投入46 135亿比上年增长8.39%[EB/OL].（2019-05-11）[2024-03-24]. http://www.moe.gov.cn/jyb_xwfb/s5147/201905/t20190505_380543.html.

入面临着缺乏中央财政的有效支持,以及由广西地方财政实力相对薄弱、广西高校教育国际化经费筹集渠道仍需畅通、广西财政拨款体制改革仍需改进等导致的广西高校教育国际化投入资金不足,因扩招加快而导致的专项支持资金使用效率不高和专项资金运行成本过高等问题①。

表 7-1　2012—2017 年广西高等教育经费来源　　　　单位:亿元

年份	国家财政性教育经费投入	民办学校中的举办者投入	社会捐赠	学杂费等事业收入	其他收入
2012	83.25	0.02	0.21	55.39	2.52
2013	87.2	0.19	0.25	61.31	4.02
2014	100.38	0.5	0.18	65.96	3.71
2015	112.46	0.18	0.43	74.6	6.07
2016	113.95	1.13	0.37	82.84	5.14
2017	143.3	3.32	0.23	90.63	7.75

(数据来源:教育部财务司.中国教育经费统计年鉴(2013—2018)[M].北京:中国统计出版社.)

第一,要坚持持续投入教育经费推动广西高校教育国际化的发展。广西政府可以根据广西高校教育国际化需求的实际成本及变化情况建立国际化人才培养生均经费拨款定额动态增长机制,以此增加高校教育国际化建设的基本经费投入,保障高校教育国际化推进的基本运转需要。广西政府持续加大教育投入,把广西高等教育作为财政支出的重点,给予优先保障②;加大广西政府奖学金的支持力度,不断发挥政府宏观调控与支持的作用,同时加以政府奖学金的经济吸引作用,不断优化广西高校教育国际化的经费投入机制。同时,广西政府要不断鼓励和引导不同地级市的政府、各个地方的高校、社会力量以及优秀校友发挥其作用,建立一个政府主导、多方协助的政府奖学金基金会。通过多渠道、宽领域、多层次的支持对来桂留学生形成奖学金激励机制,建立并完善以政府为主导、社会力量多方参与的多元化奖学金体系,不断吸引更多优秀留学生来桂深造。《中华人民共和国教育法》已明确规定,各级人民政府教育财政拨款的增长应该不低于财政经常性收入的增长,这为高校教育国际化发展提供了强有力的保障。为解决广西高校教育入学率以及国际化程度仍需提高的问题,广西政府及其财政部分应当持续加大对高等教育的经费投入力度,切实提高广西高等教育财政预算拨款比重,解决好高校教育发展过程中经费的基本保障问题和实现高校可持续发展的问题。

第二,要不断优化广西政府用于高校教育国际化发展的教育财政拨款机制。原有的财政拨款方式往往具有单一的方向性,将财政拨款的方式简单化。因此,财政拨款机制应该不断朝综合模式的方向发展,在原有财政拨款方式的基础上,增加"基本+其他"的支出方式。同时,要细化基本支出的种类,比如教育补偿、教育奖励支出(如教学质量奖励、就业率奖励、办学特色奖励等)。同时,可以将教育财政拨款的其他支出分为非竞争性拨

---

① 凌柳.广西高等教育经费投入问题研究[D].厦门:厦门大学,2008.
② 广西教育经费发展报告课题组.广西教育经费发展报告(2011—2016)[M].南宁:广西人民出版社,2019.

款和竞争性拨款这两种类型，非竞争性拨款纳入每年年初预算的范畴，由政府财政部门统筹安排与支付；竞争性拨款应该按照相关的制度和竞争机制来分配，以体现教育财政公平。在其他财政支出上，经费的投入需要考虑到特殊项目的资金投入，以满足地方高校实现差异化办学与凸显特色学科的作用。

党的十九届五中全会《中共中央关于制定国民经济和社会发展第十四个五年规划和二〇三五年远景目标的建议》将提高高等教育质量，分类建设一流大学和一流学科，完善教育管理体制，健全投入机制，强化有限的高等教育国际化经费的精准投放，着力支持并解决高等教育领域发展短板问题。要求高校教育经费要持续投入，不同高校之间的经费投入在差异化的基础上，要实现均衡发展的目标。广西高校的教育经费投入必须努力提高生均教育经费投入水平，以实现经费投入总水平的较快增长。中共中央、国务院印发《中国教育现代化2035》，提出："要不断完善教育现代化投入的相关支持体制，健全保证财政教育投入持续稳定增长的保障机制，确保财政一般公共预算教育支出逐年递增，确保按在校学生人数平均的一般公共预算教育支出逐年递增，保证国家财政性教育经费支出占国内生产总值的比例一般不低于4%[①]。"一方面，政府经费的投入要跟上国家对教育投入的要求，要体现均衡性，要避免出现不同高校之间经费差距过大的情况，为提升广西整体高校国际化水平提供充足的经费保障，在均衡投入中达到互惠共享、互利共赢的目标。另一方面，由于不同高校的特色学科与特色专业有所差异，在经费的需要方面也显现出差异化的趋势。因此，广西政府要结合实际情况，对经费投入较多的高校给予政策和经费倾斜，相对科研与学科建设经费较少的高校适当减少经费的投入。《中国教育现代化2035》提出"振兴中西部地区高等教育"要通过中央政府的转移支付平衡公共教育资源分布，弥补广西政府的财力薄弱之处，在经费上支持，使广西高校教育国际化进一步发展。

第三，要实现经费筹集路径多样化。加强政府在高校教育投入中的主导作用，绝不意味着减少非政府投入。相反，在加强政府投入主渠道作用的同时，也应制定相关政策努力增加非政府投入，为有效保证高等教育投入的持续增长提供支撑[②]。广西政府应致力于改变传统的、陈旧且单一的政府资金来源渠道，利用现有的资源积极开拓广西高校教育资金来源渠道，建立健全合理的广西高校教育国际化投资体制机制，运用市场经济的优势，最大限度地吸引社会资本对广西高校教育国际化发展进行投资，保障广西高校教育国际化得到可持续发展。广西政府应充分利用多渠道筹集建设高校教育国际化发展的资金，完善社会对高校教育的投入机制，规范社会、校友捐赠方式，鼓励教育投资的多元化，引导社会资源流向高校教育事业，充分盘活学校内各种来源的资金。

同时，广西政府可以采取相应的税收优惠政策和法律法规鼓励第三方对高校进行捐赠的行为，不断完善我国高等教育接受社会捐赠相关体系，积极学习、借鉴西方先进的高等教育捐资相关管理组织、管理制度、管理方法，争取为社会培养一大批职业化且符合社会

[①] 新华社. 中共中央、国务院印发《中国教育现代化2035》. [EB/OL]. (2019-02-23)[2024-03-24]. http://www.gov.cn/xinwen/2019-02/23/content_5367987.htm.

[②] 黄永林. 1993—2018年普通高校教育经费投入的深度分析[J]. 教育财会研究, 2020, 31 (6): 7-23.

需求的高校基金管理人才[1]，让高校校友会充分发挥作用，逐渐培育管理合理且合法的广西高校筹资基金会和第三方捐赠基金会作为广西高校校友进行交流与联系的有效平台[2]；积极引导民间科研院所、企业、校友、华人华侨、第三方非营利性组织以及国际社会组织等更多的社会力量热心投身于广西高校教育国际化的投资和捐赠，以改善广西政府单一的"等、靠、要"的高等教育资金来源，推动广西高等教育资金来源的多样化，形成多样化的广西高等教育资金投入布局；积极推进广西高等院校产学研一体化，进一步推动广西高等院校转化创新性研究成果，让创新成果惠及社会，为高校开辟更多的资金来源渠道，进一步助力高校的科学研究。实现经费筹集路径多样化有利于推动广西高校教育国际化发展，也有利于减轻广西政府在高校教育国际化投入的财政压力。

第四，通过人力资本创造经费来源。广西高校应利用自身人才优势和技术优势，通过市场机制的作用，形成高校自身的校办产业与高科技企业，将技术与人才充分融入社会中，并通过智力与技术力量为社会创造便利与效益。广西高校要积极与广西政府、本土企业以及国内外高科技企业进行交流合作，让高校教育国际化的成果与质量凝结在学生身上，让学生从学校进入社会后，充分发挥特长与优势，将广西高校人才培养效果外溢效应最大化，让广西高校教育为经济社会发展贡献力量，持续提升广西高校自身创收能力。

第五，提高高校对经费的管理水平。来自政府、社会及个人捐赠等不同途径的经费流入广西高校，这样就涉及对经费的管理问题。广西高校要切实提升对经费的管理水平，根据广西不同高校建设教育国际化的实际情况进行相关资源政策的配置。在保证经费支持与持续供给的基础上，建立并不断完善科学合理且全面有效的教育经费使用状况动态预警与调整监控机制，形成完整覆盖教育经费的事前、事中和事后全过程的监督体系，不断改进和提升高校经费管理水平，提高高校教育经费资源利用效率。高校经费的管理水平与高校内部的高校绩效评价与财务支出理念、财务管理信息系统的构建及财务管理人员的管理水平等息息相关。因此，要提升广西高校经费的管理水平，广西高校应该根据科学分配、高效利用、量入为出的原则，从投入、产出、过程和效果等方面构建科学合理的经费投入绩效评价指标体系，引导并规范高校的经费使用行为，引导经费更好地投入高校办学与发展中，推动高校办学目标更加明确，高校发展策略和路径更加科学，高校资源配置更加合理。广西高校要对接全国高校财务管理平台，让其高校财务管理信息系统更加透明，注意广西高校财务信息管理系统操作的便捷性与安全性；要定期对广西高校内财务系统工作人员进行培训，树立科学、廉洁、高效的财务管理理念，形成按步骤、有秩序的工作操作流程，对广西高校各类经费的收支明细进行合理化、科学化统筹管理。

（四）建设广西高校教育国际化多元参与的质量保障机制

质量保障机制主要内容是高等学校为自身长发展而制定的规章制度[3]。高校从扩充数

---

[1] 粟湘福. 美英日高等教育投资比较分析及对我国的启示[J]. 黑龙江教育（高教研究与评估），2009（4）：8-10.
[2] 邱俊晖. 走出我国高等教育经费困境的思考[J]. 国家林业局管理干部学院学报，2012，11（3）：59-64.
[3] 刘鹏程. 高校教育管理质量保障路径研究[J]. 黑龙江教师发展学院学报，2021，40（2）：13-15.

量到追求质量、从精英型教育到大众化教育再到普及化教育的任何一个过程，都伴随着高校对自身发展所建立的独具特色的质量保障机制与体系，高校教育质量是人才培养的重中之重。切实保障广西高校教育国际化发展质量，扩大广西高校教育国际化发展的区域实力与影响力，都离不开质量管理与保障的保驾护航。因此，广西高校需要形成多元参与的质量保障机制。质量保障机制通常包括质量评估、学位授予、学生培养及招生管理等环节，主要作用于学位质量、培养质量、招生质量等相关领域。为此，广西高校自身需要做出努力，同时广西政府及广西社会力量也应支持。教育生态系统理论提到，教育不是独立的，而是由教育及其周围生态环境（包括自然的、社会的、规范的、生理的、心理的）相互作用而构成的统一整体[1]。广西高校教育质量保障机制要形成一个维持自身发展的系统，要构建政府部门指导、以高校为主体、社会力量协同参与的全方位、多层次的质量保障机制，从活动、组织、制度、理念等层面提升教育国际化整体的质量。

首先，广西政府在对来桂留学生进行相关的资格审查与筛选，形成一套完整且科学的资料审核与学生入学考试机制筛选制度，以确保来桂留学生的生源质量。其次，在对留学生的培养制度方面，广西政府应该同广西各大高校进行深入交流，对高校制定的留学生培养制度的制定与实施进行充分监督，以保证制度切实可行。最后，广西高校对留学生的学位授予要严格循序"严进严出"的原则，在留学生学习期间，二级学院及国际教师要给予外国留学生充分的指导与帮助，确保留学生在经过几年的学习与训练之后，能够按时独立完成学位论文的撰写及学位的申请工作。

（五）建设广西高校教育国际化专业平台

第一，建设广西高校教育国际化专业平台。当前，广西政府面临广西高校教育国际化"数据共建平台不完善、国际化教育特色资源共享能力欠缺"等现实困境，需要着力推进广西高校教育国际化公共平台的搭建，加强广西整体教育国际化的信息化建设的顶层设计和统筹规划，构建广西高校特色智慧教育整体推进机制，利用平台的优势为更多有意愿来到广西留学以及广西本土学生出国留学提供更加便利的通道。广西高校办学的国际化特色项目仅仅局限于广西高校的官方网站。一方面，许多外国留学生对广西高校的认识少之又少，无法通过一个专业的平台获取更多有效的信息，造成广西高校对留学生的吸引力不足。另一方面，为提升广西高校教育国际化进程，国际化学生必不可少。广西政府对外宣传的平台建设亟待完善，也影响到广西高校的招生情况。因此，广西政府应在不断审视自身的优势与特长的同时，规划并建设一个官方且极具说服力的广西高校资源共享平台，不断进行融合与创新，实现广西高校教育国际化发展新支撑。这个平台需要整合广西高校的所有信息资源，平台的主要内容包括广西各高校的特色与优势学科、广西政府及广西高校的奖助学金政策、广西各高校的官方网站快速导航等相关栏目。同时，该平台应主动对接国家层面的数字教育资源平台，着力推进广西高校教育国际化平台的不断完善，切实做到教育国际化资源的共建共享。广西高校教育国际化平台的建设需要体现"自上而下、整体推动、融合创新、跨越发展"的设计理念[2]，以期广西高校形成平台化的教育国际化资

---

[1] 吴鼎福，诸文蔚. 教育生态学 [M]. 南京：江苏教育出版社，1990：3.
[2] 余德兴. 搭建教育发展"一站式"服务平台 [N]. 中国教师报，2019-12-25（014）.

源、数字化的教育特色资源、智慧化的教育国际服务,让广西高校教育国际化资源平台惠及更多的学生与家庭。

第二,为广西高校教育国际化资源平台提供专业化服务和信息化支持。专业化服务是指需要专门的人才对平台进行建设与完善,也需要同想要了解广西高校的留学生进行积极的沟通,解答留学生所关心的相关入学要求与问题等。广西政府要贯彻管用结合的原则,打造广西高校教育国际化发展服务新体系,充分运用科技的优势与力量,实现智慧化管理与服务,推动广西高校教育国际化发展平台实现线上线下双渠道互联互通,提升信息化水平与服务能力。同时,广西政府应组建一支专门服务于广西高校教育国际化发展平台的服务团队,通过培训及激励等方式,发挥不同层次的引领作用,推动广西高校教育国际化优秀教学资源在全世界范围内进行共享、互惠,从而提高广西高校教育国际化的质量与影响力。

二、高校层面

高校教育国际化的发展不仅要关注政府宏观层面的支持与引导,更要关注高校层面各项教育工作的开展。因此,广西政府需要通过转变高校教育国际化发展理念、建设高校国际化师资队伍、构建国际化课程新体系、培养广西高校校园国际化环境、完善相关管理体制机制以及走双循环发展道路等路径,推动广西高校教育国际化的深入发展。

(一)确立广西高校教育国际化发展理念

广西高校要实现教育国际化发展,就要树立广西高校教育国际化的办学新理念。广西高校师生对国际化的理解与重视程度,尤其是广西高校领导班子对国际化发展的理解与重视程度,决定了广西高校国际化发展的水平。因此,广西高校主管领导班子应该充分认识到国际交流与合作给学校发展带来的益处,树立推动广西高校国际化发展的新理念,把国际化发展战略作为高校发展的重要战略之一。因此,广西高校教育国际化理念要从更新高校领导班子的教育理念开始,破除高校自身定位的局限性与自身发展的封闭性。广西高校教育国际化发展要以国家大政方针为导向,制定符合广西高校实际情况的高校教育国际化发展理念。广西高校领导要在观念上重视高校国际交流项目工作,并且不断推进与落实高校国际交流工作,并且批准高校经费保障与支持。

广西高校面临部分教师和领导班子对全球化背景下高校教育国际化发展的内涵及重要性认识不足等问题。广西高校要通过引导、培训及鼓励教师出国研修等方式,特别是鼓励有创造力和学术潜力的青年教师到海外高校进行交流与学习,辅以适当的政策与物质支持与奖励,如给予突出贡献的教师一定的物质奖励,对在海外交流学习的教师给予适当减免或者报销费用的优惠政策,引导和更新教师和高校部分人员对广西高校教育国际化发展的观念,让他们充分认识到建设高校教育国际化的必要性和重要性,进而转变思想,积极投身到建设广西高校教育国际化发展的浪潮中。

对于广西高校学生而言,学生得到全面发展是教育国际化发展理念的根本。教育国际化发展理念与高校学生学习课程、开阔视野、塑造人生观等方面休戚相关。因此,鼓励在高校内建立"国际交流与管理"协会等相关的学生组织,充分营造国际化的氛围,树立高校学生国际化的发展观念,加深学生对教育国际化的理解,进一步强化学生的教育国际化发展认识理念，培养学生的国际化视野与国际交往能力。

（二）加强广西高校国际化师资队伍建设

师资队伍国际化是高校教育国际化的重要一步，国际化高校教师数量是衡量一个高校国际化水平的重要指标[1]。广西高校师资队伍虽然有良好发展的态势，但是广西高校存在教育影响力、竞争力与现实发展不匹配的情况，总体上呈现广西高校国际化师资队伍较薄弱、国际化教学水平有待提升等问题。因此，坚持提升广西高校教师队伍的国际化水平是现实的要求与高校教育国际化发展的必然选择。

第一，广西高校亟须变革传统观念，精准确立国际标杆，将国际化教师队伍建设纳入广西高校教育国际化的师资队伍建设整体规划之中，不断完善顶层设计，为国际化教师发展提供制度保障。广西高校要想实现更高水平的发展，就必须依靠优秀的师资队伍，保证国际化教师引进与培育资金来源的持续性与稳定性，对外不断引进外籍优秀教师，对内培养优秀的国际化本土教师。在国际教师的选聘上，除了通过高校官方网站发布相关招聘信息之外，也要充分发挥广西高校海内外校友的重要作用，不断网罗具有海外留学经历的优秀青年教师以及其他国家的优秀外籍教师，利用校友资源网罗一大批优秀的国际教师前来任教。从"引进来"这个方面出发，运用财政支持，大力引进国外的优秀教师，不断优化广西高校教育国际化师资队伍结构，推动中外教师相互学习与借鉴，推动教师队伍始终保持积极学习的态势，不断更新自身的专业知识和专业技能，始终保持对专业发展方向、趋势和前沿信息的敏感。在本土国际教师的选聘和考核时，除了教师扎实的专业基础之外，重点考察教师的外语表达能力，注重教师专业领域的外语教学与表达能力，注重考察教师与外籍教师沟通与探讨专业课程及科学研究的能力，从而不断提升本土教师从事其专业领域的跨文化沟通与交流能力，进而提升本土教师的国际能力。

第二，广西高校要不断创新高校教育国际化管理人才与教师队伍开发机制，在广西高校内建立专门的部门对国际化办学及事务进行管理，主要负责引进、建设、管理与考核国际化师资队伍[2]，推动高校教师教学与科研水平不断提升。要积极发挥广大教师对自身及高校国际化进程的积极性，要学习国外一流高校，建立起合理且科学的考核评价体制和激励机制，在各个领域勇于创新，比如在交流补贴、职称评定、评优评先等方面进行大胆创新，以不断提升广西高校教师队伍的创新能力及全面提升自我的能力。

第三，广西高校要为教师的国际化交流做好相关的制度建设和制度保障，保障广西高校教师拥有便利的国（境）外访学交流的平台和机会。以"走出去"为出发点，广西高校鼓励更多的有志教师投入提升自我、建立广西高校教育国际化教师交流制度之中，拓宽国际化学习平台。广西高校要在国家留学基金项目支持的基础上，设立相关基金支持高校教师到国外访学与研究，同时注重经费来源的多元化，保证资金能够支持广西高校教师到海外进修与学习，鼓励高校教师走出国门到国际知名高校进行中短期的研修培养，并且要加大扶持力度，为高校教师提供更宽广的平台，持续资助广大中青年教师到国外知名大学进行访学。同时，广西高校鼓励出去访学的高校教师注重对海外知名学者人脉的把握和积

---

[1] 梁宇，宋彩萍. 上海市高校师资队伍国际化建设现状、问题与策略 [J]. 教育与考试，2020 (1)：78-82.
[2] 丁馨. "一带一路"背景下的高职院校教师国际化发展 [J]. 教育与职业，2020 (11)：74-79.

累,在适当时机邀请海外知名学者到国内高校讲学、开设讲座、做报告,并将其作为拓展引进海外优秀人才的新渠道,以促进广西高校教师在教育水平、教学能力、跨文化交际等能力的全面提升。

第四,要不断创新海外高层次教师队伍引进的途径与渠道。广西高校在与世界其他高水平大学合作与交流的同时,不仅要促成广西与国内一流高校的教育交流与合作,全面学习与借鉴海内外一流高校的成功经验,还要形成广西高校自身特色学科与人才培养模式。在与世界一流高校进行合作的过程中,广西高校引进世界一流教师人才的举措不可或缺。广西高校要不断加大人才的引进力度,提升人才引进政策的吸引力,吸引世界各地的优秀教师加入科研队伍,同时留住本土优秀教师,充分发挥这些优秀高校教师在世界学术界的影响力以及与世界不同一流高校之间的联系,搭建广西高校与世界一流高校间更深入交流的平台,形成"滚雪球"效应。同时,充分发挥广西高校内部学科带头人的作用,不断提升各学科带头人的国际影响力,提升学科带头人的国际化思想观念,以资助培训、公费访问、交流访学等方法不断输送广西高校学科带头人及教师代表到世界一流大学交流与访学,同时对这批交流归来的教师给予重视,让更多的教师分享与交流在世界一流校中的所见所闻与所思所想,认真听取这些教师的分享交流,学术带头人与高校学术改革委员会教师队伍要充分重视并且听取先进的经验,动态调整广西高校教育国际化的发展方向。同时,广西高校要改变关于外籍教师、兼职教授以及校外导师等不同类型教师聘用的数量限制,通过学科带头人的学术影响力,聘请世界一流高校的专家及著名学者以兼职教授的形式参与到广西高校教育国际化教育进程中。广西高校教师要对世界一流高校教师的教学、科研、人才培养及社会服务等方面进行全面了解、深入挖掘,确保教师在教书育人这条道路上顺应时代的潮流,从而推动广西高校教育的国际化发展。结合广西不同高校的学科发展特色,不断引进不同学科领域的杰出教师,同时根植于广西八桂大地,在广西高校的教与学过程中巧妙融入广西本土特色文化,推动广西高校特色学生的形成,实现广西高校学科建设在世界范围的认可与超越[①]。广西高校要形成"培养+工作"的教师双向保障机制,努力完善科研激励机制体制,坚持人才培养"外向+内向"的双向发展战略,为广西高校教育国际化发展留住人才,用好人才;充分尊重高校教师自由流动的意愿,为不同学科发展输送高层次人才,增强广西高校在不同学科的影响力。

(三) 构建广西高校教育国际化课程体系

科学的高校教育国际化课程体系是培养人才的核心。课程体系改革主要包括课程设置与教学方式等方面的改革。课程设置的合理性与国际化,涉及整个课程体系结构,核心是前沿性与国际性,目的是培养广西学生的国际视野与国际交流的能力[②]。要完成广西高校学生教育方式的国际化转型,就需要广西高校持续注重学生对问题意识的培养,这也是许多世界一流高校的着力点。广西高校课堂要以"讨论—问题"式课程设计为突破口,推动广西高校国际化教学课程的实现。

---

① 周琼,徐俊."双一流"学科建设背景下地方高校研究生教育国际化研究[J].长春大学学报,2021,31(4):63-67.
② 葛建一.江苏高等教育国际化战略研究[M].苏州:苏州大学出版社,2006:232.

一是要夯实广西高校教育国际化发展的基础。当前广西高校大多数存在观念先行、细节无法落到实处等问题，导致广西多数高校教育国际化发展的基础不牢固。广西高校应该在树立教育国际化观念的同时，以认真、踏实的态度落实各项措施，保证高校教育国际化发展的保障体系的不断健全，进一步夯实广西高校教育国际化发展的基础，充分体现高校内部对教育国际化发展的重视，为高校教育国际化进一步发展奠定基础。

二是描绘国际化课程建设相关行动规划。高校课程国际化建设是一项复杂的系统工程，国际化课程建设与国际化人才培养的理念与人才培养经费联系紧密。广西高校要利用高校课程经费，灵活地将国际化的理念贯穿到国际化课程的建设中。国际化课程建设行动规划的制订，对于推动广西高校的国际化发展具有重要意义；建设国际化课程，就是将学校国际化办学理念与目标落到实处[1]。广西政府为推动广西高校国际化课程建设，出台相关文件指导实践。《广西教育提质振兴三年行动计划（2021—2023年）》明确指出，广西高校要自觉制定属于本校特色的国际化课程，对具体的国际教师、国际学生以及国际化课程的建设进行指标的量化。

三是注重高校课程设置的国际化，形成广西高校教育国际化发展的特色教育资源[2]。高校教育国际化就是要为国家培养国际化人才，而国际化的课程是培养人才的先手。《国家中长期教育改革和发展规划纲要（2010—2020年）》明确指出，高等教育要适应国家经济社会对外开放的要求，要培养大批具有国际视野、通晓国际规则、能够参与国际事务和国际竞争的国际化人才。国际化的课程是推动高校教育国际化的重要支撑。因此，广西高校在开发国际化课程中，要注意破除对课程"单一"国际化的认识，着力开展以国际化课程为核心的一系列课程的国际化，让课程国际化深入师生内心[3]。国内外实践的成功经验表明，推动高校教育国际化对推动地方经济发展具有重大作用。因此，广西高校要深深扎于八桂大地，从实际出发，去探索广西高校教育国际化课程发展道路。

四是设立广西高校课程国际化专项经费。自2013年起，广西高校连续多年收到用于教育建设的国家财政拨款，且财政教育经费一直保持平稳增长的状态。教育经费进入高校之后，就被分为教育事业费与基础设施建设费两大类。广西高校内部专门针对国际化进程所投入与支出的经费并不能够独立作为专门的教育经费方向之一。因此，广西需要增设广西高校课程国际化专项经费，为国际化课程建设提供资金支持与保障。广西高校在每年的财政预算中，需要厘清每年用于高校国际化课程建设所需经费与预算，通过设立专项经费实施国际化课程项目建设，可以将课程经费用于推动高校国际化课程发展的课程规划申报中，并且做好对国际化课程规划项目申报的全程跟踪与动态监督。广西高校课程建设专项经费可根据国际化课程的建设情况进行规划，在整合跨学科、跨文化课程的同时，运用专项经费着力推动高校国际化课程的建设。

五是内外循环"双渠道"建设国际化课程。从许多世界著名高校国际化办学的成功经验可以看出，优质的国际化教育课程与先进的教育理念是吸引世界各国学生的重要因素。

---

[1] 黄家庆，尹闯. 国际化课程建设推进地方高校国际化发展的思考[J]. 北部湾大学学报，2020，35（9）：59-64.

[2] 邵光华，施春阳，周国平. 区域高等教育国际化研究[M]. 杭州：浙江大学出版社，2016.

[3] 高玉蓉. 对我国高校课程国际化的思考[J]. 教育探索，2010（11）：37-38.

高校开展高水平、高规格、高标准的国际交流,有助于开阔学生眼界,提高学生的国际化认知,有助于树立高校的国际品牌和国际影响力,形成"强强联合"效应。广西高校要充分利用自身的特色与优势,紧紧围绕学科建设和人才培养的需求,主动进行全球布局和战略选择,加强与国际知名大学、国际组织等的合作交流[①]。建设具有地方特色的国际化课程成为广西高校关注的重点。由点到面地深入学习世界一流高校的课程,是广西高校必须思考的问题。因此,广西高校需要从引进与开发内外循环"双渠道",共同建设广西高校国际化课程。从"引进来"的角度考虑,学习国外优质教育教学资源的模式并结合广西高校具体情况加以改进与创新,并且能够将国际化知识和本土特色进行有效融合与转化,打造国际化人才培养体系。广西高校应当充分结合具体校情,充分利用毗邻东盟、面向世界的地理优势,加强国际合作办学的方式。从"引进来"层面分析,广西高校应当在充分学习国外一流高校成功国际化办学的基础上,加强与"一带一路"倡议框架下的国际交流合作,有效贯彻与传承"新丝绸之路"合作精神,肩负起建设祖国南部高校教育国际化的重任,南联北合,连接东西,将国际化和本土化相融,打造具有广西特色的国际融合发展人才培养体系;坚持广西高校教育国际化课程改革与设计,逐步更新广西高校教育国际化发展课程,并采取双语教学和相互派遣学生及教师进行交流等举措来推动学生课程学习国际化的实现。从"走出去"层面分析,广西高校要借助多民族融合与广西少数民族聚居的优势,不断开发适合广西本土的国际化课程,把国际化课程建设的任务落实到高校二级学院和具体学科上,实行学科带头人负责研发国际化课程制度,激发学科相关教师的积极性;组织优秀外籍教师参加到国际化课程编写小组中,共同开发与编制具有广西特色的国际化专业教材,为国际化课程创造良好的物质条件;继续加强同海外高校办学合作项目,尤其是加强与东盟国家及"一带一路"沿线国家的合作,鼓励广西高校到海外办学,与其他国家政府部门进一步对接好相关办学条件与资源;充分利用当前国家对外开放的优势,积极探索与国外高校共同开发建设国际化课程体系,科学借鉴国外先进的人才培养理念,同时不断探寻与国内外一流高校的合作及科研攻坚项目,不断推动广西高校教育国际化课程走出国门、走向世界,不断提升广西高校国际化人才培养质量。

(四)推进广西高校校园国际化文化环境建设

校园环境是校园文化的一个重要载体,高校校园文化建设渗透于高校的教学、科研、管理、生活及各种校园活动等方面,是高校提升学生素质、综合培养学生、促进学生全面发展及传播社会主义核心价值观的重要体现。广西高校教育国际化应该与广西高校校园文化环境相融。广西高校校园文化环境建设是一项综合的、系统的工程。高校校园国际化文化环境的建设,有利于培养高素质的专门人才,有利于增强学生的学习动机与学习动力。

广西高校校园国际化文化环境建设,可以充分利用电视、广播、报刊及社团活动等宣传方式潜移默化地影响学生,在坚持社会主义核心价值观的同时,不断了解和吸收国际文化,将国际化文化建设融到校园文化建设中来;广西高校要充分审视自身的办学特色,将国际文化与高校特色学科文化巧妙融合,做到让学生喜闻乐见,推动学生对国际文化和高校特色学科文化的进一步认识和了解,进而不断增强文化自觉与文化自信。

---

① 李小萌."双一流"建设中的高等教育国际化论文集 [C]. 北京:对外经济贸易大学出版社,2018:18.

第一，广西高校校园国际文化环境的建设离不开领导建设。高校应该为国际化文化环境的建设构建良好的基础，校园的国际化文化环境也应该在遵守法律的范围内建设。校园文化的建设是基于我国法律，我国相关法律法规对高校校园文化建设有鲜明的指导和约束作用。正是由于法律的指导与约束，高校教师与后勤保障等高校管理者必须依照法律法规对学生进行培养与教育。校园国际文化环境建设，实际上是全校师生以及相关后勤服务工作人员共同参与的过程。在这个过程中，我们要始终坚持党委领导下的校园文化建设，充分发挥党委、团委、学生会等多方协同的作用，形成合力建设校园文化。同时，广西高校要倡导成立相关的校园国际文化建设领导小组和高校校园文化活动指导委员会，主要负责规划校园国际文化建设、提出相应意见和举措、传达高校精神、指导高校学生会或者社团有序开展全校性的大型活动，推动高校校园国际文化的健康发展。

第二，高校校园文化的培养需要坚持先进文化的前进方向。高校国际化发展的目标要同师生的身心发展相结合，先进的教学理念、教学模式及国际化的课程需要同国际化的校园环境相匹配。高校坚持建设国际化的校园环境建设理念，师生共同参与到校园环境的建设中来，让良好的校园文化环境如春风细雨般，悄无声息地滋润每一个师生，让教师有动力、学生有激情，让无声的校园环境成为培养国际化人才的重要助推力量。

第三，要努力培养优良好学的治学环境。高校的校风是衡量高校校园文化环境的一个重要指标，良好的校风是高校的无形资产，是高校内涵发展的重要标志。优良的治学环境有利于推动国际化人才的培养。首先，优良的治学环境离不开廉洁工作、谦虚待人的领导作风，因此要注重发挥高校领导的表率和榜样作用；其次，优良的治学环境离不开对学生质量的严格把控，广西高校要不断强化学生学风与校风建设，运用一系列激励和约束机制，在校园中形成学生努力学习、有序竞争的优良学风，让学生回归学习本身，在学习上投入更多时间，争取获得更大收获；最后，优良的治学环境离不开高校教师的示范作用，广西高校要运用马克思主义理论对大学教育工作者进行职业道德教育培训，以优良的教风带出优良的学风，构建教风、学风互动建设的良性循环机制。为了充分发挥教师的榜样作用，高校要不断鼓励教师开展不同类型的讲座，提升学生学习的兴趣。同时，教师要发挥引路人的作用，在学术、科技及创新竞赛活动等方面，给予学生充分的指导和帮助。高校以校风建设为核心，营造优良好学的治学环境，让学生学有所成、高校教师教有所获，让高校师生在积极向上的治学环境中受到鼓舞与鞭策。同时，对高校校园环境的建设要注重一切从实际出发，努力建设富有学校特色的校园文化，激励师生继承和发扬光荣治学传统，营造具有专业特色的校园文化。在校园文化建设中，广西高校应注重开发地域文化资源，充分利用优秀的、具有浓郁地方特色的文化来孕育校园文化，使校园文化融入地域文化、民族文化特点。

（五）完善广西高校国际化管理机制体制建设

建立合理有效的教育国际化管理机制是对内积极建设、对外进行国际交流的重要保障。首先，广西高校在吸引生源过程中，要制定相关的奖学金制度，以增加对学生留学资金的援助，吸引大量留学生。广西高校要持续深化教育国际化改革，促进广西高校教育国际化发展，提升广西高校教育开放水平，创办具有中国特色且独具广西魅力的国际化教育模式。此外，广西高校要通过设立合理的制度政策，实现规划高校教育国际化的教学目标，优化广西高校教育国际化管理体系，提高广西高校的国际竞争力，从而促进广西高校教育国际化发展。在制度层面，广西高校内部应该积极推动符合国际通用准则的学分体系的建立，制定与之相适应的学分管理制度，减少和降低学生出国交流的边际成本；同时，应该推动与国际知名院校的合作，去除学分障碍①。广西高校要向西方高校校长和领导集体领导学习，对国际化管理机制战略工作发挥重要指导作用，形成有效的国际化管理机制；科学且有效的国际化管理机制与体系的创建不仅需要依靠法律的落实，更需要广西全部高校的全面组织与支持。广西高校领导班子对高校教育国际化管理机制的直接参与和监督是具有一定限度的②，为此，需要建立一支强有力的国际化建设管理队伍，充分发挥这支队伍在国际化管理机制体制建设与完善中的作用。同时，高校要不断完善信息公开制度。高校想要让政策制定、政策执行等相关步骤在阳光下进行，就要依法公开决策、执行、监督的相关程序和内容，制定广西高等学校信息公开网站制度，从制度层面规制高校进行信息公开的具体标准与要求，进一步保障校内外利益群体的知情权、参与权与监督权。想要落实广西高校教育国际化发展信息公开制度，就要从宏观和微观两个方面着手。从宏观上，广西高校国际化交流处或者分管国际化交流的职能部门要建立健全广西高校国际化发展管理信息公共服务平台，建立并持续完善院校两级信息公开制度，进一步拓展广西高校国际化进程中公开的领域和内容，做到"应公开，尽公开"。从微观上，广西高校要从信息公开的广度、深度和渠道拓展等方面不断改进，做好学习风气建设、教师榜样树立、生源把控、国际合作、境外访学等重点工作，将关键环节的信息公开。

（六）坚持"走出去"与"引进来"相结合

高校国际化本质上是人才的国际化，而人才的国际化必须坚持"走出去"与"引进来"相结合，需要做到以下几点。

第一，坚持高等教育持续扩大开放，积极扩大留学生规模。国际学生的数量是衡量一个地区或者高校教育国际化发展水平的重要指标。《2019年广西教育事业数据分析》显示，2014—2019年广西留学生数量有着较为明显的增长。

从图7-1中可以看出，与2014年相比，2019年来广西留学的总人数增加了7 212人，年均增长率为11.92%；与2018年相比，2019年广西留学生一共增加了1 402人，增长率为9.14%。从2014年的9 535人到2019年的16 747人，来华留学生数量快速增长，无疑给广西高校注入了新动力，这体现出广西高校在教育国际化发展道路上的进步。对广西高校而言，留学生资源是一笔重要的财富，高校内应该充分重视并妥善开发留学生资源，对留学生资源做到全程式开发。

一要吸引留学生资源。广西高校留学生主要面向东盟国家进行人才吸引。除了新加坡之外，大部分东盟国家的教育资源均未得到充分的利用，因此，广西凭借其区位优势，能够不断提升自身的吸引力，让更多东盟国家留学生愿意到广西留学。广西高校也应该在东盟国家加大宣传力度，充分展现自身的办学特色及优势学科，不断扩大留学生的来源范围，不断提高来广西留学生的求学层次，从而提高人才培养质量。

---

① 李小萌."双一流"建设中的高等教育国际化论文集[C].北京：对外经济贸易大学出版社，2018：118.
② 葛建一.江苏高等教育国际化战略研究[M].苏州：苏州大学出版社，2006：282.

二要培育留学生资源。为适应留学生来校学习的需要，广西高校需要调整留学生课程结构与体系，改革与配置相关学科，继续开发具有中国特色、广西特点和国际优势的特色学科，更好地培育留学生人才。广西高校要因地制宜地对来广西留学生进行培育，根据留学生对汉语的掌握程度划分不同级别的课程，根据留学生的学习实际，切实调整授课重点。首先，在授课过程中，强调教师对所授专业进行专业的英语学习与培训，提升教师在课堂中的表达能力与授课能力。其次，不断完善授课教师的考核办法，激发教师的积极性与主动性，为广西高校教育国际化培养一大批骨干教师。最后，要构建科学的来桂留学生评价指标体系，对留学生的教学管理、教学质量、教学成果等进行定期的考核与复盘，并对现有的问题进行及时反馈并解决。

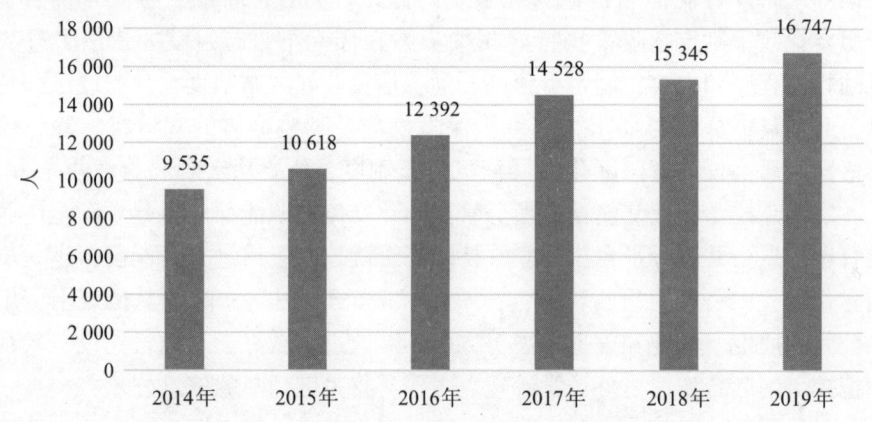

图 7-1　2014—2019 年广西留学生总数

（数据来源：2014—2019 年广西来华留学生管理信息系统）

三要充分开发留学生资源。从留学生入学之初到留学生毕业之际，广西高校都需要不断开发现有的留学生资源。对于归国工作的留学生，广西高校申请设立相应的管理机构来满足日常留学生工作与交流的需要[①]，通过建立邮件及网址等具体联系方式，加强国际学生的成果巩固。对于继续留在广西进行学术研究的留学生，广西高校要充分利用这些优秀留学生校友资源，对广西高校进行招生宣传，扩大广西高校的国际影响力。对于毕业后选择留在广西或者中国其他城市工作的留学生，广西高校要在就业季提供多渠道的岗位就业信息，帮助留学生更快速地能够找到适合自己的岗位，在岗位上发光发热。

第二，扩大合作办学规模，提升合作办学质量。截至 2019 年 8 月，根据教育部中外合作办学监督工作信息管理平台的相关统计数据，我国由教育部审批和复核通过或通过省教育部审批和复核，并报教育部备案的高等教育层次中外合作办学项目与机构已达到 1 281 个。目前，广西各高校通过复核的中外合作办学机构和中外合作办学项目（含内地与港澳台地区合作办学机构，以及内地与港澳台地区合作办学项目）达 19 个。中外合作办学项目仅限于本科阶段，研究生阶段的合作项目并没有开展，与全国其他省份进行比较，广西高校中外合作项目偏少。广西当前中外合作办学模式以在广西内与国外高校开展联合开设专业为主，交流合作项目仅停留在表层，广西高校在海外创办独立分校或者在海外创建独立高校的推进尚未有之。再者，广西高校面临对外合作办学的法律法规与政策措施等不够完善

---

① 郑钧丹. 来华留学生人力资源开发研究 [D]. 青岛：青岛大学，2015.

的问题，导致部分中外合作办学机构成为敛财的重要工具，存在中外合作办学师资队伍人才短缺、部分国外引进教师的质量和师德有待考察等现实问题。因此，广西高校要扩大中外合作办学规模、提升中外合作办学质量，首先，学习美国、德国等发达国家关于高等教育对外合作办学的成功经验，结合广西本土高校发展的实际状况，在当前的中外合作开设专业及培养国际化专业人才为主的基础上，加大力度吸引更多海外著名高校专业的合作办学与推进海外分校的建立；其次，在进行中外合作开设专业办学的日常中，广西政府要时刻牢记完善有关广西高校开展中外合作与交流的相关法律与政策的使命；然后，在推进中外合作办学过程中，广西高校要牢记体现广西特色，将广西本土特色教育文化融入中外办学的日常教学过程，防止形成对外方高校的全面照搬；最后，广西高校要形成对中外合作办学高校的质量保障机制体系，就要从人才培养目标、师资队伍建设、教学课程改革等方面确立良好的质量保障机制评估办法，推动广西高校中外合作办学，实现良性发展。

第三，鼓励师生进行更高水平的国际交流与学习。高校师生"走出去"模式目前主要有公派留学和自费留学两种模式。依据广西经济社会发展的总体状况，广西高校师生"走出去"大部分依靠国家或者自治区政府的资金公费出国留学或访问，少部分学生家庭能够支付学生出国留学的各项支出。"走出去"模式仍然存在一系列问题，例如，同国外高校的联合培养教学与科研工作并未落到实处，极少部分学生能够参与到其专业领域内的学术会议的研讨中等。如果要鼓励广西高校师生进行更高水平的国际交流与学习，本质上就要解决广西高校师生高等教育投入成本问题。依靠财政的力量，对政府教育事业费支出等进行合理分配与利用只能缓解燃眉之急，并未从根本上解决广西高校教育国际化发展中面临的国际化程度不足的现实问题。因此，广西高校及政府需要创新"立足广西，面向世界"的高校教育国际化模式，让更多的国际化教育资源进入广西各大高校，运用互联网平台的优势，实现广西高校国际化优质资源共享，让广大高校学子与高校教师能够不出国门、以低成本的教育投入来接受国际化教育，实现广西高校教育国际化发展，实现广西高校教育的国际化。

第四，提升国际科研合作水平。科学研究的进步离不开学者之间的交流与思想的碰撞。积极开展同国外高校的科学研究合作，便于高校学者与教师迅速掌握相关领域研究的最新动态，及时获取教学科研信息，了解国外边缘学科、新兴学科的发展动态。同时，要不断扩大科学研究的主要阵地，不仅仅局限于国外一流高校，也要加强同国际著名实验室及著名跨国公司的合作研究，借助社会提供的优质资源、先进设备等实现融合创新。目前由于国外众多高校及国家吸引人才的政策十分优厚，我国高层次人才出现人才外流的现象，加之我国对国外科技前沿领域的技术等新兴科技领域存在较大程度的依赖，我国更加需要在高等教育领域不断进行国际学术交流与合作，不断引进国外先进的高等教育模式及国际先进的专业课程，同时避免大量学生流向国外。因此，广西高校需要化被动为主动，积极申请相关国际科研合作项目，充分利用留学生的资源优势，通过邀请著名外籍专家来广西高校开展讲座，并且借助外籍专家获得相关交流合作的机会，打造广西高校特色领域相关的国际科研合作平台，加速提升人才培养和优势学科建设与发展。广西政府及高校要尝试在国外设立分校或与国外高校在本地开展联合办学和科研合作。

三、社会层面

在中国特色社会主义市场经济背景下，投资者往往注重其投资回报率。而社会各群体，主要包括纳税人、学生本人、学生家长、慈善机构及个人捐赠者等，作为对高校教育的投资者，也希望在高校教育国际化发展中得到可观的回报。高等教育人才培养的质量最终汇聚到学生身上，社会各方利益群体更希望培养出的学生能为社会做出更大的贡献，并且能够对社会发展起到明显的人力资本外溢作用。当前我国社会参与高等教育建设存在着制度保障亟待完善、社会协同性薄弱以及社会参与机制循环闭塞等现实困境[①]。因此，在推动广西高校教育国际化发展进程中，社会各主体要积极参与高校国际化的建设，从受益者的角度对高校教育国际化过程进行监督。这就离不开社会各方力量对高校教育国际化发展的参与。高校教育国际化发展属于社会公共事务发展的一部分，社会参与高等教育发展事务治理是实现高等教育科学治理的重要保证，高校教育国际化发展不应仅仅局限在高校里，而应该融入社会，运用社会力量推动基于政府权力、学校自主权、市场权力和社会权力的四维空间的教育治理权力新秩序[①]。

（一）完善社会群体参与的制度保障

教育利益主体参与需要在国家法律法规的保障下起参与高校教育国际化建设的作用，广西政府要立法保障教育多元主体参与高等高等教育的广泛性和深入性。高校教育国际化事务的展开由广西政府宏观指导、广西高校具体实施，这其中都离不开个人、家庭及企业等相关利益群体的持续支持。社会各利益主体参与广西高校治理的广泛性，需要通过立法保证利益主体能够正确行使权利。

第一，广西政府要重视教育第三方组织的作用，要完善对教育第三方组织参与高校治理的法律法规，要为教育第三方组织健全相关沟通渠道，制定相应的法规保证教育第三方组织工作的顺利开展，明确教育第三方组织在高等教育发展过程中建言献策的合法性。教育第三方组织是非政府组织，也是社会主体参与高校教育国际化建设的重要组成部分，可以在高校教育国际化管理的过程中转移政府部分的职能，如为高校开拓经费来源的渠道、为高校教育国际化发展进行动员宣传、及时对教育国际化人才培养模式进行评估、提供教育研究服务、协同高校进行国际化事务管理及同政府进行沟通等，推动广西高校教育在国际化管理体制机制等方面的发展，推动广西政府职能的有效转变。教育第三方组织应该树立正确的角色定位，厘清高校、政府及第三方组织三者之间的关系，让自身成为广西高校教育国际化发展中的重要参与者和协调者、广西高校教育国际化发展中的引导者与监督者，以及社会参与代表的促进者和实践者。

第二，广西政府要保障家庭对广西高校教育国际化建设的参与，让广大家庭摆脱"教育就是学校的任务"的保守观念，让家庭充分参与到广西高校教育国际化建设中。广西高校国际化归根到底是广西高校人才的国际化。高校国际化人才的培养，一方面是在国家的政策支持下，通过提供国际化的校园环境、便利的教学场地与设施，聘用国际教师队伍等方式，开阔学生的国际化视野，提升学生的国际化能力，增长学生的国际化知识等；另一方面，家庭的各方面支持是大部分学生形成国际化人才的重要保障。因此，在家庭成员参

[①] 林靖云，刘亚敏. 我国教育治理中的社会参与：困境与出路 [J]. 现代教育管理，2020 (11)：44-50.

与到广西高校教育国际化发展的过程中,要贯通家长与学校之间的"家—校"联系,让学生家长充分了解到自己孩子人才成长过程中的培养政策、培养模式及学生的学习状态等方面的变化,鼓励有条件的家庭支持自己的孩子通过学校的中外合作办学等途径到国外留学或者短期交换。让家庭参与到广西高校教育国际化发展过程中,目前较为有效的途径就是成立家长委员会,并且保障家长委员会的建立与运营,权力的行使,义务的履行,通过参与学习和管理实现自我提高,互相帮助,共同提高,从而不断完善广西高校科学民主决策和评价机制,实现学校、家庭、社会三位一体教育体系,营造良好的教育环境。

第三,广西政府要重视发挥企业在广西高校教育国际化建设中的作用,完善国际校企合作保障制度。一方面,学校能够直接从企业的角度掌握国际化人才需求标准,借助企业先进的技术与广阔的平台,为学生提供锻炼的机会,从实践中加深自身对国际化发展的总体认识,帮助学生树立国际化发展的理念,不断在实践中调整国际化人才培养模式,为学生量身定制培养方案,使学生快速成长为具有国际视野和实战经验的高层次涉外国际化人才;另一方面,企业也对广西高校的国际化人才培养模式更加了解,为以后国际校企合作提供了广阔的平台,为广西高校教育国际化发展战略的进一步深化奠定基石。

(二) 形成有效的社会参与监督机制

我国高等教育发展过程中,社会监督机制长期缺位,让大众以为高等教育发展就是政府与高校之间的事情。而社会力量缺乏有效途径和方法对政府及高校的教育决策、管理和办学活动等进行有效的监督,相关完善的教育问责机制有待建立。针对上述问题,《国家中长期教育改革和发展规划纲要(2010—2020年)》提出:"提高政府决策的科学性和管理的有效性。成立教育咨询委员会,为教育改革和发展提供咨询论证,提高重大教育决策的科学性,建立和完善国家教育基本标准。成立国家教育质量监测、评估机构,定期发布监测评估报告。加强教育监督检查,完善教育问责机制。"广西政府及高校要结合本地区高校发展的实际健全社会监督机制,吸收借鉴区外其他高校的成功经验,建立多项面向社会和大众公开制度,建立多元主体参与的教育问责机制,加强社会监督,充分发挥社会主体在教育治理中的作用,使广西高校教育国际化发展更加关注社会需求,切实维护利益相关者的权益。

广西要不断提升校内外监督合力。高校内部各项重大事项的颁布都离不开民主监督。通常情况下,校内民主监督体系由院校两级的教授组成的委员会构成,讨论重大事项决策是否顺利实施,不仅仅要考虑校内各方利益群体的诉求,而且要注重校内外各方利益的有效协调和满足。目前校外监督群体普遍存在监督意识较弱、监督渠道不够畅通及监督制度不够健全等问题,广西政府及高校要逐步通过树立法治思维与法治方式,积极畅通校内外民主参与制度体系,通过建立规章制度、规范参与程序及界定参与的群体等措施来不断提升校内外监督合力。首先,广西高校要通过建章立制保障校外利益群体的参与权,明确参与主体的监督途径、内容、程序、责权等事项,最大限度保障利益相关者的知情权和参与权。其次,广西高校要规范参与程序,设定师生、社会等参与主体的参与时间、地点、渠道、方式、议事规则等程序。再次,广西高校要明确合法的参与主体。一般而言,利益相关者均是重大事项决策制定时特别关注的对象,校内以教职工和学生为核心的大学利益相关者的广泛参与是大学民主参与管理的基础。同时,广泛接受社会的监督和政府的问责,是社会参与高校国际化建设的有效保障。最后,广西高校要做好对社会的信息公开,主动

· 177 ·

接受利益关联主体监督,也保证利益相关者对于学校事务的知情权与参与权等,如招投标公示、基金会接受捐赠公开等情况。总之,通过提升校内外监督合力、重视家庭对广西高校教育国际化发展的参与度、明确参与广西高校教育国际化的主体等措施,形成有效的社会参与广西高校教育国际的机制,进一步推动广西高校教育国际化的发展。

参 考 文 献

[1] 倪世雄. 当代西方国际关系理论 [M]. 上海：复旦大学出版社，2001.
[2] 王义祥. 发展社会学 [M]. 上海：华东师范大学出版社，2004.
[3] 安东尼·吉登斯. 第三条道路：社会民主主义的复兴 [M]. 郑戈，译. 北京：北京大学出版社，2000.
[4] 戴维·赫尔德，安东尼·麦克格鲁，戴维·戈尔德布莱特，等. 全球大变革：全球化时代的政治、经济与文化 [M]. 杨雪冬，周红云，陈家刚，等译. 北京：社会科学文献出版社，2001.
[5] 丰子义，杨学功. 马克思"世界历史"理论与全球化 [M]. 北京：人民出版社，2002.
[6] 顾明远. 教育大辞典：增订合编本（上）[M]. 上海：上海教育出版社，1998.
[7] 宋文红，宋月娥. 国际化：21世纪中国高等教育国际化的思考 [J]. 高等理科教育，2002.
[8] 葛建一. 江苏高等教育国际化战略研究 [M]. 苏州：苏州大学出版社，2006.
[9] 姚启和. 办大学的若干理论与实践问题 [M]. 武汉：华中科技大学出版社，2003.
[10] 陈学飞. 高等教育国际化：跨世纪的大趋势 [M]. 福州：福建教育出版社，2002.
[11] 颜黎光. 高等教育国际化视阈下中外合作办学模式研究：以常州大学为例 [M]. 徐州：中国矿业大学出版社，2015.
[12] 季诚钧. 大学教学与管理新论 [M]. 上海：东华大学出版社，2003.
[13] 吴坚. 当代高等教育国际化发展 [M]. 北京：人民出版社，2009.
[14] 李子云. 中国高等职业教育国际化 [M]. 北京：北京工业大学出版社，2018.
[15] 严新平. 国际高等教育及海外留学指南 [M]. 北京：世界图书出版公司，2003.
[16] 钱小龙，孟克. 美国高等教育国际化概论：进展分析与经验借鉴 [M]. 南京：南京大学出版社，2017.
[17] 于富增，江波，朱小玉. 教育国际交流与合作史 [M]. 海口：海南出版社，2001.
[18] 彭未名. 国际教育交流与管理 [M]. 广州：华南理工大学出版社，2007.
[19] 中央教育科学研究所. 中华人民共和国教育大事记1949—1982 [M]. 北京：教育科学出版社，1984.
[20] 宫力. 当代中国外交 [M]. 北京：高等教育出版社，2019.
[21] 李钢. 中国对外贸易史（下卷）[M]. 北京：中国商务出版社，2015.
[22] 卫道治. 中外教育交流史 [M]. 长沙：湖南教育出版社，1998.
[23] 《中国教育年鉴》编辑部. 中国教育年鉴1992 [M]. 北京：人民教育出版社，1993.

[24] 《中国教育年鉴》编辑部. 中国教育年鉴 2012 [M]. 北京：人民教育出版社，2013.
[25] 林金辉. 中外合作办学发展报告（2010—2015 版）[M]. 厦门：厦门大学出版社，2016.
[26] 教育部国际合作与交流司. 来华留学生简明统计 2018 [M]. 北京：教育部国际合作与交流司，2017.
[27] 龙裕伟. 广西区域经济合作研究 [M]. 北京：中国书籍出版社，2011.
[28] 广西壮族自治区发展和改革委员会. 广西壮族自治区区域经济合作与发展报告（2010—2012 年）[M]. 南宁：广西人民出版社，2013.
[29] 张男星. 中国高等教育发展研究 [M]. 北京：科学出版社，2018.
[30] 广西壮族自治区教育厅教育数据分析中心. 2019 年广西教育事业数据分析 [M]. 桂林：广西师范大学出版社，2021.
[31] 付红，聂名华，徐田. 中国高等教育国际化的风险及对策研究 [M]. 北京：人民出版社，2015.
[32] 魏艳，黎永强. 高等教育国际化动因、策略及国别研究 [M]. 北京：光明日报出版社，2020.
[33] 刘志民. 教育经济学 [M]. 北京：北京大学出版社，2007.
[34] 靳希斌. 教育经济学 [M]. 北京：人民教育出版社，2005.
[35] 史万兵. 高等教育经济学 [M]. 北京：科学出版社，2004.
[36] 张学敏. 教育经济学 [M]. 重庆：西南师范大学出版社，2004.
[37] 娄成武，史万兵. 教育经济与管理 [M]. 北京：中国人民大学出版社，2004.
[38] 范先佐. 教育经济学 [M]. 北京：人民教育出版社，1999.
[39] 哈·孔茨. 管理学中译本 [M]. 贵阳：贵州人民出版社，1985.
[40] 蒙荫昭，梁全进. 广西教育史 [M]. 南宁：广西教育出版社，1999.
[41] 徐天伟. 面向东盟的云南高等教育国际化发展战略研究 [M]. 北京：中国社会科学出版社，2015.
[42] 马健生，教育国际化政策及其实施效果的国际比较研究 [M]. 北京：北京师范大学出版社，2018.
[43] 于欣力. 高校国际化探索与实践 [M]. 青岛：中国海洋大学出版社，2008.
[44] 黄勇荣. 西部少数民族地区人才培养区域性和谐发展研究 [M]. 南宁：广西人民出版社，2015.
[45] 葛建一. 江苏高等教育国际化战略研究 [M]. 苏州：苏州大学出版社，2006.
[46] 广西教育经费发展报告课题组. 广西教育经费发展报告（2011—2016）[M]. 南宁：广西人民出版社，2019.
[47] 邵光华，施春阳，周国平. 区域高等教育国际化研究 [M]. 杭州：浙江大学出版社，2016.
[48] 简·奈特. 激流中的高等教育：国际化变革与发展 [M]. 刘东风，陈巧云，译. 北京：北京大学出版社，2011.
[49] Rosovsky H. The University: An Owner's Manual [M]. New York: W. W. Norton&Co Inc, 1991.
[50] 周洪宇，黄焕山. 论高等教育全球化的指标体系 [J]. 高等教育研究，2008（7）：

11-20.

[51] 曾满超，于展，李树培. 中日高等教育国际化问题研究：基于文献的分析［J］. 教育发展研究，2008（21）：42-51.

[52] 张安富，靳敏. 我国高水平研究型大学国际化发展之路［J］. 高教发展与评估，2006（6）：15-18+22.

[53] 顾明远. 教育的国际化与本土化［J］. 华中师范大学学报（人文社会科学版），2011，50（6）：123-127.

[54] 李盛兵，潘懋元. 中国高等教育的地方化与国际化［J］. 高教探索，1992（3）：11-16.

[55] 陈学飞. 高等教育国际化：从历史到理论到策略［J］. 上海高教研究，1997（11）：59-63.

[56] 魏腊云. 对全球化背景下高等教育国际化的哲学反思［J］. 理工高教研究，2002（3）：33-34+39.

[57] 刘兰芝. 高等教育的国际化趋势［J］. 学术交流，2002（4）：151-155.

[58] 马健生，田京. 高等教育国际化的主要特征：基于高等教育经济属性和文化属性的分析［J］. 比较教育研究，2017，39（5）：44-52.

[59] 金帷，温剑波. 如何定义高等教育国际化：寻求一个本土化的概念框架［J］. 现代大学教育，2013（3）：5-9.

[60] 陈欣. 论一般地方大学国际化发展的理念与策略［J］. 理工高教研究，2010，29（5）：6-8+17.

[61] 王海燕. 高等教育国际化的理念与实践：论美日欧盟诸国及中国的高等教育国际化［J］. 北京大学学报（哲学社会科学版），2001（S1）：254-260.

[62] 汪霞. 大学课程国际化中教师的参与［J］. 高等教育研究，2010，31（3）：64-70.

[63] 田利辉. 我国高等教育全球化发展的几个重要方面［J］. 中国高等教育，2018（8）：33-34.

[64] 戴晓霞. 高等教育的国际化：外国学生政策之比较分析［J］. 复旦教育论坛，2004（5）：11-16.

[65] 樊丽淑. 国际化与本土化融合：国贸创新型人才培养的探索与实践——以浙江大学宁波理工学院中美合作办学为例［J］. 兰州教育学院学报，2018，34（5）：97-100.

[66] 赵哲，陶梅生. 全球化背景下的高等教育国际化多维动因探析［J］. 中国成人教育，2011（1）：47-49.

[67] 梅琳，袁红. 高等教育国际化和民族化的融合发展［J］. 新西部：中旬·理论，2018（8）：112-113.

[68] 陆小兵，王文军，钱小龙. "双一流"战略背景下我国高等教育国际化发展反思［J］. 高校教育管理，2018（1）：31.

[69] 滕莉莉，叶俞辛. 中外合作办学及校际交流项目实施情况与问题分析——以广西大学为例［J］. 广西教育学院学报，2018（3）：113-118.

[70] 陈秀琼. 边疆地区高校实施国际化战略的理性选择：以广西民族大学为例［J］. 安顺学院学报，2011，13（2）：37-40.

[71] 曾征，杨红娟. 东南亚地区孔子学院分布及影响因素分析［J］. 云南师范大学学报

（对外汉语教学与研究版），2017，15（3）：63-71.

［72］魏丽娜，周翔宇. 我国高等教育经费配置的现实困境与改进策略：基于新加坡的经验启示［J］. 云南师范大学学报（哲学社会科学版），2020，52（5）：126-133.

［73］闵维方. 教育促进经济增长的作用机制研究［J］. 北京大学教育评论，2017，15（3）：123-136+190-191.

［74］梁玉，潘慧儿. 大学生国际化能力培养路径及对策［J］. 教育教学论坛，2021（16）：181-184.

［75］谭庆明，尹兰芳，周婧. 广西本科教育办学格局现状及发展趋势［J］. 高教论坛，2019（9）：63-67.

［76］刘志雄. 广西高校开展国际合作办学的教育质量保障机制研究［J］. 教育教学论坛，2016（2）：211-212.

［77］吴建军."双高计划"背景下广西高职教育国际化合作发展策略［J］. 高教论坛，2020（4）：94-96.

［78］师奇，胡伟华. 西安高校在国际化人才培养进程中面临的挑战［J］. 当代教育实践与教学研究，2017（6）：40-41.

［79］施蕴玉. 高校境外办学：江苏的现状、形势与对策［J］. 扬州大学学报（高教研究版），2013（6）：80-82.

［80］文雯，崔亚楠. 新全球化背景下我国高校国际化发展的认知，实施与评价［J］. 高等教育研究，2020（7）：21-35.

［81］何芳，刘凤. 北京市属高校国际化发展路径研究［J］. 北京航空航天大学学报：社会科学版，34（1）：6.

［82］邬智，范琪."一带一路"背景下广东高等教育国际化路径研究［J］. 高等建筑教育，2020，29（3）：39-47.

［83］蔡宗模. 美国高等教育全球化的政策与实践［J］. 比较教育研究，2013，35（7）：97-102.

［84］马嵘，程晋宽. 美国高校的全面国际化：基于组织变革的视角［J］. 高等教育研究，2019，40（4）：104-109.

［85］钟秉林，王新凤. 迈入普及化的中国高等教育：机遇、挑战与展望［J］. 中国高教研究，2019（8）：7-13.

［86］刘国瑞. 我国高等教育空间布局的演进特征与发展趋势［J］. 高等教育研究，2019，40（9）：1-9.

［87］黄永林. 1993—2018年普通高校教育经费投入的深度分析［J］. 教育财会研究，2020，31（6）：7-23.

［88］粟湘福. 美英日高等教育投资比较分析及对我国的启示［J］. 黑龙江教育（高教研究与评估），2009（4）：8-10.

［89］邱俊珲. 走出我国高等教育经费困境的思考［J］. 国家林业局管理干部学院学报，2012，11（3）：59-64.

［90］刘鹏程. 高校教育管理质量保障路径研究［J］. 黑龙江教师发展学院学报，2021，40（2）：13-15.

［91］梁宇，宋彩萍. 上海市高校师资队伍国际化建设现状、问题与策略［J］. 教育与考

试，2020（1）：78-82.

[92] 周琼，徐俊."双一流"学科建设背景下地方高校研究生教育国际化研究[J]. 长春大学学报，2021，31（4）：63-67.

[93] 黄家庆，尹闯. 国际化课程建设推进地方高校国际化发展的思考[J]. 北部湾大学学报，2020，35（9）：59-64.

[94] 余德兴. 搭建教育发展"一站式"服务平台[N]. 中国教师报，2019-12-24.

[95] 丁馨. "一带一路"背景下的高职院校教师国际化发展[J]. 教育与职业，2020（11）：74-79.

[96] 林靖云，刘亚敏. 我国教育治理中的社会参与：困境与出路[J]. 现代教育管理，2020（11）：44-50.

[97] Zha Q. Internationalization of higher education：Towards a conceptual framework[J]. Policy Futures in Education，2003，1（2）：248-270.

[98] Knight J. Internationalization：management strategies and issues[J]. International Education Magazine. 1993，9（6）：21-22.

[99] Yonezawa A. Japanese university leaders' perceptions of internationalization：The role of government in review and support[J]. Journal of Studies in International Education，2009（2）：125-144.

[100] 唐景莉. 提高质量大家谈：回归大学之道，明确主攻方向[N]. 中国教育报，2012-12-10（05）.

[101] 习近平. 坚持中国特色世界一流大学建设目标方向为服务国家富强民族复兴人民幸福贡献力量[N]. 人民日报，2021-04-20.

[102] 广西壮族自治区统计局. 2020年广西国民经济和社会发展统计公报[EB/OL]. （2021-03-23）[2024-03-15]. http://tjj.gxzf.gov.cn/tjsj/xwfb/tjxx_sjfb/t8328464.shtml.

[103] 中华人民共和国商务部. 习近平出席并主持中国-东盟建立对话关系30周年纪念峰会 正式宣布建立中国-东盟全面战略伙伴关系[EB/OL].（2021-11-22）[2024-03-15]. http://www.asean.mofcom.gov.cn/article/jmxw/202111/20211103220061.shtm

[104] 广西壮族自治区教育厅. 加强基础设施建设 广西成中国与东盟留学生双向交流重点地区[EB/OL].（2016-03-30）[2024-03-15]. http://jyt.gxzf.gov.cn/jyxw/jyyw/t3350587.shtml.

[105] 中华人民共和国教育部. 2018来华留学统计[EB/OL].（2019-04-12）[2024-03-15]. http://www.moe.gov.cn/jyb_xwfb/gzdt_gzdt/s5987/201904/t20190412_377692.html.

[106] 中华人民共和国教育部. 广西今年奖励164名东盟留学生[EB/OL].（2016-03-31）[2024-03-15]. http://www.moe.gov.cn/jyb_xwfb/s5147/201603/t20160331_236054.html.

[107] 广西教育新闻网. 广西召开全区高校留学工作会议 来华留学生大增[EB/OL].（2015-06-26）[2024-03-15]. http://edu.gxnews.com.cn/staticpages/20150626/newgx558d5c7b-13068377.shtml.

[108] 中华人民共和国教育部. 广西今年奖励164东盟留学生[EB/OL].（2016-03-31）

[2024-03-15]. http://www.moe.gov.cn/jyb_xwfb/s5147/201603/t20160331_236054.html.

[109] 广西壮族自治区教育厅. 关于2018年广西高校引进海外高层次人才"百人计划"入选名单公式[EB/OL].(2018-08-13)[2024-03-15]. http://www.jyt.gxzf.gov.cn/zfxxgk/fdzdgknr/tzgg_58179/t3123808.shtml.

[110] 广西壮族自治区教育厅. 关于2020年广西高校优秀教师出国留学深造项目拟录取人员的公示[EB/OL].(2020-07-22)[2024-03-15]. http://www.jyt.gxzf.gov.cn/zfxxgk/fdzdgknr/tzgg_58179/t5762788.shtml.

后 记

本书是在广西教育科学规划 2021 年度委托重点课题（批准文号：桂教科学〔2021〕10 号，立项编号：2021AA05）"广西高校教育国际化发展研究"项目支持的基础上完成的，项目主持人黄勇荣负责项目申报、方案设计、调研、撰写和全书的统稿工作。项目组全体成员为本书的出版进行建言献策、积极调研。其中，参与资料整理和分析的同学有陈伟强、邓丹、何彩莲、葵婕、许艺静、童雅俊、梁丽菊、路佳、陈婷婷，参与文字校对工作的同学有葵婕、许艺静、童雅俊、梁丽菊、路佳、陈婷婷、张少华、张小平和叶力，对他们付出的努力和辛勤劳动，本人在此表示衷心的感谢！

在整个课题开展的过程中，我们得到了广西教育厅、广西人力资源和社会保障厅、广西大学、广西民族大学、广西师范大学、广西医科大学、南宁师范大学等高校有关部门、领导和老师的大力支持与配合，并且得到了广西一批专家学者的热心帮助与指导，使课题得以圆满完成。同时，本人作为广西高等学校人文社会科学重点研究基地"区域社会治理创新研究中心"的研究人员，在撰写与出版本书时，得到了基地的大力支持。此外，本书还引用并参考了国内外大量专家、学者的精辟论断。对各部门领导和专家学者的辛勤付出，本人在此深表谢意！

本研究虽然取得了一定的成果，但尚有不足之处，在某些方面的研究仍需进一步探索，恳请各位专家、同仁批评指正！

黄勇荣
2024 年 1 月 16 日